EL SECRETO
DE LOS NOMBRES DE DIOS

Ibn al-ʿArabī

El secreto de los Nombres de Dios

Estudio preliminar y traducción de
PABLO BENEITO

Editorial Yerrahi

Ibn 'Arabī

El secreto de los Nombres de Dios / Ibn 'Arabī. - 1a ed. - Ciudad
Autónoma de Buenos Aires: Yerrahi Argentina, 2021.
280 p.; 22,5×15,5 cm. - (Colección Ibn 'Arabī /5)
Traducción de: Pablo Beneito.
ISBN 978-987-48257-4-2
1. Sufismo. 2. Teología. 3. Islam. I. Beneito, Pablo, trad. II. Tí-
tulo.
CDD 297.41

Edición y corrección: Gustavo Bize.

Maquetación: Speedtype.

Diseño de tapa: Ana Armendariz (anetaarmendariz@gmail.com).

Ilustración de tapa: Detalle de la decoración interior del domo de una mezquita del período safaví (Isfahán, Irán).

Impreso en la Argentina • *Printed in Argentina*

Hecho el depósito que establece la ley 11.723.

ISBN   978-987-48257-4-2

¡Tú que los signos haces descender y las nuevas *proféticas* revelas! ¡Devélame las huellas de *Tus* nombres!

IBN 'ARABĪ, *Fut.* I, p. 3, l. 17

Ha dicho el Profeta: "He sido enviado para perfeccionar los nobles caracteres (*makārim al-ajlāq*)". Así pues, aunque no sea consciente de ello, quien se conforma a las nobles cualidades sigue una ley de su Señor [...]. Perfeccionar los nobles caracteres consiste en despojarlos de cuanto *ocasionalmente* pudiera envilecerlos, pues los caracteres *sólo* son viles por accidente, siendo nobles por esencia.

IBN 'ARABĪ, *Fut.* II, p. 562, lss. 7 y 10-11

ÍNDICE GENERAL

Introducción, XI

⊠

LA DEVELACIÓN DEL SIGNIFICADO QUE REVELA EL SECRETO DE LOS MÁS BELLOS NOMBRES DE ALLĀH

(*Kitāb Kašf al-maʿnà ʿan sirr asmāʾ Allāh al-ḥusnà*)

(1) Allāh, 11 • (2) Al-Raḥmān, 16 • (3) Al-Raḥīm, 22 • (4) Al-Malik, 24 • (5) Al-Quddūs, 27 • (6) Al-Salām, 28 • (7) Al-Muʾmin, 29 • (8) Al-Muhaymin, 31 • (9) Al-ʿAzīz, 33 • (10) Al-Ŷabbār, 36 • (11) Al-Mutakabbir, 39 • (12) Al-Jāliq, 42 • (13) Al-Bāriʾ, 44 • (14) Al-Muṣawwir, 45 • (15) Al-Gaffār, 47 • (16) Al-Qahhār, 50 • (17) Al-Wahhāb, 52 • (18) Al-Razzāq, 53 • (19) Al-Fattāḥ, 55 • (20) Al-ʿAlīm, 59 • (21) Al-Qābiḍ, 61 • (22) Al-Bāsiṭ, 64 • (23-24) Al-Jāfiḍ - Al-Rāfiʿ, 69 • (25-26) Al-Muʿizz - Al-Muḍill, 72 • (27-28) Al-Samīʿ - Al-Baṣīr, 74 • (29) Al-Ḥakam, 75 • (30) Al-ʿAdl, 78 • (31) Al-Laṭīf, 80 • (32) Al-Jabīr, 82 • (33) Al-Ḥalīm, 84 • (34) Al-ʿAẓīm, 85 • (35) Al-Gafūr, 88 • (36) Al-Šakūr, 90 • (37) Al-ʿAlī, 92 • (38) Al-Kabīr, 94 • (39) Al-Ḥafīẓ, 95 • (40) Al-Muqīt, 97 • (41) Al-Ḥasīb, 98 • (42) Al-Ŷalīl, 100 • (43) Al-Karīm, 105 • (44) Al-Raqīb, 107 • (45) Al-Muŷīb, 109 • (46) Al-Wāsiʿ, 110 • (47) Al-Ḥakim, 113 • (48) Al-Wadūd, 115 • (49) Al-Maŷīd, 117 • (50) Al-Bāʿiṯ, 118 • (51) Al-Šahīd, 121 • (52) Al-Ḥaqq, 123 • (53) Al-Wakīl, 125 • (54) Al-Qawī, 127 • (55) Al-Matīn, 129 • (56) Al-Walī, 130 • (57) Al-Ḥamīd, 132 • (58) Al-Muḥṣī, 134 • (59) Al-Mubdiʾ, 135 • (60) Al-Muʿīd, 136 • (61) Al-Muḥyī, 138 • (62) Al-Mumīt, 140 • (63) Al-Ḥayy, 142 • (64) Al-Qayyūm, 144 • (65) Al-Wāŷid, 146 • (66) Al-Māŷid, 147 • (67) Al-Wāḥid, , 148 • (68) Al-Ṣamad, 150 • (69) Al-Qādir, 153 • (70) Al-Muqtadir, 155 • (71-72) Al-Muqaddim -

—•◦❧◦•—

COMENTARIO A LOS
MÁS BELLOS NOMBRES DIVINOS
(*Šarḥ al-Asmāʾ al-Ḥusnà*)

—•◦❧◦•—

INTRODUCCIÓN

I. Preliminares

¿Qué significa cada uno de los llamados "más bellos nombres de Dios"? ¿Cuál es la necesidad del ser humano con relación a cada uno de ellos en particular y en qué consiste la adopción de sus rasgos característicos?

A éstas y otras cuestiones, con la maestría que caracteriza su enseñanza —en la cual teoría y práctica son indisociables—, responde el autor en los comentarios a los nombres que en esta obra, íntegramente traducidos, se ofrecen al lector.

En los apartados que siguen, con el fin de aligerar el texto de la introducción, he preferido en general evitar notas y referencias que podrán encontrarse más adelante.

1. Sobre el autor

Pocas autoridades del mundo islámico han tenido una relevancia y una repercusión comparables a las del gran maestro andalusí Muḥyiddīn Ibn (al-)ʿArabī, también llamado al-Šayj al-Akbar (Máximo maestro). Nació el autor en la ciudad de Murcia en el año 560 de la Hégira (1165 d. C.) y, consagrado desde su juventud a la vida espiritual, llegó a ser uno de los más destacados exponentes del sufismo.

Tras largos viajes por el Occidente y el Oriente islámicos, en el curso de los cuales difundió ampliamente su enseñanza, murió el año 638 H./1240 d. C. en la ciudad de Damasco, donde yace enterrado en una mezquita edificada en su honor, la cual, como el barrio en que se encuentra, lleva su nombre.

Su extensísima obra, estimada en más de 200 títulos, ha dejado una impronta determinante y perdurable en el pensamiento islámico de los últimos siete siglos como demuestran, entre otras cosas, la continuidad y la importancia de la producción literaria de sus numerosos discípulos y comentaristas en todo el ámbito geográfico del Islam.

En nuestros días el impacto de su enseñanza goza de una gran vitalidad, puesta de manifiesto en el interés que despiertan sus obras y los ensayos sobre su pensamiento y su poesía entre espirituales, intelectuales y creadores de todo el mundo.

Ya que en la actualidad disponemos de magníficas biografías sobre el Šayj al-Akbar —la más correcta y completa de las cuales, *Ibn ʿArabī o La búsqueda del Azufre Rojo*, de Claude Addas, puede consultarse en excelente versión castellana[1]—, y dando por supuesto que se trata de un autor ampliamente conocido, me he limitado a incluir en esta obra las necesarias referencias bio-bibliográficas que algunos apartados exigen, remitiendo en otros casos a las fuentes pertinentes.

2. Sobre la significación de los nombres de Dios

¿Por qué se da tanta importancia en el sufismo al conocimiento de los más bellos Nombres de Allāh y a la práctica consistente en su rememoración (*dikr*)?

Según un hadiz frecuentemente evocado por Ibn ʿArabī, Adán fue creado a imagen de Dios. En la *antropovisión* sufi, el Hombre Perfecto —partícipe de la naturaleza adánica original y de la preexistente "Realidad muḥammadí" (mahomética)—, es síntesis microcósmica de la creación, espejo en el cual Se contempla la divina Realidad y pupila del ojo con que ve. Dios era un Tesoro Oculto y quiso darse a conocer. Creó al hombre para que Le conociera y esa es pues la finalidad principal del ser humano: conocer al Omnisciente. Esta función cognitiva es inseparable de la realización del divino amor. Mas no puede en modo alguno el hombre amar o conocer positivamente a su Creador como inconcebible Esencia trascendente. A través de la revelación, Dios ha enseñado al hombre Sus más bellos Nombres para que con ellos Le invoque y rememore.

Por Su amor y Su compasión, Allāh —"Oculto" en tanto que Esencia incognoscible— Se epifaniza en el cosmos, en el hombre y en el Libro revelado, lugares de Su manifestación, dándose a conocer al ser humano en tanto que "Manifiesto". Sus Nombres —que Ibn ʿArabī considera 'relaciones' (*nisab*)— permiten al hombre llegar a conocerle en Su similaridad y tener conocimiento de Su incomparabili-

---

1. [Esta versión, traducida por Alfonso Carmona y revisada por P. Beneito y G. Bize, ha sido publicada recientemente por la Editorial Yerrahi con todos sus anexos e índices (Nota del Editor).]

dad, conciliando inmanencia y trascendencia en una vía intermedia consistente en la reunión de los opuestos.

Los nombres son, por tanto, el medio creativo por el cual Dios se revela en infinidad de *onomatofanías*: las manifestaciones de las propiedades de Sus Nombres en el cosmos.

El Uno se da a conocer en la multiplicidad por medio de Sus nombres. Todos los Nombres designan al Único y refieren por tanto a una sola y misma Esencia, pero cada uno de Sus Nombres manifiesta distintos efectos en la creación, incesantemente renovada a cada instante. Las teofanías nunca se repiten.

El hombre tiene la posibilidad, según su predisposición y su receptividad, de adoptar las cualidades de los diversos nombres del Uno-Múltiple reintegrándolos —por medio de su concentración, su aspiración espiritual y la comprensividad de su corazón— en su Unidad esencial.

Resulta fundamental comprender que la adopción de las cualidades de los Nombres no implica apropiación. El hombre es receptáculo, "lugar" donde se manifiestan los efectos de los Nombres, partícipe de los atributos con los cuales, por la gracia de la divina providencia, se reviste en tanto que siervo adorador de Dios. Sólo cuando el hombre contempla la condición señorial de los Nombres y es verdaderamente consciente de que todo procede de Él y a Él retorna, puede entonces hablarse propiamente de revestimiento o caracterización, ya que, cuando a sí mismo el siervo la atribuye, la manifestación de determinada cualidad no es adopción, sino ilusoria y vana pretensión.

En última instancia, cuando realiza el misterio de la Unicidad del Ser —en virtud del cual Dios es Amor, Amante y Amado—, el gnóstico vive y percibe toda manifestación como teofanía, de tal modo que puede llegar a ver a Dios en todas las cosas, sin que ello signifique la abolición de su condición de siervo o la anulación de la multiplicidad de los grados de la existencia.

Entiéndase que los Nombres configuran el mundo de referencias del potencial desarrollo humano y rigen los diversos aspectos y prototipos del perfeccionamiento espiritual. Las distintas tipologías psicológicas y las múltiples modalidades de conocimiento y de realización responden, en este sentido, a la diversidad de las posibles relaciones que con los Nombres se establezcan. Según su predisposición, un hombre puede ser especialmente receptivo al influjo de uno o varios nombres. Los efectos del Nombre señorial que, íntimamente vinculado al interior secreto del siervo, determina su particular modalidad espiritual, se manifestarán en él de modo predominante.

Dice Ibn ʿArabī: "El sufismo (*taṣawwuf*) es la adhesión a la *cortesía espiritual*, las buenas maneras (*ādāb*) prescritas en la revelación, tanto externa (*ẓāhir*) como internamente (*bāṭin*). Estas buenas maneras son los divinos rasgos de carácter (*ajlāq ilāhiyya*). Aplícase también el término al cultivo de las nobles cualidades y al abandono de las vanas"[2].

El modelo ideal de desarrollo consistiría en llegar a hacerse receptivo al conjunto de los Nombres, actualizando sus nobles rasgos distintivos en armonía y reintegrándolos en su Unidad esencial, lo cual equivaldría a realizar la perfecta condición de Siervo de Allāh, el nombre *integrador* que a todos los demás comprende.

Ante necesidades particulares —expresadas en los apartados de *Kašf al-maʿnà* denominados "dependencia"—, el aspirante recurre, ya sea en explícita rememoración verbal —interna o externa— o por medio del implícito lenguaje de su estado, al nombre específico que procura la satisfacción de tales necesidades.

3. Sobre la práctica de la rememoración de los Nombres

En el sufismo, los iniciados se ejercitan en la rememoración (*ḏikr*) de Dios recurriendo entre otras cosas, según las recomendaciones generales de la tradición o bajo las instrucciones particulares de sus maestros, a diversas prácticas relacionadas con los nombres. La más extendida consiste en la enumeración de una de las cuatro listas tradicionales de los 99 nombres o en la repetición —más frecuente— de una secuencia o de uno solo de Sus nombres, ya sea de manera externamente audible o internamente y en silencio, lo cual puede ir acompañado o no de rítmicos movimientos físicos, conciencia de la respiración o sincronía de determinados ritmos y métodos respiratorios, así como de audiciones, visualizaciones u otros recursos técnicos.

Los nombres, empleados en la súplica (*duʿāʾ*) o en la meditación, pueden evocarse —en general, con el artículo determinado (*al-*)— e invocarse —en general, precedidos de la partícula de vocativo *yā* y

---

2. Cf. Ibn ʿArabī, *Iṣṭilāḥāt al-Šayj al-Akbar Muḥyiddīn Ibn al-ʿArabī: Muʿŷam Iṣṭilāḥāt al-ṣūfiyya*, introd. y ed. de Bassām ʿAbd al-Wahhāb al-Ŷābī, Dār al-Īmān Muslim, Beirut, 1990, 80 pp. (pp. 74-75).

sin artículo (p. ej. *yā karīm* en lugar de *al-karīm*)—, tanto espontánea como premeditadamente, o bien según libre inspiración, o bien según diversas secuencias numéricas establecidas —99, 33, valores alfanuméricos del sistema *abŷad*, etc. —, ya sea con la ayuda de algún instrumento como el llamado *subḥa* —similar al rosario, comúnmente con 99 cuentas— o sin instrumento alguno.

Evidentemente el *ḏikr* no consiste en una repetición mecánica. Se trata de una rememoración consciente en la cual, a cada nuevo aliento, el sentido, la experiencia, el "sabor" y el "saber" de cada nombre, son incesantemente renovados en la vivencia del contemplativo gracias a la ilimitada creatividad divina.

En el dominio intermedio de la Imaginación activa —el mundo del alma, unión del cuerpo y el espíritu—, lo espiritual y lo inteligible cobran forma sensible, el cuerpo se espiritualiza, los opuestos se unen, el sueño se torna espejo, se contempla lo invisible y el ángel de la revelación comunica a los profetas la Palabra divina.

Cuando el gnóstico interioriza uno de los nombres de Dios en su corazón —órgano de la Imaginación creativa—, las cualidades del nombre se actualizan en él, manifestando sus efectos en la oración teofánica, de modo que el siervo, al hallar en sí mismo las huellas del nombre que en el momento rige su particular relación existencial con la Realidad, pueda conocer a su Señor en el íntimo secreto de su conciencia profunda.

Con anterioridad a este trabajo, específicamente dedicado al comentario a los nombres en Ibn ʿArabī, el tema de los nombres de Dios ha sido objeto de excelentes estudios generales de conjunto, entre los que destaca el titulado *Le noms divins en Islam* de D. Gimaret. A las obras citadas en las notas remito, pues, a los interesados en tener más información sobre esta materia. Para completar este trabajo previo, sería deseable poder contar en el futuro con un estudio monográfico de los nombres divinos en el sufismo. A tan amplia tarea deseo contribuir con ésta y otras aportaciones en preparación.

II. Los comentarios a los nombres de la enumeración (*asmāʾ al-iḥṣāʾ*) en la obra de Ibn ʿArabī

Aquí se presenta la traducción íntegra anotada de dos de los tres textos (dos de ellos en la misma obra) en que el Šayj al-Akbar comenta el significado de los 99 Nombres de Dios.

Aunque toda la obra akbarí podría considerarse en cierto sentido un incesante y vastísimo comentario a los Nombres, comentarios sistemáticos de Ibn ʿArabī sobre los 99 Nombres, hasta donde mi saber alcanza, sólo pueden hallarse, como se ha indicado, en dos de sus obras: *Kašf al-maʿnà y Futūḥāt makkiyya*.

1. Kašf al-maʿnà

La primera cronológicamente, anterior a *Tadbīrāt*, es la que en este volumen se ha editado y traducido, *Kašf al-maʿnà ʿan sirr asmāʾ Allāh al-ḥusnà*, que consta —si contamos la brevísima "Conclusión"— de tres partes.

Aunque algunas copias manuscritas contienen otros títulos alternativos (*Šarḥ…, Manāfiʿ…*), tras la comparación de los textos y las informaciones disponibles resulta evidente que el título original completo del tratado es éste: "Libro de la develación del significado que revela el secreto de los más bellos Nombres de Allāh".

El Šayj escoge para sus obras títulos precisos y significativos que ofrecen al lector datos esenciales relativos a la naturaleza, la fuente o incluso el lugar de su inspiración, su contenido temático y su intencionalidad.

La atenta lectura de este título en particular puede ofrecernos algunas claves que nos permitan abordar el tratado de la manera adecuada. Si se tiene en cuenta el significado técnico de sus términos, el título brinda, en cierto modo, los elementos requeridos para una correcta predisposición.

En la primera parte, "Develación del significado", al emplear el término *kašf* el maestro nos informa de que no estamos frente a una obra erudita de recopilación o transmisión tradicional exotérica, sino ante un tratado propiamente sufí redactado, no meramente como resultado del esfuerzo personal y del estudio de las tradiciones y de los referentes escriturarios en que se funda el discurso del autor sino, esencialmente, a partir de la experiencia de la develación mística, como fruto que de su propio hallazgo cognitivo y vivencial dimana.

Este título da pues a entender no sólo que el Šayj devela el significado del secreto de los nombres retirando el velo que lo oculta, sino que se trata de una obra escrita por efecto de la develación. Lo que se devela, según especifica la segunda parte del título, es el significado del secreto de los más bellos Nombres de Dios, lo cual manifiesta que el autor va a tratar, no de los Nombres de Dios en general —que son innumerables—, sino de los 99 Nombres, transmitidos en una de las enumeraciones tradicionales, con los cuales Dios se ha llamado a Sí mismo en el Corán o la Sunna.

Pero, ¿a qué secreto se refiere aquí el término *sirr*? La respuesta parece hallarse en la única referencia explícita a este tratado que —aparte de los listados de sus obras— se encuentra en un escrito del Šayj.

En *Tadbīrāt ilāhiyya* comenta Ibn ʿArabī al tratar de la condición humana de la vicerregencia: "Conviene pues que este vicerregente (*jalīfa*) adopte los rasgos de los Nombres de Quien le ha encomendado la vicerregencia, de modo que esto se ponga de manifiesto en su manera de gobernar y en sus actos. Ya hemos explicado el significado de la adopción de los Nombres señoriales (*asmāʾ rabbāniyya*) en nuestro libro *Kašf al-maʿnà ʿan sirr asmāʾ Allāh al-ḥusnà*"[3].

Llama así Ibn ʿArabī "Nombres señoriales" a los bellísimos Nombres (*al-asmāʾ al-ḥusnà*). Precisamente al tema de la adopción de los nombres señoriales por parte del siervo parece referirse la noción de 'secreto' contenida en el título del tratado.

Obsérvese que en el título no se dice: "develación de los significados de los secretos de los nombres...", sino que se emplea el singular. La propia estructura de la obra parece aclarar la cuestión.

1.1. Introducción (*muqaddima*)

He llamado "Introducción" (*muqaddima*) a la primera parte, de mayor extensión, que figura en las diez copias consultadas (y en la traducción al turco otomano conservada en la Biblioteca Suleymaniyye) y es una presentación propiamente temática y estructural, con clasificaciones y definiciones relativas a los nombres.

Cabe resaltar que en esta introducción el Šayj resuelve de modo magistral y conciliador la tradicional polémica acerca de la identidad del nombre y lo Nombrado:

---

3. Cf. *Tadbīrāt*, ed. Nyberg, cap. V, p. 145.

El nombre es lo Nombrado si por nombres se entienden los Nombres primordiales; mas no es lo Nombrado si por nombres se entienden los nombres de los Nombres —es decir, los nombres de aquellos Nombres primordiales—, que son los nombres generalmente conocidos, compuestos de letras y sonidos.

1.2. El conocimiento de los nombres: dependencia, realización y adopción

La segunda parte constituye el cuerpo central de la obra: El Šayj la titula "El conocimiento (*maʿrifa*) de los nombres divinos (*asmāʾ ilāhiyya*) según [las perspectivas de] la relación de dependencia (*taʿalluq*), la realización (*taḥaqquq*) y la adopción o caracterización (*tajalluq*)".

En esta triplicidad —y en el aspecto de la adopción en particular— se cifra a mi parecer lo que el autor denomina, en el título de la obra, el secreto de los nombres: la unicidad de estas tres perspectivas interdependientes cuya relación podría acaso representarse con un triángulo equilátero.

Hay un interesante precedente literario que, a mi juicio, aunque ningún testimonio lo demuestre, sirvió a Ibn ʿArabī de fuente de inspiración para concebir la estructura de *Kašf al-maʿnà*. Se trata del penúltimo de los aforismos (nº 163) de uno de los opúsculos de Abū Madyan Šuʿayb, titulado *Uns al-waḥīd wa-nuzhat al-murīd*[4], editado por Vincent Cornell, aforismo en que este gran maestro magrebí de Ibn ʿArabī dice: "En los nombres de Allāh —Enaltecido sea— hay tres aspectos: relación de *dependencia* (*taʿalluq*)[5], adopción (*tajalluq*) y realización (*taḥaqquq*)[6]. El *taʿalluq* es la aprehensión (*šuʿūr*) del significado del nombre; el *tajalluq* consiste en que subsista [o se manifieste] en ti el significado del nombre, y el *taḥaqquq* en que te aniquiles en su significado".

Aunque ambos maestros nunca se encontraron físicamente, el reconocimiento y la admiración que Ibn ʿArabī profesa hacia Abū

---

4. V. Vincent J. Cornell, *The Way of Abū Madyan: The works of Abū Madyan Shuʿayb*, Cambridge, 1966, p. 149. V. la precisión de la nota nº 46 en p. 148.

5. La cual corresponde a la necesidad (*iftiqār*) y puede entenderse también como 'codependencia' o 'interrelación'.

6. V. Cornell traduce estos tres términos, respectivamente por 'attachment', 'unintended consequence' y 'certainty'. *Ibid.*, p. 148.

Madyan —una de las más relevantes figuras en la historia del sufismo magrebí—, cuyas enseñanzas fueron ampliamente difundidas en al-Ándalus por mediación de sus numerosos e inspirados discípulos, hace considerar la posibilidad de que este breve y original aforismo haya propiciado la génesis de *Kašf al-maʿnà*. He de señalar que, de hecho, en ninguna otra fuente literaria he hallado expresión semejante de esta triple perspectiva de los nombres. Esto parece indicar que nos hallamos ante una obra de inspiración magrebí.

No obstante, resulta obvio que tras haber asimilado el significado y la relación de los tres términos en cuestión, Ibn ʿArabī —como es común en sus escritos—, realiza en su recepción una sustancial transformación terminológica, adaptándolos a su propia *logosofía*.

Esta triple perspectiva es, desde los puntos de vista estructural y epistemológico, la más original aportación de esta obra akbarí a la historia del comentario sobre los nombres divinos. Como he indicado, no tengo conocimiento de la existencia de ninguna obra anterior o posterior a ésta que netamente describa los nombres divinos desde estas tres perspectivas simultáneamente. Cada tratado sobre el tema se centra, aunque sin emplear los mismos términos, en una o dos de tales posibilidades, acaso presentándolas en conjunto ocasionalmente sin diferenciarlas de modo sistemático.

De hecho, todos los comentarios a los nombres pueden clasificarse a partir de estos conceptos según la perspectiva o perspectivas predominantes en cada uno de ellos. La súplica (*duʿāʾ*) con los nombres suele responder a la modalidad del *taʿalluq* (p. ej., la que escribió Ibn ʿAbbād de Ronda); otros comentarios tratan la cuestión desde la perspectiva exclusiva del *taḥaqquq* (*Šarḥ* de *Ŷurŷānī*, *Šarḥ* de *Ibn ʿArabī*), desde la perspectiva exclusiva del *tajalluq* (p. ej., el comentario sobre los *ʿabādila* de ʿAbd al-Razzāq Qāšāni u otros del género[7]) o desde dos de estas perspectivas (p. ej., los comentarios de Gazālī, Ibn Barraŷān o Qūnawī en que, con otras denominaciones, se combinan *taḥaqquq* y *tajalluq*, ya sea en secciones separadas o —como en el último caso— conjuntamente).

Quisiera añadir que, al analizar sus respectivos comentarios sobre los nombres, he tenido ocasión de comprobar que Ibn ʿArabī, tras haber asimilado las obras de Gazālī o Ibn Barraŷān entre otros, ha

---

7. V. J. Nurbakhsh, *Sufi symbolism: volume VII*, Londres, 1993, pp. 95-138, donde el autor traduce un comentario sobre los *ʿabadila* de una obra en persa de Šāh Niʿmat Allāh Walī, *Rasāʾil*, 4 vols., Teherán, 1978, editada por él mismo.

trascendido las formulaciones precedentes y, guiado siempre por las directrices de su personal realización interior, ha elaborado una terminología y una *logovisión* propias, las cuales, aunque firmemente enraizadas en la tradición, son en su diseño y concepción sumamente originales.

Como contrapartida puede apreciarse, sin embargo, que pensadores posteriores de la Escuela akbarí —Qūnawī, Qāšānī, Ŷīlī, el Emir 'Abd al-Qādir o tantos otros grandes autores—, basan generalmente sus propias consideraciones —sin que ello implique falta de verdadera "originalidad"— en las de Ibn 'Arabī.

En mi edición francesa de *Kašf al-ma'nà*[8], he incluido dos apartados relativos a la directa influencia de esta obra en dos tratados posteriores titulados *Laṭā'if al-i'lām y Taḏkirat al-fawā'id*. Este último mo contiene el único comentario conocido del *Kašf al-ma'nà*. A esa edición remito a los interesados en esta cuestión.

1.3. Conclusión

He llamado "Conclusión" a la que puede considerarse cuarta y última parte, que no es en realidad sino el brevísimo final del tratado, cuya importancia reside en el hecho de que nos informa del lugar y de la fecha en que se copió el manuscrito C, al tiempo que permite saber quién fue el destinatario principal a quien esta copia estaba dedicada. Más adelante se comentarán detalladamente estos datos.

2. El capítulo 558 de Futūḥāt makkiyya

La segunda y más relevante composición sobre los nombres se encuentra, desde luego, en *Futūḥāt makkiyya*, cuyo capítulo 558, uno de los más extensos de la obra, contiene una de las más amplias exposiciones acerca de los nombres —considerados aquí en tanto que divinas presencias (ḥaḍarāt)— producidas en la literatura sufí; acaso la más extensa realizada con posterioridad al enorme "Comentario..." de Ibn Barraŷān de Sevilla y, en cualquier caso, la que presenta mayor diversidad de perspectivas e interpretaciones originales[9].

---

8. V. Ibn 'Arabī, *Le secret des Noms de Dieu*, Albouraq, París, 2010, pp. 28-32.

9. W. Chittick ha hecho una breve presentación general de este capítulo en *Illuminations*, donde traduce buena parte del comentario relativo al nombre Allāh (pp. 108-116).

En la sección que concluye este capítulo de *Futūḥāt*, titulada "La Presencia de las Presencias que congrega los más bellos nombres" (*Ḥaḍrat al-ḥaḍarāt al-ŷāmiʿa li-l-asmāʾ al-ḥusnà*) hay un comentario íntegro y sistemático de los 99 nombres que difiere del inmediatamente anterior y más extenso tanto en estructura como en contenido, sin siquiera seguir la misma lista de nombres, y que puede considerarse independiente. En este volumen me refiero a él llamándolo *Šarḥ*. La última parte de esta sección es el segundo texto traducido aquí y, como antes he indicado, puede considerarse un comentario a los nombres desde la perspectiva del *taḥaqquq*.

El texto del capítulo 558 de *Futūḥāt* ha sido traducido a partir del ms. autógrafo de Ibn ʿArabī, Evkaf Müsezi 1845-1881 del Türk-Islam Eserleri Müsezi de Estambul, donde este capítulo ocupa los volúmenes 1876 y 1877.

III. Manuscritos consultados

1. Manuscritos empleados en la edición de Kašf al-maʿnà

A continuación detallo los datos relativos a las seis copias completas que he cotejado para la edición crítica del *Kitāb Kašf al-maʿnà ʿan sirr asmāʾ Allāh al-ḥusnà* (R.G.: 338), indicando las correspondientes siglas. Variantes del título: *K. Šarḥ al-asmāʾ al-ḥusnà; Manāfiʿ al-asmāʾ al-ḥusnà*. Salvo el ms. I, los demás mss. se encuentran en la Biblioteca Suleymaniyye de Estambul, cuyos responsables tuvieron la amabilidad de facilitarme, además de su consulta directa, copias microfilmadas.

1.1. Ms. B: Beyazid 1314/1b-19b

Letra *nasjī*; sin fecha; 22 lss. por pág. Comienzo: *"Bismi Llāhi l-Raḥmāni l-Raḥīm wa-bi-Hi nastaʿīn. Qāla sayyidu-nā wa-imāmu-nā l-Šayj al-imām al-ʿālim al-ʿārif al-muḥaqqiq al-kāmil waḥīd dahri-hi wa-farīd ʿaṣri-hi Muhyī l-Dīn Abū ʿAbd Allāh Muḥammad b. ʿAlī b. Muḥammad b. Aḥmad Ibn al-ʿArabī al-Ṭāʾī al-Ḥātimī raḍiya Allāhu ʿan-hu wa-arḍā-hu...".* Comienzo igual a los respectivos comienzos de las copias Haci Mahmud 2594/1a-34b y Haci Mahmud 4209/1a-48a, pertenecientes a la misma familia.

1.2. Ms. C: Carullah 2097/90b-113b

Corrijo R. G. donde O. Yahya indica fols. 89-110. R.G. da como fecha de la copia el año 897 H., pues dos de los tratados que integran el volumen están fechados en 897 H. (v. fols. 20b y 48a), el mismo año en que está fechada la copia del ms. Fatih 2874. Tiene 17 lss. por pág.

El tratado comienza en el folio 90b: *wa-baʿd [basmala] qāla Llāhu taʿālà "wa-li-Llāhi l-asmāʾ al-ḥusnà...".* Sobre los datos contenidos en el final, v. la edición (*Jitām al-kitāb*) y su correspondiente traducción ("Conclusión").

1.3. Ms. E: Esad Ef. 1448/9a-23a

Título: *Šarḥ asmāʾ Allāh al-ḥusnà* (fol. 9a). Fechado en 981 H. (v. fols. 58b y 80b del mismo volumen misceláneo, escrito con la misma caligrafía y en el mismo año en que se fecha la traducción al turco contenida en el ms. Haci Mahmud 4210, 981 H. —v. *infra*—). 21 lss.

Comienzo y final son distintos a los del resto de los mss., aunque no aportan datos significativos. Comienzo: *"Bismi Llāhi l-Raḥmāni l-Raḥīm wa-ṣallà Llāhu ʿalà sayyidi-nā Muḥammad wa-sallim taslīmᵃⁿ. Qāla l-ʿālim al-muḥaqqiq wa-l-ʿārif al-mutaḥaqqiq wa-l-mutajalliq bi-[l]-ajlāq al-rabbāniyya wa-l-wāriṯ al-kāmil al-mutaʿalliq bi-ḥaqāʾiq [al-] ḥaḍra al-muḥammadiyya, al-ḥaqīqa al-ŷāmiʿa wa-l-maẓhar al-akmal al-aʿẓam al-atamm li-ḥaḍrat al-asmāʾ al-ilāhiyya aʿnī ṣāḥib [al-]maqām al-maḥmūd Muḥammad ṣallà Llāhu ʿalay-hi wa-ʿalà āli-hi wa-aṣḥābi-hi wa-ʿalà julafāʾi-hi l-wāriṯīn. Min baʿd..."* (fol. 9b).

Así introduce la copia Esad Ef. este tratado, atribuyendo a Ibn ʿArabī las condiciones correspondientes a los tres aspectos de los nombres: *ʿārif mutaḥaqqiq*, es decir, gnóstico que ha realizado el conocimiento de los nombres en tanto que divinas realidades (*taḥaqquq*); *mutajalliq bi-l-asmāʾ al-rabbāniyya*, es decir, que ha adoptado los rasgos de los nombres señoriales revistiéndose creaturalmente de sus cualidades; *al-mutaʿalliq bi-ḥaqāʾiq al-ḥaḍra al-muḥammadiyya*, es decir, que ha establecido una plena relación de codependencia con todas las realidades de la presencia totalizadora en tanto que partícipe de la condición muḥammadí de Hombre Perfecto en la completa realización de la servidumbre. En esta presentación puede apreciarse que el tránsito abrupto de la referencia a Muḥammad Ibn ʿArabī, en tanto que heredero y Sello de la espiritualidad muḥammadí, a la directa referencia al Profeta Muḥammad, refuerza con añadida expresividad la idea del íntimo vínculo entre ambos.

El final de la copia se refleja en la edición.

Esta misma copia contiene abundantes notas al margen en las cuales se citan extractos de *Futūḥāt makkiyya* —cuyas referencias he indicado en notas a la traducción— y se recogen los comentarios de la obra *Iṣṭilāḥāt al-ṣūfiyya* de ʿAbd al-Razzāq Qāšānī sobre los *ʿabādila* relativos a los correspondientes nombres divinos (fols. 15b-20b; desde *ʿAbd al-Šakūr* hasta *ʿAbd al-Muʾajjir*).

1.4. Ms. F: Fatih 5298/68a-81b

Título: *K. Kašf al-maʿnà...* Contiene una cita atribuida a Abū Ḥāmid Gazālī en fol. 68a. El tratado, fechado el 6 de Ramadán —que el copista llama *al-sabt al-mubārak*— del 783 H. (fol. 82a), termina propiamente en fol. 81b. De entre las consultadas, pudiera tratarse de la copia más antigua (no obstante, véanse las observaciones acerca de la datación del ms. C). En el mismo folio 81b comienza una sucesión de textos breves atribuidos a Ibn ʿArabī, a Qūnawī (fol. 83b) y a Abū l-Qāsim ʿAbd al-Muḥsin b. ʿUṯmān al-Ḥāfiẓ (v. fols. 82a-84b). En el texto no figura el nombre del autor. 23 lss. El volumen es una compilación de obras de Ibn ʿArabī, entre las cuales se cuentan el *K. al-Iʿlām bi-išārāt...* (fols. 5a-9a; R. G. 281), el *Šarḥ al-alfāẓ al-ṣūfiyya* (fols. 58a-61b; R. G. 315), y *Ḥilyat al-abdāl*, que comienza en el fol. 85a, a continuación de *Kašf al-maʿnà*.

1.5. Ms. I: Indian Office Library (Arabic Loth 658/1a-22a)

Letra de estilo *nasjī*; sin fecha; 19 lss.; frecuentes omisiones. Comienzo: "*Bismi Llāhi l-Raḥmāni l-Raḥīm al-ḥamdu li-Llāhi rabbi l-ʿālamīn wa-ṣallà Llāhu ʿalà [...] wu-āli-hi wa-sallim taslīman kaṯīr...*". El final se refleja en la edición.

1.6. Ms. Y: Yeni Cami 705/1a-19a

En el fol. la hay un sello de biblioteca fechado en 1137 y una nota, más arriba, de difícil lectura [*min kutub aḥqar al-warà al-Ḥāŷŷ Muḥammad b. Qamī-bīk (?) al-šahīr bi-Bkrā... (?) al-Rswī (?) gafara Allāh taʿālà la-hu wa-li-wāliday-hi*]. La copia está fechada a primeros de Ramadán del año 865 H. (fol. 19b). Comienzo: *Qāla sayyidu-nā wa-imāmu-nā...* El final, reflejado en la edición crítica, no aporta información alguna. Letra de estilo *nasjī*; 17 lss. En el mismo volumen (Yeni Cami 705/22b-130b, 865 H.) hay una copia del *Kītāb Šarḥ maʿānī asmāʾ Allāh* (título tomado de las líneas 15-17 del fol. 23a), el tratado de Abū l-Qāsim ʿAbd al-Karīm b. Hawāzin al-Qušayrī sobre los nombres de Dios.

2. Otros manuscritos consultados

2.1. Mss. de Kašf al-maʿnà no empleados en la edición

- Ayasofya 1862/1a-23b: Letra *taʿlīq*; 15 lss. Copia tardía sin fecha. Se trata, en efecto, de la obra en cuestión.

- Bagdatli Vehbi Ef. 732/2b-162b (2ª): *Kašf al-maʿnà...* Tratado completo; *nasjī*; 9 lss.; fechado en 1325 H. Nombre del copista: Ḥusayn Ḥusnī. No lo he cotejado por tratarse de una copia muy tardía.

- Haci Mahmud (Yahya Ef.) 2594/1-34b (o 68 pp. en numeración oriental). Letra *nasjī*; 15 lss. Título: *Kašf al-maʿnà... li-l-Šayj al-Akbar wa-l-Kibrīt al-Aḥmar al-Tāʾī al-Andalusī.* Comienzo: *Bismi-Llāhi-l-Raḥmāni-l-Raḥīm qāla sayyidu-nā wa-imāmu-nā l-Šayj al-imām al-ʿālim al-ʿārif al-muḥaqqiq al-kāmil waḥīd dahrihi wa-farīd ʿasri-hi Muḥyī-l-Dīn Abū ʿAbd Allāh... —raḍiya Allāhu ʿanhu wa-arḍāhu—. Qāla Llāh: "wa-li-Llāhi-l-asmāʾ al-ḥusnā...".* Igual al comienzo de B.

- Final: *"wa-Llāhū yaqūlu l-ḥaqq wa-huwa yahdī l-sabīl" wa-hāḏihi l-nusja manqūl[a] min nusjat al-Šayj ʿAbd al-Ganī al-Nābulusī..."* (fol. 34b).

- No está fechada y es muy tardía (posterior en principio al 1641 d. C., fecha de nacimiento de Nābulusī).

- Haci Mahmud 4209/1-48: *Kašf al-maʿnà...* (idéntico a Haci Mahmud 2594). Comienzo y final (en éste sólo añade *tamma bi-l-jayr*) idénticos a los de la copia Haci Mahmud 2594. Completo; 13 lss. *taʿlīq* con margen ornamentado.

2.2. Traducción al turco

- Haci Mahmud 4210/2b-41b: *Šarḥ al-asmā' al-ḥusnà tercümesi*; traducción al turco otomano, fechada en 981 H. (V. *supra* ms. E). Traducción íntegra del texto. *Nasjī*; 15 lss.; 211-147, 155-95 mm. Comienzo: *"al-ḥamdu li-Llāhi l-laḏī lahu l-asmā' al-ḥusnà..."*. Figura el nombre del autor: Muḥyī l-Dīn Ibn 'Arabī. Comienzo de la versión turca en p. 2b, línea 7. Por la fidelidad de la traducción —que he comprobado con ayuda de la profesora Derin Terzioğlu—, el excelente estado de conservación y la bella escritura —tintas roja (títulos) y negra (texto)— del ms., serían aconsejables su transcripción al alfabeto latino del turco moderno y su edición facsímil.

2.3. Manuscritos cuya referencia en R. G. se ha rectificado

- Fatih 2874: Esta referencia corresponde en realidad a la obra *Mawāqi' al-nuŷūm* (R.G. 443) y no a la obra en cuestión. 159 fols. Fechada en 897 H. y no en 827 H. como figura en R. G.

- Haci Mahmud 2870/14b-42a (numeración moderna): Se trata, según he confirmado, de la obra *Šarḥ al-asmā' al-ḥusnà wa-taḥqīqāti-hā bi-l-basmala al-šarīfa wa-l-fātiḥa li-l-Šayj al-Akbar* (R.G.: 675. V. *infra* Halet Ef. 245). *Ruq'a* de difícil lectura; papel y tinta de pésima calidad; copia muy reciente; 16 lss.

- Haci Mahmud (Yahya Ef.) 2994: Tal referencia no corresponde a esta obra, sino a otra obra titulada *Šarḥ risālat waḥdat al-wuŷūd*, fechada en 1279 H.

- Halet Ef. 245/72a-129b (6[a]): No se trata de esta obra sino del tratado titulado *Šarḥ al-asmā' al-ḥusnà wa-taḥqīqāti-hā bi-l-basmala al-šarīfa wa-l-fātiḥa li-l-Šayj al- Akbar* (R.G.: 675. V. *supra* Haci Mahmud 2870). El volumen se titula *Rasā'il al-Šayj al-Akbar*. Contiene el tratado de Qūnawī llamado *Ta'wīl al-fātiḥa* (fols. 402b-407b). Sin fecha. Sólo tiene un sello de entrada en biblioteca del año 1236 H. *Nasjī*; 16 lss.

3. *Capítulo 558 de* Futūḥāt makkiyya

El texto traducido del cap. 558 de *al-Futūḥāt al-makkiyya* (R.G.: 135) ha sido sistemáticamente comparado con la copia microfilmada del ms. autógrafo Evkaf Müzesi 1845-1881 (código en vigor) del

Türk-Islam Eserleri Müzesi de Estambul, correspondiente a los dos volúmenes —1876 y 1877— que contienen el capítulo 558.

—**Vol. 1876:** En el fol. 1a comienza el libro nº 32 de *Fut., Šarḥ al-asmāʾ al-ḥusnà*. Este vol. llega hasta *ḥaḍrat al-ḥikma* inclusive. Tiene 126 fols. y contiene *samāʿ* y fecha en fol. 126a.

—**Vol. 1877:** Libro 33; desde *ḥaḍrat al-wadd* hasta el final del capítulo; 127 fols.; *samāʿ* en fol. 127a. El apartado *Ḥaḍrat al-ḥaḍarāt al-ŷāmiʿa...* comienza en fol. 111a. La sección de este apartado traducida aquí ("Comentario a los más bellos nombres de Dios") y reproducida en edición facsímil (pp. 195-213) ocupa los folios 119a-127a de este volumen. El cap. 559 de la obra comienza ya en el libro 34 (vol. 1878). Más datos sobre esta copia autógrafa pueden hallarse en la edición realizada por O. Yahya.

IV. OTROS COMENTARIOS RELATIVOS AL MS. C Y A LA FECHA DE REDACCIÓN DE *KAŠF AL-MAʿNÀ*

Comentaré a continuación los datos contenidos al término de esta copia, teniendo en cuenta las menciones de este tratado en obras de datación anterior.

1. Sobre la dedicatoria a Šaraf al-Dīn al-Ḥamawī y su contexto

La copia está dirigida a uno de los compañeros y discípulos de Ibn ʿArabī, quien regularmente asistía a las reuniones que el Šayj al-Akbar celebraba en Damasco. No hay, sin embargo, ningún comentario que niegue la tesis expuesta más adelante de un presumible origen andalusí de la primera redacción del tratado, posteriormente "dedicado", a su discípulo Šaraf al-Dīn al-Ḥamawī.

Poco sabemos acerca del alfaquí e imam Šaraf al-Dīn Abū Muḥammad ʿAbd al-Wāḥid b. Abū Bakr b. Sulaymān al-Ḥamawī, a quien Ibn ʿArabī llama "nuestro compañero" (*ṣāḥibu-nā*).

Gracias a los certificados de audición (*samāʿ*) de los ejemplares autógrafos de *Futūḥāt makkiyya* sabemos que Šaraf al-Dīn al-Ḥamawī asistió con regularidad en Damasco y en la misma casa del maestro, al menos durante el año 633 H., a las lecturas de la segunda y definitiva redacción de la obra, que comenzó en 632/1234 y concluyó en 636/1238 (cf. Evkaf Musesi, 1845-1881 —ahora Türk Islam Eserleri Müzesi— que contiene 71 *samāʿ*; R. G.: 135, p. 204).

En el certificado nº 1 figuran en la lista de "oyentes" Abū Bakr b. Sulaymān al-Ḥamawī y su hijo Ŷamāl al-Dīn, respectivamente padre y hermano de Šaraf al-Dīn.

En las respectivas listas de los números 2, 6 y 9 figura únicamente el nombre del padre Abū Bakr b. Sulaymān b. ʿAlī al-Ḥamawī como oyente. En el número 10, sin embargo, sólo figura como lector y como escriba Aḥmad b. Abū Bakr b. Sulaymān al-Ḥamawī, presumiblemente el mismo que en el nº 1 se ha llamado Ŷamāl al-Dīn, hermano de Šaraf al-Dīn. En el 14 también figura únicamente Aḥmad como lector.

En el 15, el 17 y el 20 vuelve a aparecer sólo el padre como oyente, pero en los certificados 22, 23, 25 y 30 ambos hijos figuran como oyentes junto con su padre. Además, en los certificados 26, 27, 32, 36, 37, 40-42 y 46-54, el nombre de un nieto de Abū Bakr se suma a los anteriores. Se trata del hijo de Šaraf al-Dīn, llamado Muḥammad b. ʿAdb al-Wāḥid al-Ḥamawī.

Todos estos certificados están fechados en el 633 H. (diez años después de la dedicatoria de este tratado). En ningún caso aparece ningún miembro de la familia en uno de los certificados posteriores fechados entre los años 634 y 640 (y sólo faltan certificados del 638). Tampoco se menciona a ninguno de ellos en ningún otro apartado de *Histoire et classification*.

Tenemos pues a miembros de tres generaciones de la familia Ḥamawī de Damasco frecuentando —a menudo conjunta y simultáneamente— las audiciones celebradas en casa de Ibn ʿArabī en el 633. Las listas de oyentes en los certificados fechados en este año contienen a menudo más de treinta nombres. Entre ellos figuran cinco andalusíes[10]: ʿAbd Allāh b. Muḥammad b. Aḥmad al-Andalusī [al-Mayūrqī] (18 menciones); Ibrāhīm b. Muḥammad b. Muḥammad [al-Anṣārī] al-Qurṭubī (17 menciones); ʿAlī b. Aḥmad b. ʿAlī al-Qurṭubī (siete); Muḥammad b. Muḥammad b. Ŷumʿa al-Balansī (dos); Ḥasan b. Rāŷiḥ b. ʿAbd al-Razzāq al-Qurṭubī (una).

---

10. Detallo los números de los certificados en los cuales figura cada uno de ellos por orden de aparición y también de frecuencia: ʿAbd Allāh b. Muḥammad b. Aḥmad al-Andalusī (2, 6, 15, 17, 22, 23, 25, 32, 36, 37, 41, 42, 47, 49, 50, 51, 53, 54); Ibrāhīm b. Muḥammad b. Muḥammad de Córdoba (9, 15, 17, 25, 26, 27, 30, 32, 36, 37, 40, 41, 42, 46, 47, 51, 54); ʿAlī b. Aḥmad b. ʿAlī de Córdoba (27, 30, 32, 37 [errata: "b. Muḥammad" en lugar de "b. Aḥmad"], 41, 47, 48); Muḥammad b. Muḥammad b. Ŷumʿa de Valencia (27, 30); Ḥasan b. Rāŷiḥ b. ʿAbd al-Razzāq de Córdoba (37). Sobre otros andalusíes mencionados en R. G., v. el índice de nombres propios.

Abū Bakr b. Sulaymān b. ʿAlī al-Ḥamawī, el mayor de este linaje de oyentes asistentes a las audiciones de Damasco, tenía la función de predicador (*wāʿiẓ*) en una de las mezquitas de Damasco y murió en 649/1251 a la edad de 90 años.

Ŷalāl al-Dīn Aḥmad b. Abū Bakr b. Sulaymān b. ʿAlī al-Ḥamawī, hijo del anterior, nació hacia el 600 H. y murió en el 687[11].

Šaraf al-Dīn ʿAbd al-Wāḥid b. Abū Bakr b. Sulaymān b. ʿAlī al-Ḥamawī, hermano del anterior, por cuya solicitud dicta Ibn ʿArabī el tratado, fue predicador (*wāʿiẓ*) al igual que su padre. Era ya alfaquí e imām, según testimonio de Ibn ʿArabī, en el momento en que se concluye el dictado. Murió 37 años lunares más tarde, en el 658[12].

Su hijo Muḥammad b. ʿAbd al-Wāḥid b. Abū Bakr b. Sulaymān b. ʿAlī al-Ḥamawī debía ser niño aún cuando asistía a las audiciones de *Futūḥāt*. Este hecho no es en modo alguno extraordinario. La presencia de niños en las reuniones de los sufíes no es infrecuente[13].

2. Certificados de audición del 621 H.

En la utilísima tabla cronológica elaborada por C. Addas[14] sólo figuran como acontecimientos biográficos de Ibn ʿArabī durante el año 621/1224, tras su definitiva instalación en el 620 en Damasco, las referencias a los certificados de audición (*samāʿ*) —documentados todos ellos en RG— relativos a la lectura de las siguientes obras:

a. *K. al-Yaqīn*, RG 834. La copia Veliyuddin 1826, establecida a partir de original fechado en 621 H. en Damasco, contiene un *samāʿ* al final del texto, fol. 70b, aprobado por el autor. Lector, oyente y

---

11. Cf. C. Addas, *Quête*, pp. 311-12.

12. Cf. *Quête*, p. 312.

13. V. sobre la presencia de otros niños en las audiciones de *Futūḥāt, Quête*, pp. 312 (nota 4) y 313. Sobre la presencia de niños en las sesiones de lectura en general, v. G. Vajda, *La Transmission du savoir en Islam*, Londres, 1983, pp. 4-5.
He tenido ocasión de comprobar personalmente en visitas a hombres o mujeres consideradas maestros sufíes contemporáneos de diversos países (especialmente en Turquía) que en nuestros días la presencia de niños en las reuniones de quienes se consideran sufíes es habitual. Hasta donde he podido observar su relación con el guía espiritual no difiere ostensiblemente de la relación de los adultos y en buena medida los niños participan, con atención y actitud de servicio, de las actividades grupales, incluyendo ejercicios de oración, audiciones, etc.

14. V. *Quête*, pp. 346-362.

escriba: Ayyūb b. Badr b. Manṣūr. Tratado escrito en un sólo día en Hebrón en el 601[15].

b. *K al-Alif*, RG 26. Primer *samā'* en la copia autógrafa Šehit Ali 2813/35-41 situado en fol. 41, fechado en el 621 H. en la casa damascena de Ibn 'Arabī. Lector: Ayyūb b. Badr al-Muqrī. Tratado redactado en Jerusalén en el 601. Citado en el *K. al- Ḥaqq* de Ibn 'Arabī[16].

c. *K al-Haqq*, RG 219. La copia autógrafa del mismo ms. Šehit Ali 2813/42-46 contiene otro *samā'* del año 621 en casa del autor. Lector y escriba: Ayyūb b. Badr[17].

d. *Mafātīḥ al-guyūb*, RG 386. Copia autógrafa del mismo ms. Šehit Ali 2813/7-11b contiene otro *samā'* (fol. 7) del año 621 en casa del autor. Lector y escriba: Ayyūb b. Badr[18].

e. *al-Maqṣid al-asmā'...*, RG 418. Copia autógrafa del mismo ms. Šehit Ali 2813/12-17b, contiene otro *samā'* (fol. 17b) del año 621 en la Mezquita de Damasco. Aprobado por el autor. Lector, oyente y escriba: Ayyūb b. Badr. Mencionado en *Fut.* III, p. 150, lss. 1-2, con el título *Ma'rifat al-madjal ilà l-asmā' wa-l-kināyāt*[19].

f. *K. al-Mīm...*, RG 462. Copia autógrafa del mismo ms. Šehit Ali 2813/18-23b, contiene otro *samā'* (fol. 18) del año 621 en la casa del autor en Damasco. Aprobado por el autor. Lector y escriba: Ayyūb b. Badr.
La copia Veliyuddin 1759/13-21 tiene un *samā'* autógrafo fechado en el 617 H. en Alepo (fol. 13), aprobado por el autor. Así que fue redactado antes del 617[20].
Menciono esto para mostrar una vez más que el hecho de que el *Kašf al-ma'nà* se dictara en Damasco no significa que el tratado no hubiera sido redactado con anterioridad. Hay muchos ejemplos como éste[21].
La copia Veliyuddin 1826/90-94b, establecida a partir del original, contiene un *samā'* reproducido del original, que está fe-

---

15. Cf. RG, p. 529.

16. Cf. RG, p. 153.

17. Cf. RG, p. 284.

18. Cf. RG, p. 350.

19. Cf. RG, p. 365.

20. Cf. RG, p. 383.

21. Aparte de los mencionados, v. p. ej. RG 67.

chado en el 621 en la Mezquita Aljama de Damasco (situado al final del texto). Lector, oyente y escriba: Ayyūb b. Badr b. Manṣūr al-Majzūmī[22].

g. *Nusjat al-ḥaqq*, RG 551. Copia autógrafa del mismo ms. Šehit Ali 2813/1-6b, contiene otro *samāʿ* (fol. 1) del año 621 en la casa del autor en Damasco. Aprobado por el autor. Lector y escriba: Ayyūb b. Badr b. Manṣūr al-Muqrī'. La copia Veliyuddin 1826/12-16b, establecida a partir del original fechado en 621 contiene un *samāʿ* que ha tenido lugar en la Mezquita Aljama de Damasco (fol. 16b), aprobado por el autor. Lector, oyente y escriba: Ayyūb b. Badr b. Manṣūr[23].

h. *K. Šawāhid al-ḥaqq fī l-qalb*, RG 689. Copia autógrafa del mismo ms. Šehit Ali 2813/47-55, contiene otro *samāʿ* (fol. 55) del año 621 en la casa del autor en Damasco. Aprobado por el autor. Lector y escriba: Ayyūb b. Badr b. Manṣūr[24]. Las referencias mencionadas están pues contenidas, básicamente, en tres volúmenes manuscritos: Šehit Ali 2813 (autógrafo), Veliyuddin 1826 y Veliyuddin 1759.

3. La datación del tratado

El hecho de que se trate de un dictado (*imlāʾ*) parece sugerir que el copista del original escribe al dictado del propio Šayj. En el último folio de C se data este dictado en el año 621 H./1224 d. C.

No obstante, veamos ahora, para una datación aproximada de la redacción original del tratado, las referencias que en otras obras —*Tadbīrāt y K. al-Azal* en particular— hace Ibn ʿArabī al *Kašf al-maʿnà*:

Según O. Yahya (cf. R. G. 338), Ibn ʿArabī menciona el *Kašf* —con el título alternativo de *K. al-Asmāʾ*— en el *K. al-Azal* —redactado en Jerusalén en el 601 H. (cf. RG: 68), es decir, veinte años antes del dictado del *Kašf* en Damasco— lo cual supondría que el *Kašf* es anterior al 601. V. *K. al-Azal, en Rasāʾil*, ed. Hyderabad, p. 15.

En cualquier caso, la mención del *K. al-Azal* es muy vaga —"y al tema de los nombres... he dedicado un libro (*wa-bāb al-asmāʾ*... *afradnā la-hu kitāb*)"—, y entre las obras de Ibn ʿArabī se cuenta

---

22. Cf. RG, p. 384.
23. Cf. RG, pp. 415-416.
24. Cf. RG, p. 467.

también el *K. al-asmā'* —con la variante *K. al-Fayŷ wa-huwa kitāb al-asmā'*—, del cual no se conoce copia alguna, pero que es mencionado en los repertorios de obras de Ibn ʿArabī, *Fihris*, nº 161, e *Iŷāza*, nº 172, al tiempo que, por otra parte, *Kašf al-maʿnà* se menciona separadamente en *Fihris*, nº 17, e *Iŷāza*, nº 17, como obra distinta. Por tanto, esta referencia ha de considerarse con cautela con respecto a la datación del *Kašf*.

Nos queda pues la referencia de *Tadbīrāt ilāhiyya*, ya citada antes, donde con mayor precisión comenta el Šayj: "...Ya hemos explicado el significado de la adopción de los nombres señoriales (*asmā' rabbāniyya*) en nuestro libro *Kašf al-maʿnà ʿan sirr asmā' Allāh al-ḥusnà*"[25].

Tras cuestionarme diversas alternativas, apunto la posibilidad de que el ms. base para la edición de *Kašf al-maʿnà*, el más completo de todos, fechado en Ramadán del año 621 de la Hégira —e. d., entre mediados de septiembre y octubre de 1224 d. C.— en la Mezquita Aljama de Damasco, sea copia de una copia directa presumiblemente verificada por el autor y acaso caligrafiada por el escriba Ayyūb b. Badr al-Muqrī', quien en ese mismo año, según los correspondientes "certificados de audición", copia en la casa damascena de Ibn ʿArabī —o en la citada mezquita— al menos ocho tratados del Šayj. No obstante, *Kašf al-maʿnà* se menciona en la obra *Tadbīrāt ilāhiyya* y, como he mostrado, es frecuente que en copias sucesivas de un mismo tratado se registre no la fecha de un primer original, sino únicamente la fecha de realización de la copia.

Ibn ʿArabī precisa al comienzo de *Tadbīrāt*[26] que escribió esta obra en Morón (*Mawrūr*), en el curso de cuatro días, por solicitud de su amigo Abū Muḥammad al-Mawrūrī. La redacción de esta obra es pues necesariamente anterior a la redacción de *Mašāhid al-asrār* en el 590 H., donde *Tadbīrāt* se menciona en dos ocasiones[27].

Por tanto, puede deducirse que la redacción de *Kašf al-maʿnà* fue anterior al 590/1194 d. C. y corresponde, así pues, al periodo andalusí de Ibn ʿArabī[28].

---

25. Cf. *Tadbīrāt*, ed. Nyberg, cap. V, p. 145.

26. *Ibid*, p. 120.

27. Cf. *Contemplaciones*, pp. iii y iv.

28. Sobre la datación de *Tadbīrāt* y las precauciones que sobre la datación de las obras de Ibn ʿArabī se requieren, v. C. Addas, *Quête*, p. 160, nota 3. V. también O. Yahya, RG: 716.

A partir de estos datos, podemos concluir que el *Kašf al-maʿnà* habría sido redactado originalmente en al-Andalus, con anterioridad a la redacción de *Tadbīrāt y Mašāhid*, y llevado luego a Oriente por el autor, quien posteriormente lo dedicaría a Šaraf al-Dīn al-Ḥamawī, uno de sus compañeros en la vía espiritual.

Así que, según esta hipótesis, Ibn ʿArabī escribió una primera redacción del *Kašf* hace algo más de ocho siglos, cuando contaba con menos de 30 años de edad.

V. SIGNOS, SIGLAS Y ABREVIATURAS EMPLEADOS

1. Signos

cursiva	texto aclaratorio —implícito en el original— añadido en traducción para facilitar la lectura y, en su caso, evitar nota.
[ ]	texto añadido para completar una cita o con carácter explicativo, o referencia al correspondiente núm. de folio del ms. base —u otros mss. en la edición del texto árabe—.
[...]	texto omitido (en la traducción, en la cita parcial de una aleya, etc.).
(?)	grafía o término de lectura incierta.

2. Abreviaturas

b.	*ibn* (en el nombre ár. "hijo de...").
e. d.	es decir...
et al.	y otros autores.
l./lss.	línea/líneas de la pág. citada.
ms./mss.	manuscrito/manuscritos.
n.	referencia a nota.
p./pp.	página/páginas.
s. a.	sin referencia al año de publicación.
s. p.	sin puntos diacríticos.
y ss.	y siguientes.
v.	véase/véanse.

3. Siglas y referencias de libros, revistas y mss.

C.	Abreviatura de Corán, seguida del núm. de la azora y del núm. de la aleya citada. Ej. C. 12:5 (azora nº 12: aleya nº 5). V. *El Corán*, trad. J. Cortés, Herder, Barcelona, 1986 (3ª ed.); *El Corán*, trad. J. Vernet, Planeta, Barcelona, 1983.
Concordance	Wensinck, A. J., et. al.; *Concordance et indices de la tradition musulmane*, Brill, Leiden, 1936-69.
Concordancias	H. Kassis y K. Kobbervig; *Las concordancias del Corán*, IHAC, Madrid, 1987.
Contemplaciones	Ibn ʿArabī; *Las Contemplaciones de los Misterios (Mašāhid al-asrār)*, ed. y trad. de S. Hakim y P. Beneito, ERM, Murcia, 1994.
Cuerpo Espiritual	*Corps spirituel et terre céleste*, París, 1979; trad. de C. Crespo, *Cuerpo espiritual y tierra celeste*, Siruela, Madrid, 1996.
DAE	Corriente, F.; *Diccionario árabe-español*, IHAC, Madrid, 1977.
Dévoilement	Ibn ʿArabī; *Le Dévoilement des effets du voyage (K. al-Isfār ʿan natāʾiŷ al-asfār)*, trad. por D. Gril, Éd. de l'Éclat, Combas, 1994.
Divine Word	Graham, W.; *Divine Word and Prophetic Word in Early Islam*, Mouton, La Haya, 1977.
EI	*Encyclopédie de l'Islam* (*EI¹*: 1ª edición; *EI²*: 2ª edición).
Essai	Massignon, L.; *Essai sur les origines du lexique technique de la mystique musulmane*, Vrin, París, 1954 (2.ª ed.).
Fuṣūṣ	Ibn ʿArabī, *Fuṣūṣ al-ḥikam*, ed. crítica de A. A. ʿAfīfī, Beirut, 1946.
Fut./Futūḥāt	Ibn ʿArabī, *al-Futūḥāt al-makkiyya*, El Cairo, 1329 h. (IV vols.). Cuando se hace referencia a la edición crítica de O. Yahya, El Cairo, 1392/1972 (de la cual se han consultado los

primeros XIV vols. —de 37 que contendrá la edición completa—, correspondientes a los volúmenes I y II de la edición cairota), se cita volumen, seguido de dos puntos y número/s de epígrafe (p. ej. *Fut.* VI: 55-57), o bien se especifica (OY), vol. y p.

GAL	Brockelmann, C.; *Geschichte der Arabischen Literatur*, Leiden, 1945-1949.
Ḥaqāʾiq	ʿAlī Hamadānī, *Ḥaqāʾiq al-asmāʾ*, atribuido a Ṣadr al-Dīn Qūnawī, ms. Asir Ef. 431/21a-113a (865 H.).
Illuminations	Chodkiewicz, M., *et. al.*, *Les Illuminations de La Mecque. Textes choisis / The Meccan Illuminations*, Sindbad, París, 1988.
IC	Asín Palacios, M.; *El Islam cristianizado: Estudio del sufismo a través de las obras de Abenarabí de Murcia*, Madrid, 1931 (1ª ed.); Hiperión, Madrid, 1981.
Imaginación	Corbin, Henry; *La Imaginación creadora en el sufismo de Ibn ʿArabī*, trad. de M. Tabuyo y A. López, Ed. Destino, Barcelona, 1993. *L'Imagination créatrice dans le soufisme d'Ibn ʿArabī*, Flammarion, París, 1958 (2ª ed. 1975).
Iṣṭilāḥāt Ibn ʿArabī	Ibn ʿArabī, *Iṣṭilāḥāt al-Šayj Muḥyī l-Dīn Ibn ʿArabī*, ed. Bassām ʿAbd al-Wahhāb al-Ŷābī, Dār al-Imām Muslim, Beirut, 1990, ("Muʿŷam iṣṭilāḥāt al-ṣūfiyya", pp. 22-39).
Iṣṭilāḥāt	Qāšānī, ʿAbd al-Razzāq; *Iṣṭilāḥāt al-sūfiyya*, ed. Muḥammad Kamāl Ibrāhīm, El Cairo, 1981.
JMIAS	*JOURNAL OF THE MUHYIDDIN IBN ʿARABI SOCIETY*, Oxford.
Kašf	Ibn ʿArabī, *Kašf al-maʿnà*.
Livre d'enseignement	Ibn ʿArabī; *Le Livre d'enseignement par les formules indicatives des gens inspirés (K. al-Iʿlām bi-išārāt ahl al-ilhām)*, trad. de M. Valsân, París, 1985.

Maqṣad	Gazālī, Abū Hāmid; *Al-Maqṣad al-asnà fī šarḥ maʿānī asmāʾ Allāh al-ḥusnà*, (ed. e intr. por F. A. Shehadi), Dār al-Mašriq, Beirut, 1971. *The Ninety-nine Beautiful Names of God (Al-Maqṣad al-asnà...)*, trad. y notas de D. B. Burrell y N. Daher, The Islamic Texts Society, Cambridge, 1992.
Mašāhid	V. *Contemplaciones* (edición del texto árabe).
Miškāt	Ibn ʿArabī; *La Niche des lumières (Miškāt al-anwār)*, trad. de Muḥammad Vâlsan, París, 1983.
Muʿŷam	Ḥakīm, S.; *al-Muʿŷam al-ṣūfī*, Ed. Dandara, Beirut, 1981.
Noms	Gimaret, D.; *Les noms divins en Islam*, Cerf., París, 1988.
Océan	Chodkiewicz, M.; *Un océan sans rivage: Ibn ʿArabī, le Livre et la Loi*, Éd. du Seuil, París, 1992.
Quête	Addas, C.; *Ibn ʿArabī ou la quête du Soufre rouge*, Gallimard, París, 1989.
RG	Repertorio General de las obras de Ibn ʿArabī, establecido por Osman Yahya en su *Histoire et Classification de l'oeuvre d'Ibn ʿArabī*, Damasco, 1964. Esta sigla va seguida de una cifra correspondiente al número de orden de la obra según aparece en la clasificación de O. Yahya.
Rasāʾil	*Rasāʾil Ibn al-ʿArabī*, Hyderabad, 1948.
Šarḥ	Ibn ʿArabī; *Šarḥ asmaʾ Allāh al-ḥusnà*, cf. *Fut.*, IV, pp. 322-326; ms. autógrafo de *Fut.*, Evkaf Müzesi 1887 (Türk-Islam Eserleri Müzesi).
Šarḥ al-asmāʾ	Ŷurŷānī, ʿAli b. Muḥammad; *Šarḥ al-asmāʾ al-ḥusnà min al-mawāqif*, ms. 2237 de Berlín, (Mq. 427/f. 20a-22b) —atribuido a ʿAbd al-Raḥmān Ŷāmī con el título *Šarḥ asmaʾ Allāh al-ḥusnà*—; ms. Laleli 2433/fols. 127a-131a (nº 17), Estambul (*taʿliq; šawāl*, 968 H.).

Šarḥ kalimāt	Ibn ʿArabī (recopilación de M. Gurāb); *Šarḥ kalimāt al-ṣūfiyya*, Maṭbaʿat Zayd b. Ṯābit, Damasco, 1981.
Šarḥ maʿānī	Qušayrī; *Šarḥ maʿānī asmāʾ Allāh al-ḥusnà*, ms. Yeni Cami 705/22b-130b (865 H.).
Sceau	Chodkiewicz, M.: *Le Sceau des Saints: Prophétie et sainteté dans la doctrine d'Ibn ʿArabī*, Gallimard, París, 1986.
SPK	Chittick, W.; *The Sufi Path of Knowledge (Ibn al-Arabi's Metaphysics of Imagination)*, SUNY, Nueva York, 1989.
Tadbīrāt	Ibn ʿArabī; K. *al-Tadbīrāt al-ilāhiyya fī iṣlāḥ al-mamlaka al-insāniyya* (RG: 716); ed. S. H. Nyberg, *Kleinere Schriften des Ibn ʿArabī*, Leiden, 1919, pp. 101-240 del texto árabe.
Tao	Murata, S.; *The Tao of Islam*, SUNY, Nueva York, 1992.
Taʿrīfāt	Ŷurŷānī, ʿAlī b. Muḥammad; *Kitāb al-Taʿrīfāt*, trad. de M. Gloton, Teherán, 1994.
Traité	Fleisch, H.; *Traité de Philologie Arabe*, Dar el-Machreq, Beirut, 1990 (2ª ed.), II vols.
Traité sur les noms	Rāzī, Fajr al-Dīn; *Traité sur les Noms divins*, trad. y notas por M. Gloton, Dervy-Livres, París, 1986 (vol. I) y 1988 (vol. II).

4. Sistema de transcripción

Para la transliteración de términos árabes hemos seguido el sistema de transcripción de la revista *AL-QANṬARA*:

(ء) ʾ - (ب) b - (ت) t - (ث) ṯ - (ج) ŷ - (ح) ḥ - (خ) j -
(د) d - (ذ) ḏ - (ر) r - (ز) z - (س) s - (ش) š - (ص) ṣ - (ض) ḍ -
(ط) ṭ - (ظ) ẓ - (ع) ʿ - (غ) g - (ف) f - (ق) q - (ك) k - (ل) l -
(م) m - (ن) n - (ه) h - (و) w - (ي) y

Hamza inicial no se transcribe; *tāʾ marbūṭa*: *a* (en estado absoluto), *at* (en estado constructo); artículo: *al-* (aun ante solares) y *-l-* precedido de palabra terminada en vocal; vocales breves: *a, i, u*; vocales largas *ā, ī, ū*; diptongos: *ay, aw*; *alif maqṣūra*: *à*. A final de palabra aislada las secuencias *uww, iyy* se transcriben *ū, ī* respectivamente.

Para concluir esta introducción, sin extenderme más, quisiera expresar mi sincero y cordial agradecimiento a todos aquellos que tan significativamente, con su consejo, su ayuda y su amistad, han contribuido a la realización de esta obra, la cual fue realizada con una Beca F.P.I. del Ministerio de Educación y Ciencia. Mi agradecimiento, en especial, a Mª Jesús Viguera, a Suad Hakim y a mis amados padres.

En esta reedición se han introducido algunas correcciones, modificaciones y añadidos.

La develación del significado que revela el secreto de los más Bellos Nombres de Allāh

كتاب كشف المعنى
عن سرّ أسماء الله الحسنى

*(Kitāb Kašf al-maʿnà
ʿan sirr asmāʾ Allāh al-ḥusnà)*

I. INTRODUCCIÓN

Allāh —Enaltecido sea— ha dicho: "Dios posee los más bellos nombres (*al-asmā' al-ḥusnà*). Empleadlos, pues, para invocarle [...]"[1] (C. 7:180), y esto[2] es una prueba (*dalīl*) de que Él —Glorificado sea— ya nos los ha especificado[3] en Su Libro y *en cuanto nos ha comunicado* por medio de la lengua de Su Enviado —que Dios lo bendiga y salve—; y *los nombres*, tal como verifica el comunicado *profético*[4], "son noventa y nueve".

No obstante, no hemos podido llegar a determinarlos (*ta'yīn*) en su conjunto de manera perfecta *en ningún texto*[5].

---

1. La aleya sigue diciendo: "...y apartaos de quienes los profanen, que serán retribuidos con arreglo a sus obras". V. también la expresión "posee los más bellos nombres" en C. 17:110, 20:8 y 59:24.

2. Es decir, el imperativo de que se Le invoque por medio de Sus más bellos nombres. Tal imperativo supone que el hombre tiene acceso al conocimiento de estos nombres, lo cual indica que han sido formulados expresamente en Su Libro, el Corán, o en la Sunna transmitida por Muḥammad, el Enviado. A este respecto v. la mención que hace Ibn 'Arabī de la investigación realizada por Ibn Ḥazm de Córdoba en su *K. al-Muḥallà*, donde consigna un total de 83 nombres verificados en el texto de la revelación. Ibn 'Arabī consagra una casida a esta lista de Ibn Ḥazm, dedicando un verso —acabado siempre con el nombre Allāh— a cada uno de los 83 nombres, entre los cuales se cuentan algunos de los nombres poco usuales —*Muḥsān, Musa'ir, Sayyid, Rafīq, Witr*, etc.— que Ibn 'Arabī comentará extensamente en el cap. 558 de *Futūḥāt*. Cf. Ibn 'Arabī, *Dīwān*, ed. Bombay, s.d., pp. 107-110.

3. Es decir, ya los ha determinado y mencionado (*ta'yīn*).

4. Los hadices, tradiciones islámicas relativas a hechos y dichos extracoránicos del Profeta y sus compañeros allegados, que conforman la Sunna o Tradición, se denominan con frecuencia "noticias", es decir, "comunicados" o "informes". El hadiz (*ḥadīt*) aquí citado es un comunicado (*jabar*) del Profeta acerca de los 99 nombres. Cf. Muslim, *Ḏikr* 5 y 6; Bujārī, *Tawḥīd* 16, *Šurūṭ* 17, *Da'awāt* 69; Tirmiḏī, *Da'awāt* 82; Ibn Māŷah, *Du'ā'* 10. Sobre los hadices relativos a los nombres en general, v. *Concordance*, II, pp. 550-552. Ibn 'Arabī cita este hadiz con relativa frecuencia: *Fut.* I: 667; X: 470; XII: 373 y 374; XIII: 579; XIV: 205; etc. Sobre el hadiz de los 99 nombres y las diferentes listas transmitidas, v. D. Gimaret, *Noms*, pp. 51-68.

5. En el Corán no figuran de modo explícito los 99 nombres (v. *supra* nota 2). Por otra parte, las diversas listas tradicionales en las cuales se enumeran los 99 nombres difieren entre sí, de modo que las distintas versiones no pueden considerarse definitivas en exclusiva. Según otros mss., "no hemos podido determinarlos en su conjunto sino por medio de una verificada tradición (*ṣaḥīḥ*), lo cual remitiría al hadiz mencionado en la nota anterior.

Los nombres del Verdadero (*al-Ḥaqq*) —Enaltecido sea— pueden clasificarse en dos categorías:

(1) Los nombres que nos ha enseñado y (2) aquellos que ha reservado para Sí en Su ciencia de lo oculto y no conoce ninguna de Sus criaturas (*jalq*)[6], según se desprende del fidedigno hadiz[7].

Los nombres que nos ha enseñado pueden clasificarse a su vez en dos grupos:

(1.1) Los nombres que pertenecen a la categoría de los nombres propios como Su nombre "Allāh", y (1.2) los nombres que corresponden a la categoría de los epítetos (*nuʿūt*).

Los nombres que pertenecen a la categoría de los epítetos se dividen a su vez *en cuanto a su significado* en dos categorías, según sean:

(1.1.1) Nombres que designan atributos de incomparabilidad (*ṣifāt tanzīh*) o (1.1.2) nombres que designan atributos de actos (*ṣifāt afʿāl*).

Los nombres divinos (*asmāʾ ilāhiyya*) se dividen *así pues* en las dos categorías *mencionadas*[8]:

(2) Los nombres cuyo exclusivo conocimiento ha reservado para Sí —Glorificado sea— en Su omnisciencia (*ʿilm*), privando de él a Su creación (*jalq*), y (1) los nombres que ha enseñado a Sus siervos.

Los nombres que ha enseñado a Sus siervos se subdividen *a su vez* en dos categorías:

(1.a) Los nombres que conoce el común (*ʿāmma*) de Sus siervos, que son los que están a la disposición de la mayoría de la gente, y

---

6. O bien, según C, 'y no ha enseñado a ninguna de Sus criaturas'.

7. Se refiere a la tradición, citada con frecuencia por el propio Ibn ʿArabī y otros autores, en la cual el Profeta recomienda a quienes sufren la siguiente invocación: "¡Dios mío! (…) Te pido por cada uno de los Nombres con los cuales a Ti mismo Te has llamado, o que has revelado en Tu Libro o has enseñado a alguna de Tus criaturas o Te has reservado para Ti en Tu ciencia de lo oculto (*aw istaṯarta bi-hi fī ʿilm al-gayb ʿinda-Ka*), que hagas que el Corán se torne la primavera de mi corazón, la luz de mi pecho, que libere mi tristeza y disipe mi pesar". Cf. Gazālī, *Maqṣad*, pp. 182-183. Para otras referencias, v. *Noms*, p. 52. Véanse además las citas de Ibn ʿArabī en *Fut.* IV: 228; VI: 452: IX: 173; XII: 207 y 434. V. también Ibn Ḥanbal, *Musnad* I, 391 y 456.

8. Insiste el autor en esta división para adoptar otra perspectiva. Ahora se trata específicamente de los nombres divinos con relación a los hombres en tanto que siervos de Dios. Sigo la misma numeración de arriba aunque el autor ha invertido el orden de los términos. En la primera clasificación, las subcategorías son de orden lingüístico; en esta segunda, de orden gnoseológico.

(1.b) aquellos que no conoce más que la elite (*jawāṣṣ*)[9] de Sus siervos, como el Nombre Supremo (*al-ism l-a'ẓam*)[10] o el conjunto de los *noventa y nueve* nombres de la enumeración (*iḥṣā'*)[11] y otros semejantes o de otra clase.

Allāh ha hecho que se manifiesten externamente las entidades (*a'yān*) y las propiedades (*aḥkām*) de los nombres que ha enseñado a Sus siervos (1), pero ha mantenido ocultas las entidades de los nombres que ha reservado para Sí sin *darlos a conocer a* Su creación (2) mostrando sólo sus propiedades (*aḥkām*) en las teofanías (*taŷalliyāt*) dondequiera que éstas se manifiesten. A ellas alude el Legislador (*al-Šāri'*) al referirse a la metamorfosis (*taḥawwul*) y a la transformación (*tabaddul*) divina en las *diversas y sucesivas* formas (*ṣuwar*) *imaginales en las cuales se mostrará Dios ante Sus siervos* en la teofanía que tendrá lugar en *el Día de* la Resurrección (*al-taŷallī fī l-qiyāma*), según lo que Muslim ha transmitido al respecto[12].

---

9. Evidentemente, esta elite se distingue del resto de los siervos por la elevación de su condición espiritual, no por factores socio-culturales externos. En la tradición sufí existe en efecto una jerarquía espiritual, pero esta jerarquización, entendida como resultado de la voluntad divina, tiene un carácter funcional y no responde a criterios teóricos extra-espirituales. No se trata en definitiva de ningún tipo de clasismo o elitismo socio-político o cultural, ni de una jerarquía pública religiosa o jurídica con poder ejecutivo convencional. La distinción espiritual, desde la perspectiva del sufismo, es efecto de la gracia divina y procura al hombre no el poder arbitrario sino la oportunidad de realizar de manera más profunda y completa su condición esencial de siervo adorador de Dios. Sobre las jerarquías espirituales en el sufismo, v. M. Chodkiewicz, *Sceau*, pp. 111-143.

10. Hadices relativos al Nombre Supremo de Allāh pueden encontrarse en las recopilaciones de Ibn Māŷah, *Du'ā'* 9; al-Dārimī, *Faḍā'il al-qur'ān* 14 y 15; e Ibn Ḥanbal VI, p. 461. Sobre la cuestión del Nombre Supremo, v. *Noms*, pp. 85-94.

11. Es decir, los mencionados en el hadiz de los 99 nombres (v. *supra* nota 4), transmitido por Abū Hurayra, cuyo texto dice: "Los nombres de Allāh son noventa y nueve, cien menos uno, pues Él es Impar y ama lo impar. Quien los enumere (*aḥṣà*) entrará en el paraíso".

12. Muslim, *Īmān*, 81: 299 y 302. V. también Bujārī, *Tawḥīd*, 23 y 24, *Riqāq*, 52. Más referencias en Graham, *Divine Word...*, pp. 134-5, y *Concordance*, I, p. 348 Versiones de Ibn Māŷah, Tirmiḏī, Ibn Ḥanbal y Dārimī). Sobre el tema de la visión de Dios y los hadices relacionados con la cuestión, v. el detallado estudio y traducción de J. Morris, "Seeking God's Face", *JMIAS*, XVI, 1994, pp. 1-38 y, sobre esta tradición en particular, pp. 20-24. V. también la nota de O. Yahya en *Fut.* I, p. 498. Ibn 'Arabī cita o alude a este hadiz con frecuencia en sus obras. Véanse, p. ej., *Fut.* I: 339, IV: 250-51, 289, 411, 582 y 642, V: 289 y VIII: 745. V *infra*, 83-2, nota 4.

Los seres humanos (*nās*), con relación a estas teofanías, pertenecen a uno de estos dos grupos: (1) el de quienes tienen conocimiento de que estas teofanías proceden de estos nombres *cuyas entidades no se manifiestan* y (2) el grupo de quienes no tienen conocimiento de esto.

Al siervo competen *tres aspectos* de los nombres del Verdadero (*al-Ḥaqq*)': dependencia, realización y adopción:

(1) La dependencia (*taʿalluq*) corresponde a tu absoluta indigencia *ontológica* respecto a los nombres, en tanto que éstos se refieren a la Esencia *divina*.

(2) La realización *o verificación* (*taḥaqquq*) consiste en el conocimiento (*maʿrifa*) de los significados de Sus nombres con relación a Él —Glorificado sea— y con relación a ti.

(3) La adopción *o revestimiento de los rasgos característicos de Sus nombres* (*tajalluq*)[13], consiste en que se te atribuyan a ti, según lo que te conviene *en virtud de tu condición*, así como se Le atribuyen a Él —Glorificado sea— según lo que Le conviene.

Todos Sus nombres —Exaltado sea— son susceptibles de realización y adopción, con la salvedad del nombre Allāh, según el criterio de quien considera que éste pertenece a la categoría de los nombres propios privativos (*maŷrà ʿalamiyya*), *pues quien sigue tal parecer* afirma que *el nombre Allāh* es susceptible exclusivamente de *taʿalluq, es decir, que debe ser considerado únicamente en su aspecto de 'relación de dependencia '*, puesto que, como hemos dicho, significa la Esencia[14] *divina* incluyendo la totalidad de los estadios de la divinidad.

Los Nombres primordiales de la *divina* Realidad (*asmāʾ al-Ḥaqq al-qadīma*) —Enaltecido sea—, con los cuales Se ha referido a Sí mismo en tanto que Hablante (*mutakallim*) *en la revelación*, no pueden describirse por medio de la derivación etimológica (*ištiqāq*), ni por la

---

13. Más adelante, en el apartado dedicado al nombre Allāh (v. 1-3), Ibn ʿArabī explica que el *tajalluq* es "la adquisición de los atributos extrínsecos *de Dios* (*iktisāb al-nuʿūt*)". Sobre la 'adopción de los rasgos divinos', v. W. C. Chittick, "Assuming the [Character] Traits of God", *SPK*, pp. 21-22 y 283-86.

14. Lit. "su significado (*madlūl*) es la Esencia". Si el nombre Allāh se considera sólo en tanto que significante de la Esencia, entonces no es susceptible de *taḥaqquq*, ya que Su significado es incognoscible, ni de *tajalluq*, ya que no tiene cualidades definidas cuyos rasgos puedan adoptarse.

anterioridad (*taqaddum*) o la posterioridad (*ta'ajjur*)[15], y no están ni condicionados (*mukayyafa*) ni limitados (*maḥdūda*).

En cuanto a los nombres que nos han llegado y con los cuales Le invocamos, éstos son en realidad los nombres de aquellos Nombres. Estos nombres sí que son susceptibles de derivación etimológica (*ištiqāq*). Esta es posible, en efecto, a partir de los nombres de los inteligibles (*asmā' al-ma'ānī*), no a partir de los inteligibles (*ma'ānī*) en sí.

En ocasiones es posible que los nombres de los significados (*ma'ānī*) sean derivados (*muštaqqa*) de estos nombres, es decir, de los nombres de los Nombres. Estos nombres que están a nuestra disposición son los que remiten a los significados según la propiedad de la significación (*ḥukm al-dalāla*), y no los Nombres primordiales (*asmā' qadīma*).

Así pues, quien sostiene que el nombre (*ism*) no es lo nombrado (*musammà*) se refiere a éstos, a los nombres de los Nombres (*asmā' al-asmā'*), que son *solamente* vocablos (*alfāẓ*) y sobrenombres (*alqāb*).

Quien por el contrario sostiene que el nombre es lo nombrado se refiere a los Nombres eternos (*asmā' qadīma*), pues *desde la pers-*

---

15. Esto se refiere, por un lado, a que Su Palabra eterna y Sus Nombres primordiales no dependen de puntos de articulación anteriores o posteriores y, por otro, al hecho de que Su discurso trasciende la temporalidad. Al hablar de la divina palabra, el Šayj se refiere a la Palabra eterna, no a la articulación de la voz ni a la escritura de las letras. Dice en este sentido:
"No ha de atribuirse al Hacedor (*al-Bāri'*) —Exaltado sea— la ejecución de las voces y las letras, pues está por encima de tal atribución. [Uno de Sus atributos esenciales es el habla], pero Él habla de modo incondicionado por la Palabra eterna, la cual es un atributo inteligible que Él mismo se ha atribuido y del cual no ha de decirse que sea Él, ni que sea otro que Él. [...]. Así pues, Su Palabra (*kalām*) está más allá de la articulación de la voz y las letras y por encima de la anterioridad o la posterioridad, al tiempo que, de hecho, toda palabra que se manifiesta en la existencia es contingente y, por ende, creación y producción Suya [...] (*Mašāhid*, ms. Manisa, fol. 61b)". "Estas palabras son en realidad palabras del alma (*kalām al-nafs*), y los vocablos, las grafías, los símbolos y las alusiones son únicamente sus señales indicativas, mas no el discurso (*kalām*) en sí (*Ibid.*, fol. 62b)". [...] "¿Puede alguien considerar inverosímil este discurso sin voz o signo alguno cuando, de análoga manera, sin letra o voz, consigo mismo en sus adentros habla? Esta es la palabra en realidad, y es la lengua su intérprete tan sólo". [...] Por ello "el árabe [...] dice: "La palabra (*kalām*) está en el corazón y sólo como indicio y prueba de ella está la lengua" (*Ibid.*, fol. 63a)". Cf. *Contemplaciones*, pp. x-xi. Sobre la atribución de este último verso al poeta al-Ajṭal (m. 640) o al poeta Ibn al-Ṣamṣām, v. *Fut.* II (ed. OY), p. 528.

pectiva de la unicidad *esencial* (*waḥdāniyya*) de todos los sentidos (*wuŷūh*) no hay pluralidad (*taʿdād*)[16].

[El conocimiento (*maʿrifa*) de los nombres divinos (*asmāʾ ilāhiyya*) se aborda aquí desde tres perspectivas: relación de dependencia (*taʿalluq*), realización (*taḥaqquq*) y adopción (*tajalluq*)].

---

16. Lit. 'no hay enumeración', es decir, no hay ninguna pluralidad (*taʿaddud*) o diversidad real de aspectos de un nombre que puedan enumerarse por separado como distintas realidades, pues cada nombre, si considerado en su unidad esencial (*waḥdāniyya*), es indivisible. No obstante, epistemológicamente, el estudio de los nombres puede abordarse desde tres perspectivas diversas, pues la distinción de tres aspectos no implica una pluralidad de realidades.

ORDEN DE LOS NOMBRES[1]

(1) *Allāh* (2) *al-Raḥmān* (3) *al-Raḥīm* (4) *al-Malik* (5) *al-Quddūs* (6) *al-Salām* (7) *al-Mu'min* (8) *al-Muhaymin* (9) *al-'Azīz* (10) *al-Ŷabbār* (11) *al-Mutakabbir* (12) *al-Jāliq* (13) *al-Bāri'* (14) *al-Muṣawwir* (15) *al-Gaffār* (16) *al-Qahhār* (17) *al-Wahhāb* (18) *al-Razzāq* (19) *al-Fattāḥ* (20) *al-'Alīm* (21) *al-Qābiḍ* (22) *al-Bāsiṭ* (23-24) *al-Jāfiḍ al-Rāfi'* (25-26) *al-Mu'izz al-Muḏill* (27-28) *al-Samī' al-Baṣīr* (29) *al-Ḥakam* (30) *al-'Adl* (31) *al-Laṭīf* (32) *al-Jabīr* (33) *al-Ḥalīm* (34) *al-'Aẓīm* (35) *al-Gafūr* (36) *al-Šakūr* (37) *al-'Alī* (38) *al-Kabīr* (39) *al-Ḥafīẓ* (40) *al-Muqīt* (41) *al-Ḥasīb* (42) *al-Ŷalīl* (43) *al-Karīm* (44) *al-Raqīb* (45) *al-Muŷīb* (46) *al-Wāsi'* (47) *al-Ḥakīm* (48) *al-Wadūd* (49) *al-Maŷīd* (50) *al-Bā'iṯ* (51) *al-Šahīd* (52) *al-Ḥaqq* (53) *al-Wakīl* (54) *al-Qawī* (55) *al-Matīn* (56) *al-Walī* (57) *al-Ḥamīd* (58) *al-Muḥṣī* (59) *al-Mubdi'* (60) *al-Mu'īd* (61) *al-Muḥyī* (62) *al-Mumīt* (63) *al-Ḥayy* (64) *al-Qayyūm* (65) *al-Wāŷid* (66) *al-Māŷid* (67) *al-Wāḥid* (68) *al-Ṣamad* (69) *al-Qādir* (70) *al-Muqtadir* (71-72) *al-Muqaddim al-Mu'ajjir* (73-74) *al-Awwal al-Ājir* (75-76) *al-Ẓāhir al-Bāṭin* (77) *al-Barr* (78) *al-Tawwāb* (79) *al-Muntaqim* (80) *al-'Afū* (81) *al-Ra'ūf* (82) *Mālik al-mulk* (83) *Ḏū l-ŷalāl wa-l-ikrām* (84) *al-Wālī* (85) *al-Muta'ālī* (86) *al-Muqsiṭ* (87) *al-Ŷāmi'* (88-89) *al-Ganī al-Mugnī* (90) *al-Māni'* (91-92) *al-Dārr al-Nāfi'* (93) *al-Nūr* (94) *al-Hādī* (95) *al-Badī'* (96) *al-Bāqī* (97) *al-Wāriṯ* (98) *al-Rašīd* (99) *al-Ṣabūr*.

---

1. Esta lista se ha añadido con el fin de facilitar la localización de los nombres y no aparece en los manuscritos. V. también en el índice de correspondencias.

II. LOS NOMBRES DIVINOS: DEPENDENCIA, REALIZACIÓN Y ADOPCIÓN

(1) *Allāh*[1]

Quien considera que este término —la palabra "Allāh"— está dentro de la categoría (*manzila*) de nombre propio (*ism ʿalam*), argumentando que *el nombre Allāh* puede recibir calificativos (*nuʿūt*), pero en ningún caso puede calificarse con él, niega entonces *la posibilidad* de la adopción de sus características, ya que la adopción (*tajalluq*) consiste en adquirir las cualidades (*iktisāb al-nuʿūt*)[2] *de un nombre.* Quien por otra parte considera que *el término Allāh* es el nombre de la suma de los atributos divinos (*maŷmūʿ al-ṣifāt al-ilāhiyya*)[3], acepta

---

1. Excepcionalmente el capítulo correspondiente a este nombre cuenta con una introducción preliminar antepuesta al apartado del *taʿalluq*. Con la salvedad del breve comentario insertado antes del apartado 83-1, éste es el único caso.

El Šayj, con la actitud conciliadora y comprensiva que caracteriza su magisterio, explica la compatibilidad de los diversos postulados relativos a este nombre —postulados cuya aparente oposición se debe a la diversidad de las perspectivas, no excluyentes sino complementarias— y justifica la inclusión del *tajalluq* previniendo así posibles objeciones doctrinales.

2. Al emplear el término *iktisāb*, alude Ibn ʿArabī al hecho de que en el revestimiento con los atributos extrínsecos (*nuʿūt*) de un nombre participa la voluntad del siervo, ya que este revestimiento es "adquirido", logrado con esfuerzo, no infuso.

La traducción del término *naʿt*, pl. *nuʿūt* plantea no pocas dificultades. Como término gramatical significa "adjetivo, calificativo, epíteto". El nombre de acción *naʿt* significa "dar un adjetivo al sustantivo". Como término técnico de la teología, *naʿt*, pl. *nuʿūt*, suele traducirse por "atributo extrínseco" en contraposición a *ṣifa*, pl. *ṣifāt*, "atributo intrínseco". En este pasaje se pasa de una noción puramente gramatical "el nombre Allāh no puede funcionar como adjetivo de un sustantivo" a una noción extra-gramatical: En la expresión *iktisāb al-nuʿūt*, equivalente aquí a la expresión *tajalluq bi-l-ajlāq*, *nuʿūt* sería sinónimo de *ajlāq*, 'características, rasgos de carácter, cualidades descriptibles de un nombre'.

Este tránsito de una realidad gramatical a una realidad que pudiera parecer extralingüística no es sorprendente si se considera que, desde la perspectiva de la *logovisión* del sufismo akbarí, todos los seres, existenciados por el *fiat* creador (*kun*), son nombres de Dios. En este sentido, no hay ninguna realidad puramente extralingüística y todo lenguaje es, en cierto modo, metalenguaje. La adquisición de las cualidades implica, pues, una relación gramatical.

3. El nombre omnicomprensivo 'Allāh', relativo a la Esencia, reúne y comprende el conjunto de todos los nombres divinos. Es el nombre *totalizador*, "sinónimo" de

la posibilidad de que, como sucede con respecto al resto de los nombres divinos, el siervo se revista de sus características[4].

1. Dependencia (*taʿalluq*): La dependencia de este nombre consiste en que tienes necesidad (*iftiqār*) de Él en cuanto a la suma (*ŷamʿ*) de todo aquello de lo cual es lícito que te ocupes según el límite prescrito por la Ley (*ḥadd mašrūʿ*) sin especificación (*tajṣīṣ*) de ninguna cosa en concreto.

2. Realización (*taḥaqquq*): La verificación de este nombre consiste en el conocimiento *esencial* (*maʿrifa*) de aquello que necesariamente corresponde al significado (*madlūl*) de este nombre, de aquello que no puede atribuirse a Él en modo alguno, y de aquello que, según estima quien postula una posibilidad (*imkān*) con respecto a Él[5] —Exaltado sea—, sería lícito *atribuirle*.

Otro aspecto de la verificación de este nombre es el conocimiento (*maʿrifa*) de cuanto de esta suma (*maŷmūʿ*) *de la totalidad de los atributos divinos* que este nombre designa pueda atribuírsenos de la adecuada manera que a nuestra condición convenga.

3. Adopción (*tajalluq*): El revestimiento de este nombre consiste en que realices en *la concentración de* tu comprensividad (*ŷamʿiyya*)[6] la suma *de todos los aspectos* (*maŷmuʿ*) del significado (*madlūl*) de este nombre, tanto con respecto a los nombres que se desconocen como con respecto a los nombres que pueden conocerse, de modo que, por una parte, (1) tus cualidades, *condición* y atributos pasen

---

cada uno de los nombres divinos en tanto que nombres relativos a la Esencia, no en tanto que nombres distintivos. Cf. *Fut.* IV, cap. 558, pp. 196-198, sobre el nombre Allāh; trad. parcial de W. Chittick en *Illuminations*, pp. 108-116.

4. Lit. "acepta el *tajalluq* de este nombre (*ŷawwaza l-tajalluq bi-hā*)", lo legitima.

5. Aquí 'posibilidad' (*imkān*) parece referirse, según sugiere el recurso del autor a la expresión *bi-l-naẓar ilay-Hi* —donde el término *naẓar* puede significar 'mirada' o bien 'consideración especulativa'—, a una posibilidad especulativa, resultado del juicio racional y el pensamiento discursivo. También pudiera aludirse en esta frase a una posibilidad aprehendida por la experiencia visionaria, lo cual resulta menos probable.

6. Como término técnico, *ŷamʿiyya* —de la misma raíz que *maŷmūʿ*— puede traducirse, según el contexto, por "concentración" u "omnicomprensividad". Cf., p. ej., Chittick, *SPK* (v. índice).

desapercibidos en el mundo (*'alām*)[7]; por otra parte, (2.1) puedas ejercer influjo[8] en todo el cosmos y también (2.2) en lo que no es el cosmos (*gayr al-'alām*)[9] en virtud de una relación especial (*nisba jāṣṣa*) *expresada en el pasaje "Vuestro Señor ha dicho: "¡Invocadme y os escucharé! [...]" (C. 40:60)"*[10], que no tiene carácter general[11]; y,

---

7. Lit. "seas de cualidad (*na't*) y atributo (*ṣifa*) desconocido". Alusión implícita a la célebre sentencia de Abū Yazīd al-Basṭāmī (m. 857 ó 874): "En cierta ocasión le preguntaron: '¿Cómo te encuentras esta mañana?' Abū Yazīd respondió: 'Para mí no hay ni mañana ni tarde. Mañana y tarde son para quien está condicionado por el atributo (*ṣifa*) y yo no tengo atributo alguno'". Cf. *Fut.* I: 684. V. *EI²*, I, pp. 166-67.

8. Emplea el part. act. *mu'aṯṯir*, "el que ejerce influjo". Antes ha empleado el part. pas. *maŷhūl*, "desconocido".

El *tajalluq* del nombre Allāh combina los dos aspectos definitorios de la condición de los llamados malāmíes (o malāmatíes), quienes ocultan su condición de modo que su capacidad para ejercer influjo en el mundo permanezca ignorada. Ibn 'Arabī considera ésta la más alta forma de santidad. Cf. *Océan*, p. 70-72; Asín, *IC*, pp. 452-55.

9. El término *'ālam*, "cosmos" se opone a *gayr al-'ālam*, "otro que el cosmos". El cosmos es denominado a menudo por Ibn 'Arabī *mā siwā Allāh*, "lo que es otro que Allāh", pues el cosmos —tanto en sentido macrocósmico, el universo, como en sentido microcósmico, el Hombre Perfecto— es la teofanía de Allāh que a la par Le vela y Le revela. ¿Cabe entender que, inversamente, la expresión "otro que el cosmos" se refiere a Dios? En estilo alusivo, Ibn 'Arabī sugiere que el siervo que alcanza este revestimiento (*tajalluq*) puede ejercer influjo en su Señor por medio de la petición (*du'ā'*). El fundamento coránico de esta idea es la aleya 40:60, en la cual el Señor asegura a Su siervo la respuesta a la invocación o súplica (*du'ā'*). No obstante, esta "relación especial" (*nisba jāṣṣa*) de respuesta o satisfacción inmediata a la demanda —precisa Ibn 'Arabī más adelante— no es generalizable sino privativa. Esta aleya no generaliza el divino "compromiso" a la respuesta. La obligatoriedad de la respuesta no tiene carácter absoluto porque Dios sólo se compromete a responder a quienes *verdaderamente* Le invocan, es decir, a quien realiza plenamente la condición de siervo de Allāh, al Hombre Perfecto (*Insān kāmil*). V. 45-2 (*al-Muŷīb*) y *Fut.* IV, pp. 255-56.

10. La aleya íntegra dice: "Vuestro Señor ha dicho: '¡Invocadme y os escucharé! Los que llevados de su altivez no me sirvan entrarán, humillados, en la gehena'". Trad. Cortés. V. Mt 7:7.

11. Lit. "pero no es generalizable", en voz pasiva, o bien "no generaliza", en activa, es decir, Dios no generaliza en esta aleya el compromiso a responder, dirigido sólo a los siervos de su Señor, a quienes se refiere la expresión "vuestro Señor", y no incluye a quienes "llevados de su altivez no Me sirvan". Es pues el Señor (*Rabb*) del siervo el que le responde, lo cual se refiere a la condición del señorío (*rubūbiyya*), no a la función de la divinidad (*ulūhiyya*). Puede entenderse también que la invocación y la respuesta no tienen carácter absoluto y general, es decir, ni aquella se dirige a la divinidad absoluta (*ulūha*) —o al nombre Allāh en tanto que nombre omnicom-

por otro lado, (3) *en que realices la condición en razón de la cual* eres propósito (*maqṣūd*) del cosmos[12].

Quien alcanza estos grados (*marātib*) se ha revestido, así pues, de las características del nombre Allāh, no en cuanto a su condición de nombre propio (*ʿalamiyya*) sino con respecto al concepto (*mafhūm*) de aquello con lo cual se describe Su significado (*madlūl*) en tanto que *sustantivo* susceptible de calificación.

Así como es imposible que este nombre sea empleado en la invocación de modo absoluto (*muṭlaq*) sin la restricción (*taqyīd*) de algún estado (*ḥāl*) en particular que la condicione, aunque ésta no se formule explícitamente en el lenguaje articulado (*nuṭq*), así mismo es imposible que alguien se proponga la adopción de los atributos de este nombre de modo absoluto e incondicionado sin la delimitación (*taqyīd*) de algún estado en particular que la condicione, aunque ésta no se manifieste en una explícita formulación verbal (*nuṭq*)[13] de quien procura (*qāṣid*)[14] *tal revestimiento*.

----

prensivo—, ni la respuesta procede de ella, sino que ambas están relacionadas con un atributo específico de la divinidad, con uno de Sus nombres.

12. Emplea de nuevo un part. pasivo, *maqṣūd*, "propósito, objetivo, sentido, significado". El Hombre Perfecto, el Siervo de Allāh, es lit. "aquello a lo que tiende, lo procurado por el cosmos", *maqṣūd li-l-ʿālam*, el propósito, el significado y la finalidad de la creación. Sobre la extensión del término 'siervo' (*ʿabd*), v. S. Hakīm, *Muʿŷam*, pp. 765-771. Sobre las nociones de *ʿabd*, *ʿubūda* y *ʿubūdiyya*, v. también *Océan*, pp. 152-160.

Tres aspectos de la adopción de las características del nombre Allāh. El Siervo de Allāh es:

(1) *maŷhūl (al-naʿt wa-l-waṣf) fī l-ʿālam*: desconocido en el cosmos por lo que respecta a sus atributos;

(2) *muʾaṯṯir (2.1) fī l-ʿālam (2.2) wa-gayr al-ʿālam*: capaz de ejercer influjo (2.1) en el cosmos y (2.2) en "lo que no es el cosmos", es decir, por la *iŷāba* o respuesta divina a la súplica;

(3) *maqṣūd li-l-ʿālam*: el sentido de la creación.

13. La verbalización no es imprescindible, pues la especificación del propósito puede expresarse por medio de lo que Ibn ʿArabī denomina la "lengua del estado" (*lisān al-ḥāl*).

14. Es decir, del que invoca a Dios con el nombre Allāh con el propósito de revestirse de alguno de Sus divinos atributos. Tras haber empleado antes el part. pas. de la raíz *q-ṣ-d* en forma I, emplea ahora en esta frase la correspondiente forma verbal y el part. act., *qāṣid*. El Siervo de Allāh, el Hombre Perfecto, la Realidad muhammadí, es el sentido del cosmos (*maqṣūd li-l-ʿālam*). El hombre es por un lado el que procura (*qāṣid*) y por otro lo procurado (*maqṣūd*). Así que, en cierto sentido, el hombre está en procura del Hombre. El hombre es *al-qāṣid al-maqṣūd*, el buscador y el objeto de su búsqueda. El Hombre es el sentido del hombre.

De hecho, es propio de la condición (*šarṭ*) de quien está revestido de las cualidades de este nombre (*mutajalliq*) que tenga tal conocimiento (* maʿrifa*) del estado *interno* (*ḥāl*) de cada aspirante (*qāṣid*), *que sea capaz de determinar* (*taʿyīn*) *a cuál de los divinos atributos comprendidos en el nombre Allāh se dirige específicamente su invocación,* y si no lo tuviera, entonces es que no está realmente revestido *de las cualidades* de este nombre.

(2) *Al-Raḥmān*

EL OMNICOMPASIVO
EL OMNIMISERICORDIOSO[1]

1. Dependencia (*taʿalluq*): Tienes necesidad (*iftiqār*) de este nombre para actualizar (*taḥṣīl*)[2] el nombre que de ti ignora el mundo de la creación (*ʿālam al-jalq*) sin *que lo ignore* el Mundo del Mandato (*ʿālam al-amr*)[3].

---

1. En árabe, el Nombre *al-Raḥmān*, en tanto que Nombre privativo de Dios, no puede aplicarse, como sucede en el caso del nombre Allāh, a nadie más que a Él. La traducción de este Nombre divino requiere pues el prefijo *omni-* que confiere al nombre en castellano el mismo carácter privativo que tiene en árabe, pues sólo de Dios puede decirse que sea Omnimisericordioso, Omnicompasivo. Estas traducciones de *al-Raḥmān* expresan, por un lado, la pobreza y la necesidad de todos los seres respecto al Hálito creador del Misericordioso (*nafas al-Raḥmān*) y, por otro, la mutua relación de pasión, cordial y compasiva, establecida *ipso facto* con todos ellos sin excepción.

2. La forma verbal *ḥaṣṣala*, forma II de raíz *ḥ-ṣ-l*, cuyo nombre de acción es *taḥṣīl*, se emplea frecuentemente en este tratado, especialmente en los apartados de *taʿalluq* y *tajalluq*: significa "adquirir, lograr, alcanzar", pero también "resumir, compendiar", es decir, actualizar algo (verbigracia, una estación espiritual). En la terminología akbarí, como sucede con tantos otros, este término adopta pues un significado técnico. La expresión *taḥṣīl al-ism* designa, según se desprende de su empleo en esta obra, una experiencia efectiva de conocimiento en la cual el contemplativo alcanza la percepción mística del Nombre (*taḥṣīl al-ism*), es decir, lo actualiza, accede al conocimiento intuitivo, inmediato y directo, de su vínculo (*taʿalluq*) con el Nombre en cuestión.

3. O bien '...que el mundo creatural oculta de ti, *al estar* por debajo del Mundo del Mandato'. El mundo de las criaturas o mundo del hombre (*jalq*), en tanto que creatura por excelencia, es ontológicamente inferior al Mundo de la Orden, el reino del *fiat* divino (*kun*), el imperativo existenciador por cuyo efecto los seres cobran existencia. El empleo de la partícula *dūna* que puede significar tanto 'sin' como 'por debajo de' permite las dos interpretaciones propuestas.

Qāšānī define así los dominios del Poder, la Orden y el Reino:

"El Mundo del Poder coercitivo (*ŷabarūt*) es el dominio de los Nombres y los Atributos divinos", mientras que "el Mundo de la Soberanía (*malakūt*), *también llamado* el Mundo de la Orden (*ʿālam al-amr*) o Mundo del Misterio [e.d. invisible] (*ʿālam al-gayb*) es el dominio de los espíritus y las espiritualidades (*rūḥāniyyāt*), que existen por la Orden de Dios (*al-Ḥaqq*) sin intermediario material (*mādda*) o temporal alguno (*mudda*)", por oposición al "Mundo de la Creación (*ʿālam al-jalq*) llamado *así mismo* Mundo del Reino (*mulk*) o Mundo del Testimonio [e.d., visible] (*ʿālam al-šahāda*), que es el mundo de los cuerpos (*aŷsām*) y las corporeidades (*ŷismāniyyāt*),

2. Realización (*taḥaqquq*): Este nombre, como el nombre Allāh, pertenece —por su significación (*dalāla*)[4]— a la categoría de los nombres propios privativos (*asmā' al-a'lām*), de modo que puede recibir calificativos, mas no puede calificarse con él. *Al oír este nombre, los árabes coetáneos del Profeta* "preguntaron: 'Y ¿qué es al-Raḥmān?'" (C. 25:60)[5], y al hacerlo expresaron su desconocimiento[6], pues si este vocablo (*lafẓa*) hubiera sido propio de su habla, *deducible analógicamente* por derivación etimológica (*ištiqāq*), entonces no lo habrían ignorado; y si les hubiese resultado familiar y conocido como el nombre *Allāh* tampoco lo hubieran desconocido. *En este sentido*, cuando se les dijo: "¡Adorad a Allāh!" (C. 7:59)[7], no preguntaron qué era Allāh, sino que, como es propio de los asociadores (*šurakā'*)[8], dijeron en su defensa: "No los adoramos [e.d., a los ídolos] sino para que nos aproximen a Allāh en grado" (C. 39:3)[9]. Por todo ello hemos

---

el cual existe a consecuencia de [lit. 'después de'] la Orden en *extensión de* materia (*mādda*) y tiempo (*mudda*) [o bien, 'de la Orden *que impone* la materia y el tiempo']". Cf. *Iṣṭilāḥāt*, El Cairo, p. 106, def. 284-286.

Según Ŷurŷānī el *malakūt*, la Realeza absoluta, el Mundo angélico o Mundo del Mandato es "el Mundo del Misterio (*'ālam al-gayb*), morada reservada a los espíritus y a las almas", mientras que el *mulk*, el Reino, el Mundo Creatural, "es el mundo del testimonio constituido por las realidades naturales perceptibles, tales como el Trono *divino* o el Pedestal o todo cuerpo (compuesto de calor, frío, humedad y sequedad) que se aprecie por el libre ejercicio de la facultad imaginativa autónoma...". Cf. *Ta'rīfāt*, p. 402, def. 1652 y 1655.

4. Sobre la significación y las modalidades de referencia de la expresión a la significación que comporta, v. *Ta'rīfāt*, pp. 198-9, def. 741 y 742.

5. La aleya dice en su integridad: "Cuando se les dice: '¡Prosternaos ante el Compasivo!' dicen: 'Y ¿qué es 'el Compasivo' (*al-Raḥmān*)? ¿Vamos a prosternarnos sólo porque tú lo ordenes?' Y esto acrecienta su repulsa". Trad. Cortés. V. C. 17:110.

La respuesta interrogativa de estas gentes cuestiona pues sobre la quiddidad o realidad (*māhiyya*) de lo [llamado] *raḥmān* y no sobre quién es, en cuyo caso la pregunta hubiera sido *wa-man*: ¿y quién es?". Cf. Rāzī, *Traité sur les noms*, p. 38, nota 3.

6. La expresión (*ankarū-hū*) tiene incluso cierto carácter de negación: 'le desmintieron'.

7. Dice la aleya completa: "Enviamos a Noé a su pueblo. Dijo: '¡Pueblo! ¡Servid a Dios! No tenéis a otro dios que a Él. Temo por vosotros el castigo de un día terrible'" (C. 7:59). Trad. Cortés.

8. Politeístas o idólatras que 'asocian' a la divinidad otros dioses.

9. El texto completo de la aleya dice: "El culto puro ¿no se debe a Dios? Los que han tomado amigos [e.d., deidades paganas] en lugar de tomarle a Él —'Sólo les servimos para que nos acerquen bien a Dios'—... Dios decidirá entre ellos sobre aquello en que discrepaban. Dios no guía al que miente, al infiel pertinaz". Trad. Cortés.

incluido este nombre en la categoría de los nombres propios, ya que, aunque se trate de un término derivado del nombre *raḥma*[10], 'compasión', los árabes no conocían esta palabra (*al-Raḥmān como nombre determinado*) precedida de las letras *alif* y *lām* del artículo. Únicamente se ha transmitido esta palabra en rección nominal dentro de la expresión *raḥmān al-yamāma*[11], y no sé si el impostor Maslama adoptó este nombre después de que el Profeta transmitiera el nombre al-Raḥmān *en la revelación* o acaso con anterioridad a esto.

Quien refuta la existencia *del nombre al-Raḥmān* con el artículo *alif lām, considere no obstante* que en el escrito que Salomón dirigió a Bilqīs se dice: "En el Nombre de Dios, el Compasivo (*al-Raḥmān*), el Misericordioso (C. 27:30)". Por tanto, afirmamos que el artículo determina el significado *del Nombre*, de modo que no lo consideramos indeterminado[12]. Lo que a este respecto hemos expuesto se refiere

---

10. Sobre la tesis de Ṯaʿlab, según la cual este nombre sería de origen hebraico, v. Gimaret, *Noms*, 375-377 y Rāzī, *Traité sur les noms*, II, pp. 14-18 (argumentación de Ṯaʿlab y refutación de Rāzī).

11. Referencias sobre este apelativo otorgado —al parecer porque predicaba en nombre de al-Raḥmān en Arabia central— al llamado Maslama o Musaylima, coetáneo del Profeta, pueden encontrarse en el estudio de Rodinson, *Mahomet*, 3ª ed., París, 1975, p. 149 y en *Noms*, p. 376.

En efecto, el Nombre al-Raḥmān, en el Corán, se emplea siempre con artículo determinado y, a diferencia de *raḥīm*, sólo para designar a Allāh.

No obstante, según escribe Rodinson, "c'était là le nom, nous le savons maintenant par les inscriptions, que les Sudarabiques donnaient au Dieu des juifs et au Dieu Père de la Trinité chrétienne, d'après l'usage araméen et hébreu, sous la forme *Raḥmānān*, c'est-à-dire, avec l'article sudarabique agglutiné à la fin du mot: le Clément" (cf. *Mahomet*, p. 92).

Si se acepta que el término estuviera en uso para designar a la divinidad en los medios judíos y cristianos de Arabia, entonces ha de pensarse que el rechazo de los politeístas —como señala Gimaret— "à admettre cette façon de désigner la divinité suprême, ce n'était donc pas qu'elle fût inconnue et incompréhensible; simplement, c'était là un usage étranger, et ils préféraient s'en tenir, quant à eux, au nom d'*Allāh* qu'ils emploaient depuis toujours" (*Noms*, p. 376; cf. J. Jomier, "Le nom divin 'al-Raḥmān' dans le Coran", *Mélanges Massignon*, Damasco, 1975, II, pp. 365-366).

Así como, entre otros autores, Rāzī señala que "Musaylima l'imposteur se faisait appeler *al-raḥmān*" (cf. *Traité sur les noms*, trad. Gloton, II, p. 17), también Ibn ʿArabī comenta que el impostor (*kaḏḏāb*) Maslama era llamado *raḥmān* (cf. *Fut.* II: 221-23). Sobre este personaje, pretendido profeta de los Banū Ḥanīfa en Yamāma, v. el artículo de F. Buhl en *El²* y las referencias de O. Yahya en *Fut.* II, p. 524.

12. El autor tiene en mente diversas acepciones de una misma forma verbal (forma IV, raíz *n-k-r*) que significa tanto 'desconocer', 'negar' y 'desmentir' como 'considerar indeterminado'.

únicamente a la palabra *al-Raḥmān* en la lengua árabe. Así mismo, cuando el Profeta —Dios lo bendiga y salve— redactó el escrito entre él y los asociadores, escribió "En el Nombre de Dios, el Omnicompasivo (*al-Raḥmān*), el Misericordioso", y los asociadores dijeron: "No conocemos a *al-Raḥmān*", y solamente estaban escribiendo en Tu nombre, Señor nuestro.

Entre cuanto confirma que se trata de un nombre perteneciente a la categoría de los nombres propios, se encuentra Su Palabra, Enaltecido sea: "Di: 'Invocad a Allāh o invocad a al-Raḥmān, a quienquiera que llaméis[13], Él posee los más bellos nombres'" (C. 17:110)". De este modo, *la divina revelación* enseña que el significado (*madlūl*) del nombre Allāh es idéntico al significado del nombre al-Raḥmān, por lo cual dijo "Él posee..." y no "ellos dos tienen..." y, en consecuencia, la relación del siervo con respecto a este nombre, en cuanto a la realización, es igual a la relación que tiene con respecto al nombre Allāh, sobre el cual ya se ha hablado.

Por otra parte, la verificación del siervo (*taḥaqquq al-ʿabd*) con respecto a este nombre, aspecto por el cual éste se distingue del nombre Allāh, consiste en que, por vía de la Faz de la divina Realidad (*waŷh al-Ḥaqq*) tenga *conocimiento de* un nombre relativo a lo que entre él y su Señor[14] no puede llegar a conocer otro que Allāh —Enaltecido sea—, ya que si esto apareciera de modo manifiesto recaería sobre ello la negación (*inkār*) como ocurrió en el caso del nombre *al-Raḥmān*.

Se preguntó a uno de los gnósticos: "¿Cuántos son los sustitutos (*abdāl*)?"[15]. "Cuarenta almas (*nafs*)", respondió. Entonces se le pre-

---

13. Es decir, "cualquiera de ambos nombres que empleéis en vuestra invocación".

14. E.d., en la relación teopática. Sobre la relación del siervo y su Señor v. Corbin, *Imaginación*, pp. 169-170 y 361-362. "Todo lo que se manifiesta para los sentidos es, pues, la forma de una realidad ideal del mundo del Misterio, un rostro (*waŷh*) de entre los rostros de Dios, es decir, de los nombres divinos. Saber esto es tener la visión intuitiva de las significaciones místicas (*kašf maʿnawī*)". *Ibid.*, p. 262.

15. Los *abdāl* son siete. En cada uno de los siete Climas terrestres hay un *badal* que lo gobierna como representante de un profeta: Abraham, Moisés, Aarón, Idris, José, Jesús o Adán, respectivamente. Los *abdāl* poseen el conocimiento de los planetas y de sus moradas y tienen, en virtud de sus funciones, nombres correspondientes a siete Atributos divinos: ʿAbd al-Ḥayy (Siervo del Viviente), ʿAbd al-ʿAlīm, ʿAbd al-Wadūd, ʿAbd al-Qādir, ʿAbd al-Šakūr, ʿAbd al-Samīʿ y ʿAbd al-Baṣīr. Cf. Ibn ʿArabī, *La parure des ʿabdāl'*, trad. francesa de M. Vâlsan, París, 1992 (1ª ed. 1950), pp. 40-41.

guntó: —"¿Por qué no has dicho cuarenta hombres (*raŷul*)?" —"Porque entre ellos puede haber también mujeres (*nisāʾ*)"[16].

"Cada uno de ellos desconoce *el conocimiento particular* del otro"[17]. *La referencia a este desconocimiento* cuando *uno de ellos* se manifiesta a su compañero (*ṣāḥib*), alude a este nombre privativo (*al-ism al-jāṣṣ*)[18] que hay entre cada uno de ellos y su Señor *personal, en virtud del cual se diferencian unos de otros*. Tal es el caso de la aparición de Jiḍr a Moisés —sobre ambos sea la paz— quien *repetidamente* censuró a aquel *desaprobando, al no comprenderlo, su proceder*[19].

---

16. Esta misma cita puede encontrase en *Fut.* XI: 273 (donde se precisa que el autor es uno de los *abdāl*) y 277; y XIII: 634. V. *Tao*, "Manliness and Chivalry", p. 268, donde también se traduce esta cita de *Fut.* En esta obra se trata ampliamente la cuestión de la masculinidad u hombría (*ruŷūliyya*), la caballerosidad espiritual de la cual participan indistintamente hombres y mujeres. Refiriéndose a una mujer sufí, Ibn ʿArabī comenta: "I had never seen one more chivalrous than her in our time" (Austin, *Sufis*, p. 154, nº 64). Precisa en otros pasajes: "Y respecto a todo lo que hemos mencionado de tales hombres, llamándolos 'hombres' (*riŷāl*), entiéndase que en tal denominación se incluye a las mujeres" (*Fut.* II, p. 7). "En cada una de las categorías que mencionamos se cuentan hombres y mujeres" (*Fut.* II, p. 26). "Hombres y mujeres participan de todos los grados, incluido el de la función de Polo (*quṭbiyya*)" (*Fut.* III, p. 89).

Ibn ʿArabī señala que "los sustitutos (*abdāl*) propiamente dichos son siete"... "pero la Gente de Dios también ha llamado *abdāl* a los hombres de Raŷab, que son cuarenta, y así mismo han llamado *abdāl* a los doce... Quien se refiere a los raŷabíes dice que son cuarenta pues *en cada momento* cuarenta son". Cf. *Fut.* XI: 274 y 277. Para más referencias acerca de los *abdāl*, v. M. Chodkiewicz, *Sceau*, pp. 115-17 y 129-35; y sobre la categoría espiritual de los cuarenta *raŷabiyyūn*, raŷabíes u 'hombres del mes de *Raŷab*', *ibid.*, p. 132.

17. En las citas que del anterior episodio he encontrado no aparece esta última frase que considero independiente. A juzgar por el texto que sigue, probablemente se trate de un fragmento de hadiz, pero no he podido localizarlo. En esta frase, que el autor introduce de modo abrupto, el verbo está en la recurrente forma IV de raíz *n-k-r*. V. *supra* nota 12.

18. El nombre privativo del Señor personal que rige el alma (*nafs*) de cada siervo establece con él una relación teopática particular. Por su singularidad, este nombre —o la modalidad espiritual y cognitiva que comporta— puede resultar a otro espiritual de diversa condición irreconocible o incomprensible. Ibn ʿArabī dedica numerosos comentarios a esta historia de Moisés y a la cuestión del *inkār* entre espirituales, v., p. ej., *Fut.* I: 15, 64 y 79 (v. Jiḍr en índice de otros volúmenes).

19. V. C. 18:60-82, donde se relata la historia del encuentro entre Moisés y su compañero, tradicionalmente identificado con Jaḍir/Jiḍr. V. otras interpretaciones en *Corán*, p. 357.

3. Adopción (*tajalluq*): La adopción de los rasgos de este nombre es igual a la adopción de los rasgos del nombre Allāh, acerca de la cual ya se ha tratado, salvo que este nombre, en tanto que nombre derivado[20], no pertenece a la categoría del nombre Allāh que no es un nombre derivado *de ningún otro*.

A este nombre corresponde la gracia general (*rahma 'āmma*) que es la gracia de la existenciación (*rahmat al-īŷād*), según Su Palabra —Enaltecido sea—: "Y Mi gracia comprende todas las cosas" (C. 7:156), en la cual hace extensivo su alcance.

De esta gracia universal procede la compasión (*rahma*) en virtud de la cual los seres existentes (*mawŷūdāt*) sienten en todo momento mutua simpatía y cada existente tiene compasión de sí mismo. *Sin embargo*, Su Palabra —Enaltecido sea— "...la destinaré [lit. 'la escribiré']" (C. 7:156)[21] procede del nombre *al-Rahīm*, el Misericordioso, cuestión en la cual diferimos del parecer de los mu'tazilíes.

Es propio de la adopción de los rasgos *de este nombre* que el siervo tenga compasión hacia todo lo que no es Allāh, sin distinción ni separación alguna, del modo que la universalidad (*'umūm*) requiere de él, sin que ello dependa de ninguna imposición legal (*madamma šar'iyya*). Dijo Abraham —con él sea la paz—: "He aprendido la generosidad (*karam*) de mi Señor"[22]. Y Allāh es el que concede el favor de la rectitud.

---

20. Lit. "...este nombre, al estar impregnado por un aroma (*rā'iha*) de derivación...". Se trata, en efecto, de una forma intensiva *fa'lān* derivada de *rahma*.

21. El texto completo de la aleya citada dice: "'Destínanos [lit. 'prescríbenos'] bien en la vida de acá y en la otra. Nos hemos vuelto a Ti [arrepentidos]'. Dijo [el Señor]: 'Inflijo Mi castigo a quien quiero, pero Mi misericordia es omnímoda. Destinaré a ella a quienes teman a Dios y den el azaque a quienes crean en Nuestros signos...'" (C. 7:156). Trad. Cortés.

22. No he encontrado esta cita en los repertorios consultados. Parece tratarse de un hadiz. Este texto se cita también en una obra atribuida a Qāšānī, *Latā'if al-i'lām*, El Cairo, 1996, vol. II, p. 107, donde el autor añade: "Él los sustenta, aunque ellos adoren a otro". Pudiera también tratarse de una tradición rabínica o de una versión aproximada de un pasaje de la Torá.

(3) *Al-Raḥīm*

EL MISERICORDIOSO

1. Dependencia (*taʿalluq*): Tienes necesidad de este nombre para obtener la gracia especial (*raḥma jāṣṣa*) que consiste en la felicidad eterna (*saʿādat al-abad*).

2. Realización (*taḥaqquq*): La Esencia *divina* requiere que haya en la existencia corrupción[1] y salud, mas la manifestación del Vengador no tiene prioridad alguna sobre la del Agraciador (*al-Munʿim*). ¡Comprende pues! Este nombre está relacionado con todo bien (*jayr*) que no conlleva implícito daño (*ḍarar*) y con todo daño *aparente* en cuyo interior hay un bien.

Y es posible *entender* que a este nombre corresponda *Su Palabra*: "...y la destinaremos a aquellos que tienen temor reverente..." (C. 7:156)[2], *según lo cual Allāh* manifestó que *esta gracia* es limitada y está restringida (*muqayyada*) tras manifestar la absoluta incondicionalidad universal *de la gracia general*, de modo que su relación (*nisba*) respecto al siervo depende de esta limitación (*ḥadd*).

3. Adopción (*tajalluq*): *La adopción de los rasgos de este nombre consiste en* la compasión del siervo (*raḥmat al-ʿabd*) con todo aquel de quien la *divina* Realidad (*al-Ḥaqq*) le ha ordenado que se compadezca, *mas no con todos y en toda circunstancia, según se manifiesta en Su Palabra*: "Por respeto a la ley de Dios, no uséis de mansedumbre (*raʾfa*) con ellos" (C. 24:2)[3]. *También se ha transmitido que* "cuando *el Profeta* se encolerizaba *en favor de la causa de* Allāh, nada se resistía a su cólera" *y que* "Allāh manifestará cólera (*gaḍab*) el Día de la Resurrección"[4].

---

1. El término *balāʾ* significa 'pesar', 'prueba', 'descomposición'. Esta noción de pena o prueba, que con tanta frecuencia se comenta en los textos akbaríes, ha de comprenderse a la luz de su significado y su función alquímica en el proceso de transmutación espiritual.

2. V. *supra*, 2-2, nota 21.

3. Lo cual se refiere en esta aleya a los adúlteros.

4. Se traduce *yawm al-qiyāma* como 'el Día de la Resurrección'. La expresión se refiere a la reunión de las almas cuyos cuerpos de ultratumba estarán en pie, en posición erguida, a la hora del Juicio.

El hadiz, citado también en *Fut.* V: 324 y *Fut.* VIII: 545, dice: "Allāh manifestará el Día de la Resurrección una Cólera (*gaḍab*) como nunca antes había manifestado ni volverá a manifestar después". V. Tirmiḏī, *Qiyāma* 10; Muslim, *Īmān* 327; Bujārī, *Anbiyāʾ* 3; Ibn Ḥanbal, 2:493. Cf. *Concordance*, IV, p. 522.

(4) *Al-Malik*

EL REY
EL SOBERANO

1. Dependencia (*taʿalluq*): Tienes necesidad *de Él* para pedir la ayuda y la confirmación (*taʾyīd*) del Verdadero Rey Soberano —Exaltado sea— en aquello que te ha encomendado, *en tanto que vicerregente Suyo, según Su Palabra*: "Voy a poner un vicerregente (*jalīfa*) en la tierra" (C. 2:30)[1], *y según el hadiz*: "y cada uno de vosotros gobierna"[2].

2. Realización (*taḥaqquq*): El Rey es Aquel cuyo mandato (*amr*) se cumple eficazmente si a él Su voluntad va unida; aquel a quien nada de cuanto quiere ejecutar en Su reino soberano (*mulk*) resulta difícil.

Esta misma relación guarda *este nombre* con el siervo *en tanto que Rey*.

3. Adopción (*tajalluq*): Cuando la voluntad del siervo es la voluntad de la *divina* Realidad (*irādat al-Ḥaqq*), necesariamente acontece aquello que quiere (*murād*), de modo que el nombre de Rey verdaderamente le conviene, *pues Él ha dicho*: "*El siervo* no cesa de aproximarse a Mí por medio de obras supererogatorias (*nawāfil*) hasta que Yo soy su oído, su vista, su mano y su sostén"[3].

---

1. La aleya completa dice: "Y cuando tu Señor dijo a los ángeles: 'Voy a poner un sucesor (*jalīfa*) en la tierra'. Dijeron: '¿Vas a poner en ella a quien corrompa y derrame sangre, siendo así que nosotros celebramos Tu alabanza y proclamamos Tu santidad?'. Dijo: 'Yo sé lo que vosotros no sabéis'". Trad. Cortés. V. también la siguiente aleya (2:31), donde se refiere que Allāh "enseñó a Adán todos los nombres...". El conocimiento de los nombres está, en este pasaje, vinculado a la función de *jalīfa*. Sobre la noción de *jilāfa*, 'la función de *jalīfa*', v. *Muʿŷam* pp. 239-248.

2. "...y es responsable de su vigilancia". Es decir, está al cuidado de sí mismo y de cuanto se le ha encomendado en tanto que encargado en la tierra de su cuerpo adánico. Sobre la relación entre tierra y cuerpo, v. *Fut.* I, cap. 8, pp. 126-131, traducido por H. Corbin, *Cuerpo espiritual y tierra celeste*, Siruela, Madrid, 1996, pp. 159-167. Sobre este hadiz, v. S. Hakīm, *Muʿŷam*, p. 1260.

3. Bujārī, *Riqāq* 38; Ibn Ḥanbal, VI: 256. Sobre este hadiz *qudsī*, es decir, Palabra divina —aunque extracoránica— puesta en boca del Profeta, v. *Divine Word*, pp. 98, 173, y Morris, "Seeking God's Face", *JMIAS*, XVI, p. 17 y nota 24. En la versión más

De aquel que está necesitado de Allāh[4] están necesitadas todas las cosas *en virtud de* la realidad de la vicerregencia (*ḥaqīqat al-istijlāf*) según Su Palabra: "...ante lo que con Mis dos manos he creado" (C. 38:75)[5] y el dicho del Profeta —Allāh le bendiga y salve—: "Allāh creó a Adán según Su forma"[6].

En ocasiones el nombre *Malik* puede adoptar el significado de *šadīd, es decir, 'Fuerte', 'Implacable', 'Intenso'*, siendo entonces con esta acepción un calificativo especial (*waṣf jāṣṣ*) del Rey con relación a Su dominio (*mulk*), *el reino de la creación*. Ibn al-Jaṭīm *empleó en este sentido una forma verbal de la misma raíz léxica (m-l-k) cuando* al describir una lanzada dijo en un verso:

"Intensifiqué la fuerza (*malaktu*) de mi mano desgarrando la brecha"[7].

---

difundida dice el hadiz: "El Enviado de Dios —que Él le bendiga y salve— ha dicho: Allāh ha dicho: 'A quien se opone a uno de Mis amigos, Yo le declaro la guerra. Y Mi siervo no se acerca a Mí por medio alguno que Me resulte más amable que cuanto le he prescrito. Y el siervo no cesa de acercarse a Mí por medio de las obras supererogatorias de devoción (*nawāfil*) hasta que Yo le amo, y cuando Yo le amo, Yo soy entonces el oído con que escucha, la vista con que ve, la mano con que prende y el pie con que camina. Si Me pide, le doy con creces; si en Mí busca refugio, Yo le amparo. Ante nada de lo que hago vacilo con tanto reparo como tengo, por Mi renuencia a causarle daño, con el alma del creyente que aborrece la muerte'". V. también 69-3.

Ibn ʿArabī cita o alude a diversas versiones de este hadiz con mucha frecuencia. V., p. ej., *Fut.* II: 166 y p. 512 (68); III: 315; IV: 582; V: 268, 465, 475, 478, 554, 572; VI: 107, 203 215, 309; VII: 109, 306, 425, 738; VIII: 322, 702 (con el término *muʾayyad* empleado en 4-3); IX: 114, 127, 331, 517; X: 211; XI: 113, 160, 344, 475, 489; XII: 203, 260, 354, 404; XIII: 13, 43, 100, 113, 322, 538, 542, 570; XIV: 3, 4, 8, 54, 118.

4. E.d., el siervo por excelencia u Hombre Universal, representante o delegado de Dios en la tierra.

5. La aleya completa dice: "Dijo [el Señor]: '¡Iblis! ¿Qué es lo que te ha impedido prosternarte ante lo que con Mis manos he creado? ¿Ha sido la altivez, la arrogancia?'". Trad. Cortés. V. *Šarḥ*, nº 54 (*al-Ḥaqq*).

6. E.d., "a imagen Suya (*ʿalà ṣūrati-Hi*)". Sobre este hadiz *qudsī* y sus fuentes v. *Divine Word*, p. 151, y *Fut.* I (OY), pp. 497-8. Ibn ʿArabī lo cita o alude a él con frecuencia. V., p. ej.: *Miškāt*, p. 16; *Fut.* I: 498 (y 386 donde se cita la versión *juliqa Ādamu ʿalà ṣūrat al-Raḥmān*); II: 122, 199, 207, 208, 363, 460; III: 218B, 291; IV: 230; V: 539; VI: 171, 694; VIII: 573; X: 123, 367, 479; XI: 160, 253; XII: 175, 191, 221, 455; XIII: 87, 98, 99, 101 (comentario), 153, 345, 390 (comentario esotérico), 420, 470, 531, 534, 537, 554, 557; XIV: 389, 401.

7. Se emplea *malaktu* con el sentido de *šadadtu*, "fortalecí". Primer hemistiquio, en metro *ṭawīl*, de un verso del poeta épico Qays Ibn al-Jaṭīm al-Awsī. V. *Dīwān Qays Ibn al-Jaṭīm*, ed. Nāṣir al-Dīn al-Asad, Dār Ṣādir, Beirut, 3ª ed. 1991, p. 46. V. también la obra de al-Marzūqī (Aḥmad b. Muḥammad), *Šarḥ dīwān al-ḥamāsa*, ed. de Aḥmad

Amīn y ʿAbd al-Salām Hārūn, IV. vols., El Cairo, 1951-56, vol. I, pp. 183-88 (nº 36); y en la obra de al-Tabrīzī, *Šarḥ al-ḥamāsa*, al-Maktaba al-Azhariyya, El Cairo, 1913, vol. I, p. 35. V. *Lisān al-ʿarab*, "m-l-k", vol. X, p. 495, donde se menciona el verso.

El segundo hemistiquio de este mismo verso dice: "hasta que podía verse a través de ella lo que tras ella había" (*yarà qāʾimun min dūni-hā mā warāʾa-hā*)". V. la explicación de al-Marzūqī, *op. cit.*, p. 184.

Este mismo verso se cita en *Fut.* II: 607 y XII: 17, donde también trata el autor del *tajalluq* del nombre al-Malik con el significado de *šadīd*.

(5) *Al-Quddūs*

EL SANTO

1. Dependencia (*ta'alluq*): Tienes necesidad de este nombre para santificar (*taqdīs*) tu esencia (*dāt*) purificándola de aquello que se te ha dicho que trasciendas *con impecabilidad* tanto en disposición de carácter (*juluq*) como en obra (*fi'l*).

2. Realización (*taḥaqquq*): El Santo es Aquel cuya excelsa esencia trasciende lo que no se puede atribuir a Él en absoluto.

3. Adopción (*tajalluq*): *Consiste en la asunción de* la trascendencia (*tanzīh*) de tu esencia, tanto en el orden inteligible (*ma'nà*) como en el sensible (*ḥiss*), tanto en síntesis (*ŷumla*) como en modo distintivo (*tafṣīl*), respecto a lo que conllevan los vanos rasgos de carácter (*safsāf al-ajlāq*)[1], las faltas censurables con relación al cumplimiento de la Ley (*maḏāmm šar'iyya*) y las cortas disposiciones espirituales que no aspiran a la posición de la proximidad (*al-makāna al-zulfà*), en razón de Su Palabra: "No Me contienen ni Mi tierra ni Mi cielo, mas Me comprende el corazón de Mi siervo creyente"[2].

El Santísimo (*al-Quddūs*) no establece vínculo de privilegio (*ta'alluq ijtiṣāṣī*)[3] sino con el santificado (*muqaddas*). Así pues, santifica tu esencia.

---

1. La expresión *safsāf al-ajlāq*, 'malas maneras', 'descortesías', se opone a la noción de *makārim al-ajlāq*, 'nobles rasgos de carácter' y a la noción de *adab*, 'cortesía espiritual'.

2. Cita Ibn 'Arabī este hadiz con relativa frecuencia. V., p. ej., *Fut.* III: 291; IV: 238, 441, 444; V: 128, 171, 399, 472; VI: 97 (comentario esotérico), 312, 439; VII: 182; VIII: 696; IX: 86, 314; X: 7, 8, 22.

V. Gazālī, *Iḥyā' 'ulūm al-dīn*, El Cairo, 1939, (*Bāb aŷā'ib al-qalb*), vol. III, p. 14, donde comenta el editor que desconoce la fuente de este hadiz.

Un hadiz de Ibn 'Umar dice así: "Alguien preguntó: '¡Oh Enviado de Allāh! ¿Dónde está Allāh? ¿En la tierra o en el cielo?'. Respondió: 'En los corazones de Sus siervos creyentes'". Cf. *Fut.* III (OY), p. 325, nota 1.

3. Término técnico compuesto, netamente akbarí, que significa aquí el especial vínculo exclusivo, la privilegiada relación de codependencia con que Dios, en tanto que Santo —u otro de Sus nombres—, distingue al siervo en quien tal cualidad divina —u otra— se torna manifiesta.

(6) *Al-Salām*

LA PAZ, LA SALUD, LA SALVACIÓN

1. Dependencia (*taʿalluq*): Tienes necesidad de este nombre para salvaguardar la salud o incolumidad (*salāma*) de tu esencia del acontecer de cuanto te vincule con el defecto (*ʿayb*) y, en caso de que tal cosa sobreviniera, para que te libre y preserve de *la posibilidad de* que perdure y se consolide.

2. Realización (*taḥaqquq*): La Paz (*al-Salām*) es la exención e inmunidad (*barāʾ*) de todo lo que no es posible adscribirle.

3. Adopción (*tajalluq*): La diferencia entre este nombre y el nombre *al-Quddūs*, el Santo, reside en que *la asunción de* la trascendencia (*tanzīh*), por lo que al siervo respecta, sólo puede tener lugar después de que éste ha llegado a santificarse respecto a aquello de lo cual conviene que se purifique, mientras que la Paz (*al-Salām*) puede ser de este mismo modo, mas también es posible que desde un principio preserve al siervo de la persistencia del defecto. Este aspecto, la salvaguardia (*salām*) que preserva de la continuidad (*istimrār*) del defecto, es el que conviene como revestimiento con los rasgos característicos *de este nombre*, y el que desde un principio es disposición de carácter (*juluq*) por divina providencia (*ʿināya ilāhiyya*).

(7) *Al-Mu'min*

EL FIEL, EL PROTECTOR,
EL CREYENTE, EL FIDEDIGNO,
EL QUE PROCURA Y CONFIRMA LA FE

1. Dependencia (*ta'alluq*): Tienes necesidad de Él para que te otorgue la fe sincera (*tasdīq*) en cuanto Él ha revelado, de modo que seas creyente verídico (*musaddiq*), pues el significado de este nombre es *al-Musaddiq*, 'el que cree y declara verídico'.

Así mismo, necesitas que *el Protector* te dé la fuerza (*quwwa*) por la cual pueda conferirse la seguridad (*amān*) a cada alma (*nafs*)[1] desde ti, según la medida que de honor (*'ird*), riqueza (*māl*) y sangre (*dam*) corresponda.

2. Realización (*tahaqquq*): El Fidedigno (*mu'min*) es el que confirma la veracidad de Sus profetas en cuanto han declarado transmitir de parte Suya con *la realización de* milagros (*mu'ŷiza*) por la vía especial (*tarīq jāss*) cuando alcanzan la morada de la veracidad apostólica (*sidq rasūlī*).

Así pues, Él es (1) *el* Confirmador (*musaddiq*) *que verifica la sinceridad de Sus enviados* y es también (2) el que otorga la seguridad (*amān*) al alma (*nafs*) de quien quiere de entre Sus siervos.

Esta misma relación (*nisba*) guarda *el nombre al-Mu'min* con el siervo.

3. Adopción (*tajalluq*): Cuando el siervo corrobora y declara verídico todo comunicado (*jabar*) *revelado* en el cosmos (*'ālam*), es entonces fiel creyente (*mu'min*), pues *en virtud de Su Palabra* "...y Allāh os ha creado a vosotros y cuanto hacéis" (C. 37:96), Su confirmación de la veracidad (*tasdīq*) es universal, y cuando las almas (*nufūs*) están confiadas (*aminat*) en aquello que pudiera causar perjuicio, ya sea por lo que a sí mismas atañe o lo que a otro se refiere, en seguida les brinda la seguridad (*amān*) *protegiéndolas*, por lo cual es así mis-

---

1. O bien, 'en cada aliento' (*nafas*).

mo *muʾmin*, 'protector' *contra* "aquellos que molestan a Allāh y a Su Enviado..." (C. 33:57)[2].

2. V. *infra* 99-2 (*al-Ṣabūr*) y *Šarḥ*, nº 99 (*al-Ṣabūr*).

(8) *Al-Muhaymin*

EL CELADOR, EL AMPARADOR
EL PROTECTOR, EL VIGILANTE

1. Dependencia (*ta'alluq*): Tienes necesidad de Él para que te incluya en la comunidad (*umma*) de Muḥammad —Allāh le bendiga y salve—, *la comunidad de* quienes sinceramente le declaran verídico.

2. Realización (*taḥaqquq*): La función del divino amparo (*muhayminiyya*) consiste en la supervisión, en dar testimonio de *todas* las cosas (*al-šahāda 'alà l-ašyā'*) protegiéndolas y cuidando de ellas, en virtud de lo cual están implícitamente contenidos *en éste los nombres* el Preservador (*al-Ḥafīẓ*) y el Vigilante (*al-Raqīb*), ya que 'testimonio presencial' (*šuhūd*) quiere decir preservación (*ḥifẓ*) y atenta observancia (*murā'āt*) de cuanto acontece, ya sean movimientos (*ḥarakāt*) o reposos (*sakanāt*).

3. Adopción (*tajalluq*): *Consiste en la asunción de Su Palabra: "Así hemos hecho de vosotros una comunidad (umma) intermedia*, para que seáis testigos (*šuhadā'*) de los hombres (*nās*)" (C. 2:143). Y esto se refiere a todo *hablante* dotado de voz (*muṣawwit*), pues la palabra *naws* ["oscilación, vibración", de la misma raíz léxica que *nās*] significa "voz, sonido" (*ṣawt*), y por ello se ha denominado *nās* a los seres humanos, según se ha dicho.

Pero aún más pleno que esto —*más pleno que ser testigo ante la gente (šāhid 'alà l-nās)*— es que llegues a ser testigo verídico de quien es testigo de ti, observando Sus actos (*af'āl*) en el cosmos[1], de modo que conozcas las posiciones de Sus sabias disposiciones.

---

1. Esta frase contiene un intrincado juego de alusiones que permite varias interpretaciones y significaciones simultáneas. El principal referente escriturario es la aleya citada arriba "...para que seáis testigos de los hombres...", cuyo texto continúa diciendo "...y para que el Enviado sea testigo de vosotros" (C. 2:143). Se ha preferido la traducción "comunidad intermedia" a la también posible "comunidad moderada" porque en este contexto se pone de relieve el carácter mediador de la comunidad que recibe el mensaje profético y da testimonio. Por un lado, los hombres de esta comunidad son testigos ante los demás hombres; por otro lado Muḥammad, en su condición de Enviado de Allāh, es testigo de ellos. Ibn 'Arabī considera una tercera perspectiva de esta posición intermedia: Más completo que ser testigo de los hom-

bres es ser testigo de quien es testigo de ti. Ahora bien, ¿quién es el "testigo de ti" (*šāhid ʿalay-ka*)?

Por una parte, la expresión se refiere al Enviado, lo cual parece claro al considerar la mencionada aleya. Si perteneces a la comunidad de Muḥammad, él es testigo de ti y, en un grado más completo, también tú eres testigo de él. Esto puede comprenderse de varios modos complementarios según se considere a Muhammad bajo su aspecto temporal, el Profeta histórico, o en su aspecto universal, la Realidad de Muhammad, el Hombre Perfecto por excelencia, síntesis microcósmica del cosmos. El que pertenece a la comunidad de Muhammad, sujeta a la Ley revelada, sigue la *sunna* del Profeta, observando sus actos en el mundo y manteniéndose en el cumplimiento de sus disposiciones, de modo que se torna testigo del Profeta.

Por otra parte, Dios mismo es el testigo de los testigos. Y el testigo de los hombres puede llegar a ser testigo de Él contemplando "...Sus actos en el cosmos, de modo que conozca las posiciones de Sus sabias disposiciones (*mawāḍiʿ ḥikami-Hi*)".

Finalmente, falta comentar la dimensión del lenguaje, explícitamente presente en todo el texto. A la palabra divina, al verbo existenciador, a las aleyas, versículos o "signos" (*āyāt*) del Corán se refieren también, desde otra perspectiva, las observaciones de Ibn ʿArabī acerca del nombre *al-Muhaymin*. A esta dimensión lingüística se debe la explicación de que *nās* deriva de *naws*. Ibn ʿArabī lee aquí: "...para que seáis testigos de los dotados de habla...". ¿Cómo? Por medio de la memorización (*ḥifẓ*) y de la recitación del Alcorán con observancia de los movimientos y los reposos, es decir, de las vocales (*ḥarakāt*) y los signos de quiescencia —lo cual se refiere a la lectura de los signos de la existencia—, puede el hombre ser testigo del Corán que es testigo de él, vigilando los actos de Dios en el Corán del cosmos o en las aleyas reveladas del Libro, haciendo pausas en los lugares correctos e informándose de los lugares que ocupan las diversos saberes.

Las 'cosas' del mundo manifiesto son, en este sentido, las divinas palabras, los actos de Dios.

Los fieles confirmadores (*muṣaddiqūn*) son, así pues, los testigos que leen y transmiten las divinas aleyas y son, por tanto, comunidad intermedia entre Muhammad —que comunica lo que Dios revela— y quienes escuchan el mensaje.

(9) *Al-'Azīz*

EL PODEROSO, EL TRIUNFADOR
EL INACCESIBLE

1. Dependencia (*ta'alluq*): Tienes necesidad de Él para que el Verdadero (*al-Ḥaqq*) sea tu oído y tu vista[1]. Esta morada —*en la cual el Señor es el oído y la vista con que el siervo oye y ve*— reúne en sí *dos aspectos*: la inaccesibilidad (*man'*) y la victoriosa superioridad (*galaba*). Ambos significados son propios de este nombre.

2. Realización (*tahaqquq*): *Está expresada en la aleya*: "No hay cosa [alguna] como Él (*ka-miṯli-Hi*)" (C. 42:11)[2], *susceptible de dos lecturas* según se considere la *kāf* como mero añadido (*ziyāda*) o como prescripción de la semejanza (*farḍ al-miṯl*)[3].

---

1. Alusión a la mencionada tradición acerca de la proximidad lograda por medio de las obras de devoción adicionales no obligadas. V. *supra* 4-3.

2. La aleya completa, en traducción de J. Cortés, dice: "No hay nada que se Le asemeje. Él es Quien todo lo oye, Quien todo lo ve".

3. Es decir, según se considere la letra 'k' (*kāf*) como preposición impropia prefijada a la preposición propia *miṯl* ("como"), mero añadido repetitivo, con lo cual la aleya niega toda semejanza, o bien como preposición impropia prefijada al sustantivo *miṯl*, "semejante", con lo cual la misma aleya afirma la semejanza.

El término *miṯliyya*, derivado de la palabra *miṯl*, remite siempre a C. 42:11, aleya susceptible, según la hermenéutica akbarí, de dos lecturas complementarias: "No hay cosa [alguna] semejante a Él", o bien, "no hay nada como Su semejante", pues el compuesto *ka-miṯl* puede entenderse como una única preposición, cuyo segundo elemento, de carácter meramente intensivo, sólo refuerza el significado del primero —con lo cual se traduciría por "como"—, o bien, como compuesto de preposición y sustantivo, siendo en tal caso *ka* la preposición y *miṯl* ("semejante"), el sustantivo.

Según Ibn 'Arabī (segunda lectura), esta aleya afirma la semejanza con relación a Dios, es decir, la existencia de lo semejante a Él, al tiempo que niega cualquier semejanza respecto a Su semejante, al cual nada se asemeja. Y este semejante (*miṯl*) que no tiene semejante es el Hombre Universal creado 'según la forma del Compasivo' (*'alà ṣūrati l-Raḥmān*).

La realización de este nombre en sus dos aspectos de impedimento (*man'*) y victoria (*galaba*) se cifra en la realización del secreto contenido en la reunión de los significados de esta aleya, correspondientes a las doctrinas de la incomparabilidad y la similaridad, cuya duplicidad —dos contrarios aparentemente inconciliables— se resuelve en polaridad con la unión de los opuestos en el misterio de la Unidad —dos polos inseparables de una única realidad—.

3. Adopción (*tajalluq*): *Expresada en las aleyas*: "No hay nada como Su semejante" (C. 42:11); "Voy a poner un vicerregente (*jalīfa*) en la tierra" (C. 2:30)[4]; "...ante lo que con Mis manos he creado" (C. 38:75)[5]; *y en el hadiz:* "Allāh ha creado a Adán según Su forma"[6]. *En esta lectura de C. 42:11* la preposición impropia *kāf* introduce un nombre[7], con lo cual anula la incomparabilidad (*rafʿ al-tanzīh*)[8], de modo que la *aleya* niega *la existencia de algo* semejante a lo seme-

---

El *taḥaqquq* concilia los dos significados del nombre —Inaccesible y Victorioso/Poderoso— con las dos lecturas de la aleya: Él es Inaccesible en tanto que incomparable, pues "nada se asemeja a Él"; y es Poderoso, Victorioso en tanto que creador de Su semejante al cual nada se asemeja.

El *tajalluq* está necesariamente relacionado, por definición, a este segundo aspecto del nombre: *al-ʿAzīz* en tanto que Victorioso.

4. V. *supra* 4-1.

5. Estas dos últimas aleyas se sitúan en el mismo contexto: Dios anuncia a los ángeles la creación de Adán, Su vicerregente en la tierra, a quien enseñó los nombres de todos los seres. Los ángeles se prosternaron ante Adán por orden de Dios, excepto Iblīs, que se rebeló y quedó maldito. V. C. 2:28-39 y 38:71-88.

Sobre las dos manos de Dios, mencionadas en C. 38:75, v. el capítulo "The two hands of God" en el ensayo de S. Murata, *The Tao of Islam* (*Tao*), pp. 81-114 (especialmente pp. 88-92, sobre el significado de las Dos Manos en *Futūḥāt makkiyya* y *Fuṣūṣ al-ḥikam*).

Aquí las Dos Manos están obviamente asociadas a los dos significados del nombre *al-ʿAzīz. En Fut*, Ibn ʿArabī explica que "mano" significa tanto poder como bendición (cf. *Tao*, p. 89): el poder corresponde al impedimento (*manʿ*), es decir, al nombre *al-ʿAzīz*, el Poderoso, el Inaccesible, el Inabordable, en tanto que nombre de Majestad; la bendición corresponde, por otra parte, al triunfo (*galaba*), nombre *al-ʿAzīz*, el Victorioso, el Invencible, el Poderoso, en tanto que nombre de Belleza. Ambas manos corresponden respectivamente a los aspectos de la incomparabilidad y de la similaridad divinas.

6. V. *supra* 4-3.

7. Sobre el uso gramatical del término *ṣifa* v. II. Fleisch, *Traité...*, 53h-k, pp. 265-266. En 53j hace una distinción entre el nombre concreto (*ism ʿayn*) que no es *ṣifa* (nuestro "sustantivo") y el nombre abstracto (*ism maʿnà*) que es *ṣifa* (participio o adjetivo).

8. En el ms. F: "...y suprime la incomparabilidad (*wa-rafʿ al-tanzīh*)", pues supone la existencia de lo semejante a Él. En los otros: "...y tiene lugar la incomparabilidad (*wa-waqaʿa al-tanzīh*)", en cuyo caso, o bien se sobrentiende 'la incomparabilidad *de lo semejante a Él*', o bien se entiende que Él no asemeja a Su semejante. Obsérvese, en este sentido, que se trata de la existencia de lo semejante a Él, lo cual no implica que Él se asemeje a lo que es semejante a Él en sentido inverso. De hecho, esta posibilidad está explícitamente excluida, pues lo semejante a Él no tiene semejante alguno.

jante (*al-miṯl ʿani l-miṯl*) *es decir, a aquello que se asemeja a Él, Su vicerregente adánico.*

Esta relación de semejanza (*miṯliyya*) es un hecho lingüístico no una concepción racional[9], pues está fundada en la literalidad del texto coránico cuya revelación descendió en la lengua árabe[10].

Y éste es pues el modo en que el siervo participa (*ḥaẓẓ al-ʿabd*)[11] de este nombre.

---

9. Lit. "La semejanza es lingüística, no racional (*lugawiyya lā ʿaqliyya*)".

El ms. B añade a continuación en el texto: "...pues la semejanza *concebida de modo* racional (*miṯliyya ʿaqliyya*) supone asociación *dualista*, participación (*ištirāq*) *del hombre con Dios*, y no tiene en cuenta ni el límite (*ḥadd*) ni la realidad que hay por encima del atributo de las personas" (v. texto ár. 9-3, nota 10). Es decir, no tiene en cuenta el límite que distingue la condición señorial de la condición del siervo y por el cual Dios es Dios y el siervo es siervo y permanece como tal, sin participación alguna en la divinidad, pues su atributo es la servidumbre.

10. El Corán insiste a menudo en el hecho de que la revelación alcoránica ha descendido en lengua árabe: "Así es como te revelamos un *Corán* árabe..." (C. 42:7). V., así mismo, en este sentido, C. 12:2, 13:37, (16:103), 20:113, 26:195, 39:28, 41:3, 41:44, 43:3 y 46:12. En definitiva, todas las menciones coránicas del adjetivo ʿarabī, "árabe, lengua árabe" —11 en total— están directamente relacionadas con el carácter árabe de esta revelación.

11. Este término, al que Ibn ʿArabī recurre en este tratado en varias ocasiones, ha sido tomado de Gazālī, quien lo emplea en su *Maqṣad* de modo recurrente al inicio de los apartados llamados *tanbīh*, "consejo", relativos a la participación (*ḥaẓẓ*) del siervo con relación a cada nombre.

(10) *Al-Ŷabbār*

EL AVASALLADOR, EL CONSTRICTOR, EL DOMINADOR
EL REINTEGRADOR, EL RESTABLECEDOR

1. Dependencia (*taʿalluq*): Tienes necesidad de Él para alcanzar *el estado en el cual se manifieste* la orden influyente (*amr muʾattir*) *que determina* la obediente sujeción (*inqiyād*) a ti, tanto por parte de tus órganos como de tu interior y de todo aquello con cuya carga y transmisión (*ḥaml*) está comprometida tu voluntad (*irāda*) en razón de lo que quieres.

2. Realización (*taḥaqquq*): El nombre *al-Ŷabbār* deriva de la forma verbal *ŷabara*, y no de la forma *aŷbara*[1], ya que la forma nominal *faʿāl* no deriva en lengua árabe de *afʿala*, forma cuarta, sino de *faʿala*, forma primera, con la única excepción del término *darrāk*, "afortunado en sus propósitos", que ha derivado de la forma *adraka* "dar alcance, percibir", *a pesar de tener la misma estructura morfológica que ŷabbār*[2].

El Restablecedor (*al-Ŷabbār*) es pues el que socorre a 'lo que no es Él' (*mā siwā-Hu*) en la ejecución de cuanto Él quiere, *o bien, el que le*

---

1. El verbo *ŷabara*, en forma I, al igual que *aŷbara*, en forma IV, significa "forzar, obligar, constreñir a", pero también significa, a diferencia de la forma IV, "restablecer, reintegrar, socorrer, reponer...". Ibn ʿArabī parece querer indicar con este comentario que el nombre *al-Ŷabbār*, nombre de Majestad, contiene —como por otra parte ocurre con todos los nombres— el correspondiente aspecto de Belleza. La inexorable fuerza (*ŷabr*) que compele al siervo a hacer la voluntad divina es, en última instancia, en su aspecto de misericordia, una gracia divina que *restablece, reintegra o socorre*.

2. En efecto, la forma primera de raíz *d-r-k*/*daraka* no figura en los diccionarios árabes y el significado de *darrāk*, "el que alcanza lo que se propone", se explica recurriendo al uso del part. act. o forma IV de la misma raíz: *mudrik*.

H. Fleisch en su *Traité de Philologie Arabe* (*Traité*), I, p. 358, no comenta nada respecto al caso de *darrāk* o a la hipótesis de que la forma *faʿāl* pudiera derivar de forma *afʿala*. En principio, resulta evidente que *faʿāl* no deriva de forma IV, lo cual lleva a pensar que el autor insiste en este punto por una razón de orden semántico y no puramente morfológico. La forma primera, como se ha comentado (nota *supra*) tiene varios significados que no tiene la cuarta. Ibn ʿArabī enfatiza pues esta derivación para señalar el carácter polisémico del término. Sobre la forma *faʿāl* en este contexto, v., *Traité*..., 78g-h, pp. 365-66.

obliga a ello, ya sea en él o desde él[3], y no hay nada que pueda detener Su fuerza coercitiva (*iŷbār*).

3. Adopción (*tajalluq*): *Se pone de manifiesto en la capacidad de* actuar por medio de la energía espiritual (*himma*)[4], *lo cual está reflejado en las aleyas que dicen*: "*Y cuando creaste de arcilla a modo de pájaros con Mi permiso*, soplaste en ellos y se convirtieron en pájaros con Mi permiso" (C. 5:110). "Llámalos. Acudirán a ti rápidamente" (C. 2:260)[5].

---

3. Entiéndase, tanto si 'lo que no es Él' realiza Su voluntad en sí mismo, en su interior, como si la realiza 'desde sí mismo' en algo exterior distinto. O bien, si 'lo que no es Él' ejecuta Su voluntad inmerso en Él, sin conciencia, o 'de parte de Él' (*min-Hu*), con obediencia consciente a Su orden. Uno de los significados de *ŷabr* "inexorabilidad, predestinación". En última instancia, en el plano existencial del *amr takwīnī* —diferenciado del *amr taklīfī*— ningún ser puede resistirse a la divina voluntad.

4. La *himma* —aspiración espiritual creativa o concentración del corazón— es la energía activa que hay en el hombre, el cual puede disponer de ella como medio para actuar, ejercer un efecto o producir algo cuyo mantenimiento depende de ella. A la *himma* se aplican diferentes nombres como 'veracidad' o 'presencia' en virtud de sus diversos aspectos y funciones: la función noética, la función teofánica... Según Ibn ʿArabī, el mejor de los nombres para referirse a ella es 'la divina asistencia' (*al-ʿināya al-ilāhiyya*). Cf. S. Ḥakīm, *Muʿŷam*, 'himma' y 'karāma'.

5. Ibn ʿArabī cita seguidamente fragmentos de dos aleyas referidas a Jesús, la primera, y a Abraham, la segunda. Como sucede en casi todos los casos de cita coránica en este tratado —lo cual es frecuente en todas las obras del Šayj al-Akbar, ya que éste presupone una profunda familiaridad con el Corán en sus lectores— ambos fragmentos figuran en el texto de los mss. sin señal o pausa alguna. Lo interesante en este caso es que hay una perfecta coherencia gramatical entre los dos fragmentos descontextualizados, de modo que ambos pueden leerse seguidamente como parte de una misma secuencia lógica. De este modo, al establecer un vínculo de continuidad entre ambos pasajes, el autor alude con énfasis a la correspondencia que hay entre los portentos realizados en situaciones distintas por Jesús y Abraham, con permiso o por orden de Dios, los cuales ejemplifican —según se desprende del contexto— sendas modalidades de la *himma* propia de estos profetas.

Para mayor claridad, cito a continuación la traducción del texto íntegro de las aleyas en cuestión que no requieren ahora más explicación:

"Cuando dijo Dios: '¡Jesús, hijo de María! Recuerda Mi gracia, que os dispensé a ti y a tu madre cuando te fortalecí con el Espíritu Santo y hablaste a la gente en la cuna y de adulto, y cuando te enseñé la *Escritura*, la Sabiduría, la *Tora* y el *Evangelio*. Y cuando creaste de arcilla a modo de pájaros con Mi permiso, soplaste en ellos y se convirtieron en pájaros con Mi permiso. Y curaste al ciego de nacimiento y al leproso con Mi permiso. Y cuando resucitaste a los muertos con Mi permiso. Y cuando alejé de ti a los Hijos de Israel cuando viniste a ellos con las pruebas claras y los que de ellos no creían dijeron: 'Esto no es sino magia manifiesta'" (C. 5:110). Trad. Cortés.

"Y cuando Abraham dijo: '¡Señor, muéstrame cómo devuelves la vida a los muertos!' Dijo: '¿Es que no crees?' Dijo: 'Claro que sí, pero es para tranquilidad de mi corazón'. Dijo: 'Entonces coge cuatro aves y despedázalas. Luego, pon en cada montaña un pedazo de ellas y llámalas. Acudirán a ti rápidamente. Sabe que Dios es poderoso, sabio'" (C. 2:260). Trad. Cortés.

(11) *Al-Mutakabbir*

EL ALTIVO, EL SOBERBIO
EL MAGNIFICADO, EL EXALTADO, EL SUBLIME

1. Dependencia (*ta'alluq*): Tienes necesidad de este nombre para que te procure este grado (*martaba*)[1] que es realidad (*ḥaqīqa*) para ti y aplicación metafórica (*maŷāz*) con relación a Él.

2. Realización (*taḥaqquq*): No es Su altivez (*kibriyā'*)[2] *una actitud de soberbia como* reacción a un hecho (*tafaʿʿul*), sino únicamente sublime exaltación con relación a cuanto sobre Sus sutiles bondades veladas (*alṭāf jafiyya*) nos ha ido revelando, tales —por ejemplo— como Su regocijo (*faraḥ*) por la contrición (*tawba*) de Su siervo[3] u otras semejantes a ella. Tras esto, se te mostró en la *aleya* "Él hace siempre lo que quiere" (C. 85:16)[4], y en *la aleya* "No hay cosa alguna semejante a Él" (C. 42:11)[5] se tornó ante ti demasiado exaltado y sublime (*mutakabbir*) como para que *resulte posible* contemplar (*mušāhada*) este lugar de contemplación (*mašhad*)[6].

---

1. El grado correspondiente a la divina presencia del nombre *al-Mutakabbir*.

2. El término *kibriyā'* —de raíz *k-b-r* como los nombres *al-Kabīr* o *al-Mutakabbir* y el término *takabbur* que aparece más abajo— significa "orgullo, soberbia, arrogancia", pero también "nobleza, sublimidad". J. Venet y J. Cortés lo traducen respectivamente por "señorío, grandeza" y "dominación, majestad". V. las dos menciones coránicas del término en C. 10:78 y 45:37.

3. Referencia a un conocido hadiz, transmitido con algunas variantes en diversas versiones, en el cual se emplean estos términos: "Más se alegra Dios del arrepentimiento de uno de Sus siervos de lo que se alegraría cualquiera de vosotros al encontrar su camello perdido en el desierto". Cf. Muslim, *Tawba* 1-9; Bujārī, *Daʿawāt* 4; etc. V. *Concordance* I, p. 284.

4. También en C. 11:107, "...Tu Señor hace siempre lo que quiere (*faʿʿālᵘⁿ limā yurīd*)".

5. V. *supra* 9-2 y 9-3.

6. Es decir, que trasciende la posibilidad de que se contemple la manifestación de este nombre, en tanto que nombre de Majestad, en toda su sublimidad. Se infiere del empleo del término *mašhad* en este contexto que, en principio, todo nombre divino —o toda aleya coránica, en caso de que la expresión se refiera sólo a C. 42:11— es "lugar de contemplación". Este nombre, en tanto que realidad *in divinis* (*taḥaqquq*), en su aspecto de gloriosa exaltación —expresado en la mencionada aleya en su aspecto de incomparabilidad— trasciende la posibilidad de una plena con-

3. Adopción (*tajalluq*): El engrandecerse o dignificarse (*takabbur*)[7] consiste en adquirir grandeza u orgullo (*iktisāb al-kibriyāʾ*) y la adquisición (*iktisāb*) sólo corresponde a la condición del siervo, de modo que el enorgullecerse es más propio de él[8]. *Ha dicho el Altísimo*: "Así sella Allāh el corazón de todo *digno* orgulloso (*mutakabbir*), de todo dominador (*ŷabbār*)" (C. 40:35)[9]. De modo que se ha calificado al siervo con este nombre. Y la participación (*ḥaẓẓ*) que de él tiene el que felizmente adopta sus características[10] consiste en

templación. La contemplación de su onomatofanía está pues restringida a su aspecto de Belleza. Sobre el término *mašhad*, v. *Contemplaciones*, p. 3-4 y 7.

7. Nombre de acción de forma V del cual se forma el participio *mutakabbir*. Ibn ʿArabī va a tratar del orgullo —o altivez— desde la perspectiva positiva que, en tanto que atributo divino, le corresponde. Por tanto, el término ha de entenderse en este contexto con el sentido de 'dignidad' u 'honroso orgullo', y no con el sentido de arrogante vanidad o ignorante soberbia.

8. Enorgullecerse o engrandecerse con dignidad, en tanto que adquisición o logro, es más propio de la condición de la servidumbre, ya que Dios, en tanto que *Mutakabbir*, es la fuente de la dignidad y del orgullo y a la condición señorial no conviene la atribución de ningún proceso de adquisición.

9. El texto completo de la aleya, cuyo comienzo se refiere, según la usual interpretación, a los soberbios que usurpan y se arrogan la autoridad, dice así: "Quienes discuten sobre los signos de Dios sin haber recibido autoridad... Es muy aborrecible para Dios y para los creyentes. Así sella Dios el corazón de todo soberbio (*mutakabbir*), de todo tirano (*ŷabbār*)". Ibn ʿArabī contraviene así, sin abolirla, esta lectura, y nos brinda otra posible interpretación de esta aleya en la que los términos *ŷabbār* y *mutakabbir* no tienen carácter peyorativo, sino positivo, al significar respectivamente 'orgulloso de su condición de siervo', 'dominador de sus pasiones o ejecutador de la voluntad divina'.

Ambos términos están asimismo asociados, esta vez como nombres de Dios, en C. 59:23, cuyo texto cito íntegramente, pues recoge en el mismo orden la secuencia de los nombres comentados hasta ahora, desde *al-Malik* hasta *al-Mutakabbir* (los anteriores figuran en la aleya precedente, v. índice): "Es Dios —no hay más Dios que Él—, el Rey, el Santo, la Paz, el Que da Seguridad, el Custodio [de Sus siervos], el Poderoso, el Fuerte, el Sumo. ¡Gloria a Dios! ¡Está por encima de lo que Le asocian!". Trad. Cortés.

Cito también la siguiente aleya, en la cual se mencionan los tres nombres que, también en el mismo orden coránico, se comentarán a continuación: "Es Dios, el Creador, el Hacedor, el Formador. Posee los nombres más bellos. Lo que está en los cielos y en la tierra Le glorifica. Es el Poderoso, el Sabio" (C. 59:24). Trad. Cortés. V. C. 7:180.

10. Lit. "el adoptador feliz" (*al-mutajalliq al-saʿīd*). Esta expresión implícitamente establece una distinción entre dos modalidades de *tajalluq*: la 'adopción feliz' de las características loables de un nombre y la 'adopción infeliz', revestimiento incompleto o acaso adopción de rasgos reprobables e indeseables en el siervo. Tal vez la

que se engrandezca y dignifique (*takabbur*) en su condición de siervo (*'ubūdiyya*) —que es el ámbito de recepción de los efectos *de los nombres* (*maḥall al-āṯār*)—, evitando el influjo de los seres engendrados (*kawn*) en él, de modo que sea sublime, engrandecido 'respecto a' (*mutakabbir 'an*) ellos, no altivo y soberbio con (*mutakabbir 'ala*) ellos [lit. 'sobre' ellos]. Pues *esta actitud de exaltación* "respecto a" ('*an*) *lo engendrado* es digna de alabanza, loable (*maḥmūd*), a no ser que esté prescrita por la Ley (*mašrū'*)[11], mas *la soberbia* "sobre" ('*alà*) *los seres engendrados* es reprobable (*maḏmūm*), a no ser que esté prescrita *por la Ley revelada*, con la consiguiente incolumidad (*salāma*) del interior (*bāṭin*) *del siervo*, lo cual es necesariamente así.

---

noción de *tajalluq* en este último sentido no esté restringida a los rasgos propios de la cortesía espiritual y las buenas maneras, sino que incluya también lo inadecuado y lo censurable.

11. Con lo cual, por su carácter de obligación, no sería considerado particularmente digno de alabanza.

(12) *Al-Jāliq*[1]

EL CREADOR, EL DETERMINADOR
EL EXISTENCIADOR

1. Dependencia (*taʿalluq*): Tienes necesidad de Él (1) para lograr el acierto en la determinación (*al-iṣāba fī l-taqdīr*) y, por otra parte, (2) para que te ayude con Su divina asistencia (*maʿūna*) a existenciar[2] las obras (*aʿmāl*) que se te han prescrito.

2. Realización (*taḥaqquq*): El Creador (*al-Jāliq*) es el que predetermina (*muqaddir*) las cosas con anterioridad a la existenciación de sus entidades inmutables (*īŷād al-aʿyān*).

Es también el que luego da existencia a sus entidades (*mūŷid al-aʿyān*) en el segundo estadio (*rutba*) de su predeterminación (*taqdīr*)[3].

---

1. En el ms. E (nota en el margen del fol. 12a) figura una cita de *Futūḥāt makkiyya* que, según he podido comprobar, ha sido tomada del "Capítulo sobre la peregrinación" (*bāb al-ḥaŷŷ*). Cf. *Fut.* X: 378, pp. 377 (lss. 9-10) y 378 (lss. 1-4).

2. Emplea el término *īŷād*, "existenciación". No puede realizarse obra alguna sin el auxilio de la divina asistencia (*maʿūna*) en su previa existenciación. En otras palabras, la ayuda del Creador (*al-Jāliq*) en la predeterminación de una obra es requisito indispensable para su realización. Pero obsérvese que el autor no dice "tu necesidad de que haga existir a las obras..." sino "tu necesidad de que te auxilie con la existenciación de las obras...". Puede entenderse que Su socorro consiste directamente en la existenciación de las obras, sin mediación de la voluntad del siervo, pues "Dios hace siempre lo que quiere" (C. 85:16), o bien, que Su socorro consiste en ayudar al siervo a que dé existencia a sus propias obras. Desde esta segunda perspectiva —que no está en contradicción con la primera—, la predeterminación no anula la realidad del libre albedrío. Como fiel hermeneuta del texto coránico que establece la realidad, Ibn ʿArabī reconoce la libre elección de la voluntad humana.

3. El proceso de la creación (*jalq*), determinación (*taqdīr*) o existenciación (*īŷād*) tiene tres estadios:

a. Predeterminación de las cosas (*taqdīr al-ašyāʾ*), primer grado de *taqdīr*.

b. Existenciación de las entidades de las cosas (*taqdīr aʿyān al-ašyāʾ*), segundo grado.

c. Existenciación de los accidentes (*īŷād al-aʿrāḍ*), tercer grado de *taqdīr*. (V. *infra* 14-2).

A estos grados corresponden los respectivos nombres divinos de C. 59:24, relativos a la creación. En el caso de *al-Bāriʾ* esta correspondencia no es exclusiva, ya que el nombre *al-Jāliq* participa también del segundo grado, guardando con *al-Bāriʾ* en este sentido una relación de sinonimia parcial o intersección semántica.

Este es el significado del nombre al-*Jāliq*.

3. Adopción (*tajalluq*): Después de la petición (*su'āl*) *sincera, por parte del siervo*, de lo que hemos mencionado en el apartado de la dependencia, Allāh —Enaltecido sea— le otorga la ciencia de la predeterminación de las cosas (*al-ʿilm bi-taqdīr al-ašyā'*), de modo que pueda concebirlas en sí mismo (*nafs*) como la mejor y más hermosa creación (*ijtirāʾ*) con más portentosa armonía (*niẓām*). Luego, *tras haberlas predeterminado*, *el siervo* hace que se manifiesten sus entidades exteriormente por su propia mano (*ʿalà yadi-hi*)[4] dándoles así existencia, de manera que es tanto el que predetermina (*muqaddir*) como el que da existencia (*mūŷid*) a lo que previamente ha determinado; pues si así no fuere —lo cual no es posible— quedaría abolida la realidad última (*ḥaqīqa*) de la sujeción del siervo a prescripciones legales (*taklīf*) y sería invalidada Su Palabra —Enaltecido sea—: "Quien obra bien lo hace para sí mismo (*nafs*)" (C. 41:46)[5]. Y *en cuanto a* toda obra (*ʿamal*) cuya realización (*fiʿl*) se atribuye a la criatura (*jalq*) *en el Corán*, si no fuera por lo que Allāh sabe acerca de la implicación (*nisba*) que tiene el siervo en la existenciación, no se la habría atribuido, ni le adscribiría *cuantas obras le adscribe*[6], y Allāh es el más verídico y fidedigno en Su Palabra.

La manera más plausible y fácil de entender esta adscripción es considerar que Dios —Enaltecido sea— crea el acto (*fiʿl*) para el siervo cuando éste tiene voluntad (*irāda*) de realizar tal acto.

También puede hablarse de sinonimia parcial entre los términos *jalq, taqdīr* e *īŷād* tal como los emplea Ibn ʿArabī en este contexto, con un amplio campo de intersección.

4. Es decir, por su mediación, por obra suya, por medio del poder que para ello se le ha conferido.

5. Dice el texto íntegro de la aleya, según traducción de J. Cortés: "Quien obra bien lo hace en su propio provecho. Y quien obra mal, lo hace en detrimento propio. Tu Señor no es injusto, en absoluto, con Sus siervos" (C. 41:46). V. también C. 45:15.

6. Sobre la difícil cuestión de la atribución de los actos, la implicación del siervo en el proceso de existenciación de las obras y la participación de su voluntad en su realización pueden consultarse, entre otros pasajes relevantes, *Fut.* II, pp. 204 y 681.

(13) *Al-Bāriʾ*

EL PRODUCTOR, EL HACEDOR, EL SANO
EL ÍNTEGRO, EL LIBRE *DE DEFECTO*

1. Dependencia (*taʿalluq*): Tu necesidad de él es como tu necesidad del nombre *al-Jāliq*, con el significado de "el Existenciador" (*al-Mūŷid*) y también, por otra parte, como tu necesidad del nombre *al-Salām*, la Salud, pues reúne *este nombre ambos aspectos*.

2. Realización (*taḥaqquq*): Como la realización de *al-Jāliq* con el significado de "el Existenciador", y también puede significar "Aquel a Quien el hecho de haber creado la creación (*jalq*) no añade ninguna característica (*waṣf*) que no tuviera ya *de toda eternidad*" y por ello dice *Allāh en el Corán*: "el Existenciador (*al-Jāliq*), el Íntegro (*al-Bāriʾ*)" (C. 59:24), es decir, exento de defecto, libre (*sālim*) de lo que hemos mencionado.

Entre los seres humanos[1] ocurre que cuando alguien inventa alguna cosa sin precedente, creándola con extraordinaria originalidad y maestría, normalmente hallará dentro de sí una huella, una impresión (*aṯar*) de alegría y deleite producida por efecto de tal experiencia. Sin embargo, Dios (*al-Ḥaqq*) está libre (*barī*) de esto y es incólume (*bāriʾ*).

3. Adopción (*tajalluq*): En cierta ocasión entró ʿUmar Ibn al-Jaṭṭāb al lugar en donde se encontraba Abū Bakr al-Ṣiddīq —Allāh esté satisfecho de ambos—. Dado que Abū Bakr estaba enfermo (*marīḍ*), ʿUmar le preguntó: "¿Cómo has amanecido?". "Sano (*barī*), si Dios quiere, Enaltecido sea" —le respondió Abū Bakr, y al decir "sano" quiso decir libre y a salvo (*sālim*) de la enfermedad.

La adopción de los rasgos de este nombre por parte del siervo consiste en que esté libre (*barī*) del influjo de los seres engendrados (*akwān*) y de los cambios (*agyār*), y sea él, por el contrario, el que influya (*muʾaṯṯir*) en ellos por su realización de su Señor[2].

---

1. Lit. 'las criaturas *humanas*' (*majlūqūn*). El Šayj emplea aquí un plural infrecuente del part. pas. *majlūq* (pl. -āt) para especificar que se refiere a los seres racionales y no a la creación global.

2. Es decir, por su realización (*taḥaqquq*) *de la condición de siervo* de su Señor (*rabb*) *personal*, cuyo conocimiento implica el conocimiento de sí.

(14) *Al-Muṣawwir*

EL FORMADOR, EL MODELADOR
EL ARTÍFICE

1. Dependencia (*taʿalluq*): Tienes necesidad de Él para dar forma a los inteligibles (*taṣawwur al-maʿānī*) que, al manifestarse en ti, te hacen llegar a Él[1].

2. Realización (*taḥaqquq*): *El Formador* es el existenciador de los accidentes (*mūŷid al-aʿrāḍ*), lo cual constituye el tercer grado (*rutba*) de la determinación (*taqdīr*) y de la existenciación de las entidades (*īŷād al-aʿyān*), es decir, de las esencias (*ŷawāhir*)[2]. Por ello

---

1. El autor de la *Taḏkirat al-fawāʾid*, ms. Carullah Ef. 992, fol. 80a, al glosar este capítulo, hace el siguiente comentario: "El nombre al-Jāliq es el que predetermina las formas, el nombre al-Bāriʾ forma las formas espirituales e imaginales y el nombre al-Muṣawwir da forma a las formas sensibles [...]. El siervo adopta las características de este nombre cuando da forma a los inteligibles que, al manifestarse en él, le procuran la felicidad eterna. Estas formas son las de las ciencias, los verdaderos conocimientos intuitivos y las obras de adoración...". Sobre *Taḏkirat al-fawāʾid*, v P. Beneito, "An Unknown Akbarian of the Thirteenth-Fourteenth Century: Ibn Ṭāhir, the Author of *Laṭāʾif al-Iʿlām* and his Works", ASAFAS, Kyoto Univ., 2000.

2. Equipara Ibn ʿArabī en este contexto los términos "entidad" (*ʿayn*) y "esencia" (*ŷawhar*).

Sostienen los teólogos de la escuela *ašʿarī* que el cosmos está compuesto por esencias (*ŷawāhir*) y accidentes (*aʿrāḍ*) y que las esencias permanecen constantes mientras que los accidentes no permanecen durante dos momentos seguidos.

Ibn ʿArabī postula, sin embargo, que tanto las esencias como los accidentes son incesantemente recreados. Al exponer la idea de una constante renovación de la creación a cada instante, el Šayj remite con frecuencia a análogas teorías de pensadores ašʿaríes cuya visión critica, no obstante, considerándola incompleta. Cf. Chittick, *SPK*, p. 97.

"Los ašʿaríes no comprendieron que todo el cosmos (*ʿālam*) es un conjunto de accidentes (*maŷmūʿ aʿrāḍ*) que cambia a cada momento (*zamān*), ya que *según el postulado ašʿarī* 'El accidente no permanece dos momentos'". Cf. *Fuṣūṣ*, p. 125.

En este apartado se entiende que la existenciación de los accidentes es parte de la determinación o existenciación de las entidades concretas (*aʿyān*), es decir, de las esencias en tanto que accidentes de una única esencia del cosmos, el Hálito del Omnicompasivo (*nafas al-Raḥmān*).

Entiéndase que, en la cosmovisión akbarí, tanto "esencias" como "accidentes" son en última instancia accidentes, es decir, los efectos de las entidades inmutables

aparece en el Corán *la secuencia de los nombres* "el Creador, el Hacedor, el Formador" en este orden[3].

3. Adopción (*tajalluq*): *Esta adopción* es necesariamente conocida y efectiva en el siervo (*maʿlūm fī l-ʿabd*). No queda pues sino que *este nombre le* haga reparar en *la conveniencia de* existenciar formas específicas (*ṣuwar majṣūṣa*) en las cuales resida su felicidad (*saʿāda*). Y éstas son las formas de las obras de adoración (*ʿibādāt*) y los conocimientos (*maʿārif*) cuya actualización ha sido prescrita[4].

---

en la existencia, las entidades individuales manifiestas, irrepetibles, en permanente cambio. Cf. *Fut.* II, p. 677, I. 30, y III, p. 452, 1. 24. V. Chittick, *SPK*, p. 97.

3. El orden de estos tres nombres relativos al *proceso* de la creación sirve a Ibn ʿArabī como referente y fundamento escriturario para establecer una correspondencia directa con los tres respectivos grados de determinación (*taqdīr*). V. *supra* 12-2 (*al-Jāliq*), nota 3.

4. Es decir, impuesta como Ley, ya sea en el Corán y en la Tradición o Sunna del Islam o en otras revelaciones anteriores dotadas de una legislación profética.

(15) *Al-Gaffār*

EL QUE CUBRE (CON UN VELO), EL PROTECTOR[1]
EL DISPENSADOR

1. Dependencia (*taʿalluq*): Tu necesidad de Él consiste en *que te cubra* con un velo protector (*sitr*) que te preserve de la desdicha eterna (*šaqāwat al-abad*)[2].

2. Realización (*taḥaqquq*): *Al-Gaffār* es, con respecto a la existenciación de las criaturas[3] *y de los hombres en particular, el nombre* por medio del cual *Dios* los ha protegido[4] para que sus vidas (*muhaŷ*)[5] y sus entidades (*aʿyān*) *individuales* no fueran aniquiladas por los gloriosos resplandores de Su Faz[6]. Luego hizo descender so-

---

1. Con el significado de *al-Sattār*, el Protector, que protege con un velo.

2. Término opuesto a *saʿādat al-abad*, "la felicidad eterna", empleado en el apartado *taʿalluq* del nombre *al-Raḥīm* (3-1).

3. Lit. "lo creado" (*jalq*). Luego el pronombre *-hum*, referido a *jalq*, concuerda en plural con el significado implícito de "criaturas", es decir, los seres humanos.

4. Lit. "aquello por medio de lo cual les ha protegido (*mā satara-hum bi-hi*)". No dice "quien" (*man*), sino "lo que" (*mā*), poniendo de relieve que un nombre divino no es una entidad personal distinta de Dios, sino uno de los múltiples aspectos en los cuales Él se manifiesta.

5. Plural de *muhŷa*, que también significa "alma, sangre, corazón". No es término coránico.

6. Alusión a la tradición profética según la cual Dios tiene setenta velos de luz "... si estos velos fueran descubiertos, las glorias de Su Faz (*subuḥāt waŷhi-Hi*) consumirían a cuantos seres las vieran". Cf. Muslim, *Īmān*, 293; Ibn Māŷah, *Muqaddima*, 13; Ibn Ḥanbal, IV: 104 y 405. V. las alusiones y comentarios relativos a los velos en el cap. III de *Contemplaciones*, donde dice Ibn ʿArabī:
"Dios me hizo contemplar la luz de los velos (*sutūr*) y la aparición de la estrella de la confirmación (*taʾyīd*) y me dijo: '¿Sabes con cuántos velos te he velado?' 'No', respondí. Dijo: 'Con setenta velos. Aunque los levantes no Me verás, y si no los levantas, no Me verás'.
Luego me dijo: 'Si los levantas Me verás y si no los levantas Me verás'. Luego me dijo: '¡Ten cuidado de abrasarte!' Luego me dijo: 'Tú eres Mi vista, ten confianza. Tú eres Mi faz, así que cúbrete'.
Luego me dijo: 'Retira todos los velos de Mí, descúbreme —ya que te he dado licencia para ello—, y en los tesoros de lo oculto guárdame, de modo que no Me vea otro que Yo, y a la gente a verme invita. Encontrarás detrás de cada velo lo que encontró el Bienamado. [...]'" (pp. 27-28).

bre todos y cada uno de ellos un velo protector[7] que su existencia del daño resguarda.

3. Adopción (*tajalluq*): Es, por una parte, a semejanza de la realización (*taḥaqquq*) y consiste además, por otra parte, en que ocultes a propósito de los otros lo que quieres que de ti se oculte, en que te guardes a ti mismo de la oposición y el desacuerdo (*mujālafa*) con el velo protector de la conformidad y la concordia (*sitr al-muwāfaqa*) tanto externa como internamente, y en que veles tu estación *espiritual* (*maqām*) en la Morada (*mawṭin*)[8] cuya develación (*kašf*) no brinda la realidad (*haqīqa*)[9] *de este mundo*. Esta adopción se necesita en la Morada Postrera (*al-dār al-ājira*) en el momento en que tendrá lugar la negación de la forma en que Dios se manifieste (*taŷallī fī ṣūrat al-inkār*)[10], *pues llegado ese momento*, dado que tú tienes cono-

---

7. El verbo empleado en esta frase es *anzala*, que significa "hacer bajar" y también "revelar", es decir, "hacer que descienda la revelación". El "velo" aquí mencionado pudiera ser, entre otras cosas, una alusión al Corán, guía pero también "velo protector". A este doble aspecto —evidencia y velo— del Corán, llamado así mismo *bayān*, "claridad", alude Ibn ʿArabī en el cap. IV de *Contemplaciones*:

"Dios me hizo contemplar la luz de la intuición y la aparición de la estrella de la trascendencia (*tanzīh*) y me dijo: 'En la evidencia (*bayān*) y la intuición Me escondo de quien se contenta con los velos'.

Díjome luego: '[...] Si supieran que en la misma claridad de la evidencia están *cifrados juntamente* el símbolo y el enigma de las cosas, entonces seguirían esta vía... Las luminosas aleyas del Corán han sido reveladas como indicios de significados que de otro modo nunca podrían comprenderse'" (p. 43). Para más aclaraciones a este respecto, consúltense las notas a este texto en la citada obra.

8. Sobre el término *mawṭin*, la morada en la cual se permanece, el lugar de asentamiento perdurable, diferenciado de *manzil*, estación de paso, parada en alojamiento transitorio, v. *Fut.* II, p. 578: 7-8.

D. Gril brinda una brillante traducción del término *mawṭin*, "plan d'existence (plano de existencia)". Cf. *Dévoilement*, p. 70. Así, este plano de existencia mundanal impide la develación del otro plano de existencia ultramundana.

Sobre al-Gaffār y otros nombres de forma intensiva *faʿʿāl*, v. *Fut.* II 578. 15-18; *SPK*, p. 281.

9. La realidad de esta morada y el conocimiento de esta realidad no otorgan la develación que permitiría el conocimiento directo de la ulterior morada perdurable, *al- Ājira*, que no tendrá lugar sino después de la muerte.

10. Lit. "en el momento de la teofanía en la forma de la negación". Alusión al hadiz de la transformación comentado en la introducción. El pasaje del hadiz que describe esta negación dice así: "Dios reunirá a las gentes el Día de la Resurrección [...]. Entonces Dios aparecerá ante ellos bajo una forma diferente a la que ellos reconocen y dirá: 'Yo soy vuestro Señor'. Responderán: 'Buscamos refugio contra ti en nuestro

cimiento de ello, y según obliga la cortesía (*adab*), debes ocultarlo en aquella morada y no llamar la atención de nadie al respecto, de modo que estés en conformidad con lo que Dios (*al-Ḥaqq*) quiere.

Señor. Permaneceremos aquí hasta que venga nuestro Señor. Cuando aparezca, Le reconoceremos'. Entonces Dios aparecerá ante ellos bajo la forma que reconocen y Él dirá: 'Yo soy vuestro Señor'. Responderán: 'En verdad Tú eres nuestro Señor' y seguirán *esta forma*".

(16) *Al-Qahhār*

EL OPRESOR, EL DOMINANTE
EL SUBYUGADOR, EL REDUCTOR
EL DE IRRESISTIBLE PODER

1. Dependencia (*taʿalluq*): Tienes necesidad de Él para *que te ayude a alcanzar* la victoria (*nuṣra*) y la reafirmación (*taʾyīd*)[1].

2. Realización (*taḥaqquq*): Este nombre está en oposición (*muqābala*)[2] a cuantas pretensiones al señorío (*al-daʿāwà fī l-rubū-biyya*)[3] ha creado Allāh en Su creatura (*jalq*).

3. Adopción (*tajalluq*): Habiéndose encomendado al siervo que rechace (*radʿ*) sus pasiones (*šahawāt*) y combata a sus enemigos (*aʿdāʾ*) adquiriendo poder sobre ellos[4], si éste los rechaza, los domina y los supera victorioso, considérase entonces que verdaderamente participa de este nombre[5], y es aquel cuyo irresistible poder (*qahr*)

---

1. Entre otros sentidos, puede entenderse como la victoria sobre la falsedad y la reafirmación de la verdad.

2. *Muqābala* significa tanto "encuentro, reunión, correspondencia", como "oposición, antítesis". En este caso, el nombre *al-Qahhār* corresponde, en tanto que antítesis, a las pretensiones del siervo al señorío, a las cuales se opone.

3. Es decir, a toda pretensión (*daʿwà*, pl. *daʿāwà*) por parte del siervo (*ʿabd*) a la condición señorial de su Señor (*rabb*). El nombre *al-Qahhār* se opone pues a tales requerimientos con su irresistible poder (*qahr*). Por un lado, ayuda al siervo con Su auxilio y confirmación en la realización de su servidumbre; por otro, oprime y reduce sus pretensiones a aquello que no corresponde a su condición, lo cual es así mismo "auxilio" (*nuṣra*) y "confirmación" (*taʾyīd*), pues previene y combate la pretensión del siervo al señorío, la cual no puede resultar benéfica, ayudándole a conocer y realizar su propia condición. La "fuerza irresistible" (*qahr*) del Dominador ha de entenderse, en cualquier caso, ya se manifieste en términos directa o indirectamente positivos, como una gracia divina. Al ser Dios mismo quien ha creado las pretensiones, éstas han de tener necesariamente un aspecto funcional positivo en el desarrollo humano: la función cognitiva. Si no fuera por su propensión a las pasiones y las pretensiones al señorío el hombre no podría conocer los límites de su condición.

4. Emplea el término *istīlāʾ*, "apoderarse", "tomar posesión". Referido al texto: dominar las pasiones, conquistar a los enemigos.

5. Lit. "tiene una parte de este nombre". El término *naṣīb*, "parte, porción, suerte", se emplea aquí en sentido análogo al término *ḥaẓẓ*.

se acrecienta en la confrontación (*muqābala*) con quienes disputan (*munāzi'ūn*)[6].

---

6. En el margen derecho del mss. I (f. 6b) se lee esta aclaración: "Es decir, que quien adopta los rasgos del nombre *al-Qahhār* domina a todo el que se opone a él en la disputa (*nizā'*)".

La propensión al litigio y a la disputa en temas doctrinales no es a ojos de los sufíes una cualidad análoga al llamado 'sentido crítico', sino una tendencia opuesta al sentido de conformidad y al estilo iluminador que derivarían de una genuina realización del conocimiento.

(17) *Al-Wahhāb*

EL MAGNÁNIMO, EL DADOR

1. Dependencia (*taʿalluq*): Tienes necesidad de Él para conseguir suprimir los fines *personales interesados* en la realización de las obras (*aʿmāl*)[1].

2. Realización (*taḥaqquq*): Él es el que da (*al-Muʿṭī*) para agraciar, desinteresada y graciosamente, libre de todos los fines interesados (*maqāṣid*) que pudieran estar asociados al acto de dar (*ʿaṭāʾ*) por parte de quien da. Esto se manifiesta, de hecho, tanto por parte de Dios como del hombre (*ḥaqqᵃⁿ wa-jalqᵃⁿ*)[2].

3. Adopción (*tajalluq*): Esta estación (*maqām*)[3] *del don de gracia* se manifiesta, pues, en el siervo. Si éste llega a alcanzarla, llámasele entonces "dador magnánimo" (*wahhāb*), que es aquel cuyos dones (*hibāt*) proliferan según las condiciones que se han definido, es decir, sin recibir a cambio compensación (*ʿiwaḍ*) alguna y sin ningún interés personal (*garaḍ*).

---

1. Dice un hadiz frecuentemente citado: "Las obras (*aʿmāl*) dependen de las intenciones (*niyyāt*)".

2. Lit. "adquiere forma", tanto en el plano de la *divina* realidad como en el humano. En el ms. I figura esta aclaración marginal: "Es decir, es posible que *el Dador, tal como se ha definido* sea el hombre (*jalq*) o sea Dios (*al-Ḥaqq*)".

3. El empleo del término *maqām* es significativo, pues establece una clara relación de correspondencia entre las sucesivas "adopciones" de las características de los nombres y las respectivas "estaciones" de la progresión espiritual. Cada *tajalluq* es en este sentido un *maqām*, una estación espiritual, un peldaño de "la escala de los nombres" (*sullam al-asmāʾ*) "que asciende y desciende" (cf. *Fut.* IV, p. 196, 1. 4). El *taḥaqquq* de un nombre, la verificación de su realidad esencial, corresponde a lo que Ibn ʿArabī llama la Presencia (*ḥaḍra*) de un nombre.

(18) *Al-Razzāq*

EL PROVEEDOR, EL SUSTENTADOR
EL PROVISOR

1. Dependencia (*ta'alluq*): Tienes necesidad de Él para poder mantenerte en el cosmos (*'ālam*) por medio de Él, *es decir, de Su sustento*, de modo que *los necesitados* puedan requerir tu ayuda en la subsistencia (*baqā'*) de sus esencias (*dawāt*)[1].

2. Realización (*taḥaqquq*): *Al-Razzāq* es el que hace llegar a todo lo que existe (*mawŷūd*) aparte de Él (*siwā-Hu*)[2] aquello que necesita para su subsistencia, que es lo que se denomina su "sustento" (*rizq*), ya se trate del alimento de los espíritus (*arwāḥ*) o del alimento de las apariencias corpóreas (*ašbāḥ*)[3].

3. Adopción (*tajalluq*): Si la palabra del siervo (*kalām al-'abd*) ejerce en el corazón de quien le escucha un influjo benéfico que acrecienta su felicidad (*sa'āda*), y le da aquello de que dispone y la ha sido confiado[4], y si aquel a quien da (*mu'ṭà la-hu*) esto lo emplea efectiva-

---

1. El siervo al cual se dirige el discurso en segunda persona no es sólo un hombre o mujer cualquiera en tanto que persona común o individuo creyente y practicante, sino el ser humano en tanto que partícipe de la realidad del Hombre Perfecto, creado según la forma de Dios, en su dimensión de síntesis microcósmica y en su función de Polo o Eje del universo. Sin el Hombre Perfecto el cosmos sería aniquilado: las esencias individuales necesitan de él —sustentado a su vez por *Al-Razzāq*— para subsistir.

2. Esta expresión remite a la noción de lo que es "otro que Dios" (*mā siwā Allāh*), todo lo que no es Dios, es decir, el cosmos, todo lo creado. Pues lo creado, en tanto que no es Él aunque sólo por Él subsiste, es "otro", relativa otredad.

3. Pudiendo haber utilizado los términos *badan* o *ŷism* ("cuerpo"), Ibn 'Arabī ha preferido emplear aquí el término *šabaḥ*, pl. *ašbāḥ*, "figura, silueta, imagen fantasmal, aparición, espectro", etc., para aludir al carácter imaginal de las apariencias corpóreas, a la "fantasmagoría" de los cuerpos. Sobre el término *šabaḥiyya*, empleado por Ŷunayd de Bagdad (m. 911) en sus *Rasā'il* al tratar del cuarto grado de conocimiento de la Unidad divina (*tawḥīd*), el grado de la 'aniquilación en la Unidad', v. Massignon, *Essai* (índice) y *Contemplaciones*, p. 111, nota 8.

4. Lit. 'y le da de lo que está en su mano de aquello de lo cual está encargado en tanto que representante (*mustajlaf fī-hi*)', como delegado o vicerregente (*jalīfa*) de Dios en la tierra.

mente en sí mismo para la manutención (*baqāʾ*) de su constitución (*bunya*), y en caso de que esto prolifere[5] en tal siervo y suceda con frecuencia, entonces el siervo ha adoptado los rasgos de este nombre.

---

5. El empleo del verbo *kaṯura* (*min-hu*) en comentarios relativos a la adopción (*tajalluq*) —v. p. ej. 16-3— indica que, junto al aspecto cualitativo, también el aspecto cuantitativo es relevante a la hora de considerar si, en un caso particular, puede hablarse propiamente de "adopción" o no. Entiéndase que la adopción, en tanto que estación (*maqām*), tiene un carácter duradero que se refleja en la profusión de sus efectos. En el caso de que las cualidades o rasgos característicos de un nombre se manifiesten en el siervo por efecto de un estado transitorio, no puede hablarse propiamente de *tajalluq*. Este factor cuantitativo sería pues importante, no por sí mismo, sino como indicador de la relativa estabilidad del aspecto cualitativo.

(19) *Al-Fattāḥ*

EL REVELADOR, EL QUE ABRE

1. Dependencia (*taʿalluq*): Tienes necesidad de Él para que te dé las llaves (*mafātīḥ*) *que revelan los secretos* de las diversas categorías (*ṣunūf*)[1] y te conceda el permiso (*iḏn*) de usarlas[2].

2. Realización (*taḥaqquq*): Es la causa que requiere[3] la exteriorización (*iẓhār*) de lo que estaba *oculto* detrás de estos candados

---

1. Es decir, las llaves que abren las puertas de los tesoros que revelan los secretos de las distintas especies, su razón de ser y el motivo de su diversidad.

2. Es decir, el permiso requerido por el *adab*, la cortesía espiritual, de utilizar el conocimiento de los secretos a los cuales tales llaves dan acceso, el conocimiento de las revelaciones místicas o iluminaciones (*futūḥāt*). La cortesía espiritual de los sufíes requiere el dejamiento de los carismas, el poder personal y las facultades especiales, fruto de la gracia, en manos de Dios. El sufí, en tanto que siervo, no actúa por sí mismo sin el permiso de su Señor. ¿En qué consiste este permiso? En el uso primero de la lengua, *iḏn* significa *iʿlām*, "información, instrucción, enseñanza". En el contexto de la Ley, consiste en ser liberado de una interdicción (*fakk al-ḥaŷr*) y dar libertad de acción (*iṭlāq al-taṣarruf*) al respecto a quien estaba legalmente privado de ella. Cf. *Taʿrīfāt*, 72, pp. 51-52. Así pues, *iḏn* es instrucción y autorización y, por definición, implica libre albedrío. Entiéndase que, en principio, el uso del conocimiento de las diversas especies que estas llaves confieren no está autorizado y por ello se requiere previo permiso.

3. La causa que compele (*sabab mūŷib*) a la manifestación exterior es la voluntad que tiene Dios de darse a conocer —lo cual tiene lugar por medio del nombre *al-Fattāḥ*, el Revelador de lo oculto—, expresada en el dicho del Tesoro escondido, muy citado por Ibn ʿArabī y otros autores sufíes como hadiz atribuido al Profeta, según el cual Dios dice por boca del Profeta: "Yo era un Tesoro Oculto y quise darme a conocer. Así que he creado a las criaturas para que se Me conozca" (V. S. Ḥakīm, *Muʿŷam*, p. 1266). Ibn ʿArabī es consciente de que esta tradición es considerada elaboración inauténtica por algunos tradicionistas, pero él asegura su validez y autenticidad probada, según su criterio, por develación —entiéndase, en este caso, como ha señalado W. Chittick, por una visión del Profeta que la habría verificado ante el autor en el mundo imaginal. Cf. *SPK*. p. 391, nota 14. Acerca de esto escribe el Šayj que "este hadiz es válido por develación (*ṣaḥīḥ kašf*[an]), pero no ha sido establecido por transmisión (*gayr ṯābit naql*[an])" (*Fut.* II, p. 399, 1. 28).
    Un proverbio luliano evoca esta tradición muslímica del Tesoro oculto, en la cual Dios mismo manifiesta Su voluntad de darse a conocer: "El mundo —dice Ramón Llull— ha sido creado, principalmente, para que Dios sea conocido, recordado y

(*magālīq*) en sus *diversos* grados (*marātib*)[4], para *que puedan contemplarlo* los ojos de los que contemplan (*aʿyun al-nāẓirīn*)[5] según sus diversos grados (*marātib*), tanto en el plano sensible (*ḥiss*) como en el plano inteligible (*maʿnà*).

3. Adopción (*tajalluq*): Después de que estas llaves sean procuradas al siervo por parte de un nombre, cualquiera que sea —ya se trate de *al-Wahhāb*, el Magnánimo, *al-Karīm*, el Generoso, *al-Ŷawād*, el Próvido, u otros nombres de la misma categoría[6]—, si con ellas desentraña los significados difíciles de las cuestiones relativas al orden divino, al orden espiritual y al orden natural[7] —tanto las que

---

amado". (Cf. Llull, Ramon, *Proverbis de Ramon*, ed. en castellano de S. Garcías Palau, Madrid, 1978. V. "De la creación", 36:6).

4. Es decir, que impedían la manifestación de la existencia en la multiplicidad —necesaria para que Dios pueda darse a conocer— y el conocimiento distintivo de sus grados. El texto plantea una cierta ambigüedad que, lejos de oscurecer su sentido, lo enriquece. En esta complementariedad de diversos sentidos posibles —recurso característico del estilo akbarí—, no hay ambigua confusión, sino fusión de significados. En este caso, el texto da a entender, por una parte, que las cerraduras están sobre las puertas de los diversos grados de la existencia cuyo acceso impedían, clausurando el conocimiento de las diferentes clases, y, por otra parte, que la manifestación exterior (*iẓhār*) de lo que está detrás de estas cerraduras tiene lugar según sus diversos grados. (V. nota *infra*).

5. La manifestación ante los ojos (*aʿyun*) va necesariamente acompañada de la revelación de las entidades (*aʿyān*) inmutables de aquello que se manifiesta exteriormente y de aquellos que observan. Aunque los plurales de la palabra *ʿayn* para 'ojos' (*aʿyun o ʿuyūn*) y para 'entidades' (*aʿyān*) son distintos, he comprobado que entre ambos significados hay con frecuencia en la obra del Šayj, en particular en contextos relativos a la existenciación o a la revelación, una manifiesta correlación alusiva. Esta interconexión semántica de ambos plurales fractos de la palabra *ʿayn* hace que cada uno de ellos denote, en muchos pasajes, el significado del otro. V., p. ej., P. Beneito, "On the Divine Love of Beauty", *JMIAS*, XVIII, 1995, pp. 19-20.

6. Es decir, cualquiera de los nombres de don (*asmāʾ al-ʿaṭāʾ*). Sobre esta categoría de nombres y su denominación, v. especialmente, *Fut.* IV, p. 263, lss. 22 y 27-29.

Cada uno de los nombres de don, según sus características específicas, puede dar al siervo las mencionadas llaves cuando se cumplan las condiciones necesarias.

Los tres nombres que se citan aquí son comentados en el mismo orden (núm. 20-22) junto con otros dos nombres de don (v. también 23 y 24) en *Fut.* IV, p. 323, lss. 2-5.

7. Lit. "las dificultades de las cuestiones inteligibles (*umūr maʿnawiyya*) divinas (*ilāhiyya*), las espirituales (*rūḥāniyya*) y las naturales (*ṭabīʿiyya*).

están relacionadas con los fines (*agrāḍ*)[8] como las que no—, y los revela a los ojos de la visión interior (*baṣā'ir*) y a los ojos del sentido externo de la vista (*abṣār*)[9] en la justa medida de la necesidad[10] de aquel a quien se los revela (*maftūḥ la-hu*), dícese entonces propiamente de aquel a quien es dado alcanzar esta estación (*maqām*)[11]

---

8. V. *supra* 17-1, nota 1.

9. Sobre la distinción entre ambos v. los textos citados donde se relaciona la visión interna o *intravisión* (*baṣīra*, pl. *baṣā'ir*) con el plano de lo inteligible, el mundo de lo invisible, y la vista sensible (*baṣar*, pl. *abṣār*) con el plano físico de los fenómenos, el mundo de lo visible. V. *Fut.* III, p. 42, 1. 5 y ss. y II, p. 241, 1. 1 y ss. Cf. *SPK*, p. 223. V. *Fut.* III, p. 65, 1. 22 (cf. *SPK*, p. 89).

El término *intravisión* podría emplearse para traducir el inglés *insight*, opuesto a *sight*, muy adecuado para expresar la oposición de *baṣīra*, visión interna, y *baṣar*, visión externa. Podría usarse así pues "vista" respecto al ojo de la vista sensible (*'ayn al-baṣar*) e "intravisión" con relación al ojo de la visión interna (*'ayn al-baṣīra*). Para traducir *baṣīra* también puede recurrirse a "penetración espiritual", "clarividencia", "visión clarividente", "intuición" o "iluminación" en diversos contextos.

Ambos términos se emplean con relativa frecuencia en el Corán en diversas acepciones y la oposición entre ellos —propia de la terminología técnica akbarí— no siempre resulta evidente. Por ejemplo, la expresión *ulū l-abṣār* (lit. "los dotados de visión") puede significar "videntes", "clarividentes", "poseedores de entendimiento", etc. Cf. *Concordancias*, pp. 128-129. V. también los apartados relativos al nombre *al-Baṣīr*.

10. Este sentido de la adecuación del discurso, sea del género que sea, a la medida de la necesidad (*qadr al-ḥāŷa*) del interlocutor en un momento dado, es un aspecto de lo que se denomina "cortesía espiritual" (*adab*), es decir, las "buenas maneras" requeridas en el trato con las realidades espirituales en todos los órdenes. En este sentido se entiende también el hadiz que recomienda la adaptación del discurso a la lengua del interlocutor. Ibn 'Arabī emplea a menudo el término *lisān al-ḥāl*, "la lengua del estado" (v., p. ej., *Fut.* IV, p. 255), es decir, la inmediata expresión de la necesidad del momento en términos no lingüísticos, el lenguaje no verbal en todas sus dimensiones psicofísicas y espirituales. En la concepción evolutiva de los sufíes hay sin duda una correspondencia directa entre estado y necesidad: quien adopta los rasgos de este nombre —o de cualquier otro que se relacione con la posibilidad de un influjo en otra persona— "escucha" con el oído interno de la intuición y la inspiración la expresión interna de la necesidad del interlocutor, expresada por la lengua de su estado, de modo con frecuencia inconsciente o subliminal. Así que el hombre o mujer revelador, primero descubre la necesidad del individuo al que se dirige y luego, en conformidad con su capacidad y su disposición, le revela los significados de aquellas cuestiones cuya comprensión pueda resultar práctica y benéfica para él en términos de desarrollo personal, tanto por lo que concierne al ser interno como por lo que concierne al ser aparente.

11. V. *supra* 17-3, nota 4.

que es "revelador" (*fattāḥ*)[12], no que sea "conquistador" (*fā-tiḥ*)[13].

____

12. En el texto dice lit. "y él es lugar de manifestación del Revelador (*al-Fattāḥ*), no del Conquistador". Al emplear el artículo determinado en lugar de la indeterminación confiere al término el carácter de nombre propio, no el de adjetivo calificativo. El siervo que alcanza esta estación no sólo *es revelador*, sino que, en tanto que epifanía y en virtud de la unión simpatética con su Señor, *es* el Revelador.

13. V. *supra* 10-2, nota 3, donde se remite al pasaje en que Fleisch explica que la forma *faʿʿāl* se ha alejado de su base primera. También se ha alejado, como en este caso señalado por Ibn ʿArabī, del significado del part. act., *fāʿil*. No funciona pues, aquí, como intensivo del part. act. *fātiḥ*, sino como nombre de actividad (que no de profesión en este caso).

(20) *Al-'Alīm*

EL OMNISCIENTE, EL SAPIENTÍSIMO
EL SABIO

1. Dependencia (*ta'alluq*): Tienes necesidad de *Él para* determinar (*ta'yīn*)[1] cuáles son los rasgos de este nombre que verdaderamente puedes adoptar.

2. Realización (*taḥaqquq*): *El paradigma del nombre* al-'Alīm es una forma intensiva (*bunya mubālaga*)[2]. *La verificación (taḥaqquq) de este nombre* consiste en la conexión (*ta'alluq*) con las realidades esenciales de las cosas (*ḥaqā'iq al-umūr*) *y en el conocimiento de ellas*

---

1. Aquí la determinación (*ta'yīn*) es una función cognitiva, la facultad para especificar qué aspectos de este nombre son susceptibles de revestimiento por parte del siervo.

2. Así como para crear un lenguaje afectivo en castellano u otras lenguas romances puede recurrirse al sufijo como procedimiento de formación de diminutivos o aumentativos, la lengua árabe recurre a su procedimiento fundamental: la flexión interna. Si en árabe las palabras con una o dos vocales breves en general presentan las nociones según el contenido de su raíz léxica sin más, es decir, sin ninguna intención afectiva particular, la prolongación de la segunda vocal en otras palabras añade un matiz especial a la expresividad en el sentimiento lingüístico. Cf. *Traité...*, I, p. 378, 80a-b.

"Los adjetivos de formas *fa'īl* y *fa'ūl*, especialmente de esta última, indican a menudo [...], o bien un alto grado de la cualidad designada, o bien una acción hecha frecuentemente o con gran fuerza, debido a lo cual se han llamado "formas intensivas" (*abniyat al-mubālaga*)". Cf. Wright, W., *Grammar...*, I, p. 136 C.

No obstante, según Fleisch, si bien "la forma *fa'ūl* puede aún dar vigor a la expresión de una cualidad o acción, la forma *fa'īl* se ha convertido de hecho en el *wazn* simple y habitual para un adjetivo (cuando esta forma existe)". Cf. *Traité...*, I, p. 378, 80c.

Desde luego, en el caso de *'alīm*, el carácter intensivo del paradigma *fa'īl* sólo se manifiesta de modo evidente en su empleo como nombre de Dios. En otros casos es sinónimo de *'ālim* y las formas intensivas empleadas con relación a ambos adjetivos serían *'allām*, *'allāma*, etc.

En cualquier caso, ya que Ibn 'Arabī lo considera forma intensiva, traduciremos este nombre: como superlativo: 'omnisciente', 'sapientísimo', etc., y no simplemente 'sabio'.

Sobre la correlación entre la fuerza de los elementos materiales de la palabra (*quwwat al-lafẓ*) y la fuerza del significado (*quwwat al-ma'nà*), anunciada por la anterior, v. *Traité...*, I, p. 467, 100e.

tal como son en el plano de la existencia (*wuŷūd*) o en el plano de la inexistencia (*ʿadam*), desde la perspectiva de la negación (*nafy*) o desde la perspectiva de la afirmación (*iṯbāt*), en un modo de conocimiento que las comprende total y verdaderamente (*iḥāṭa*)[3] en su realidad esencial (*ḥaqīqa*), no de modo limitado, lo cual implicaría ignorancia (*ŷahl*).

3. Adopción (*tajalluq*): *La adopción de los rasgos de este nombre* es lo que sobreviene al siervo como resultado de la adquisición y el provecho (*ḥukm al-kasb*) de las ciencias, especialmente de las adquiridas por *directo* descubrimiento hermenéutico (*istinbāṭ*)[4] sin que nadie más tenga conocimiento de ello ya que, aunque *tales ciencias* sean fruto de su atenta consideración, ésta remite a su esencia (*ḏāt*) en razón de lo cual es pues efectivo el revestimiento con los rasgos de este nombre, dado que el saber de Allāh (*ʿilm Allāh*) no incluye nada adquirido de otro (*mustafād min al-gayr*) y, por lo que respecta al hombre (*jalq*), las ciencias (*ʿulūm*) congénitas con que ha sido creado no las adquirió de otros.

---

3. Lit. "según el modo de la comprensividad (*iḥāṭa*)". El término *iḥāṭa* designa el "perfecto conocimiento comprensivo". Así que "conocer las realidades completa y verdaderamente" se opone aquí al modo de conocimiento propio de la limitación (*tanāhī*). El conocimiento de al-ʿAlīm es completo y comprende todas las cosas y cuestiones verdadera y efectivamente, no es un conocimiento limitado de aspectos fragmentarios.

4. Término citado una sola vez en el Corán, C. 4:83. En el lenguaje técnico, el término *istinbāṭ* ("hermenéutica", "explicación") designa el hecho de "extraire d'un texte les significations qu'il contient, par exercice exhaustif du mental et aptitude intuitive". Cf. Ŷurŷānī, *Taʿrīfāt* (trad. Gloton), p. 62.

(21) *Al-Qābiḍ*[1]

EL CEÑIDOR, EL PERCEPTOR

1. Dependencia (*ta'alluq*): Tienes necesidad de Él para *poder alcanzar* la excelencia en la cortesía espiritual (*ḥusn al-adab*) *de modo que seas impecable* con relación a todos los dones y las dotes (*mawāhib*) que recibes de Él, tanto en el dominio sensible como en el inteligible.

También precisas de Él con respecto a lo que tomas para otro de cuanto está a tu cargo *en tanto que delegado* según la prescripción de la Ley revelada (*ḥadd mašrū'*).

2. Realización (*taḥaqquq*): Allāh —Enaltecido sea— ha dicho: "¡Haced a Allāh un préstamo generoso (*qarḍ ḥasan*)!"[2]. Así Él lo toma de ti para devolvértelo por duplicado. "Un préstamo generoso (*ḥasan*)" es el objeto (*mawḍi'*) del aprendizaje de la cortesía (*ta'allum al-adab*).

"La perfecta realización (*iḥsān*) consiste en que adores a Allāh como si Le vieras"[3], pues Él es el Dador y el Perceptor, ya que "la dádi-

---

1. 1. Cogedor, Asidor, Prendedor. 2. Abarcador, Ceñidor. 3. Restriñidor, Constrictor, Apretador. 3 Perceptor, Receptor, Recaudador, Recolector. Part. act. Todas las acepciones remiten a la idea de "puño", *qabḍa*: p. ej. "abarca" con Su puño.

2. Así en C. 73:20, en imperativo: "[...] ¡Haced la azalá! ¡Dad el azaque! ¡Haced a Dios un préstamo generoso (*qarḍ ḥasan*)! El bien que hagáis como anticipo para vosotros mismos, volveréis a encontrarlo junto a Dios como bien mejor y como recompensa mayor. [...]".

El mismo fragmento citado aquí forma parte de la aleya 57:18, sólo que en ésta se usa el tiempo perfectivo (*aqraḍū*) en lugar del imperativo:

"A quienes dan limosna, ellos y ellas, haciendo un préstamo generoso a Dios, les devolverá el doble y les recompensará generosamente" (C. 57:18). Trad. Cortés.

El término empleado para decir "el que da limosna" es *muṣaddiq* —de la raíz de *ṣadaqa*, "limosna"—, que también significa "el que declara verdadero". En esta segunda aleya se encuentra la noción de duplicación del préstamo a la que se refiere Ibn 'Arabī a continuación. En la lengua común se llama *qarḍ ḥasan* al préstamo sin interés ni plazo. Entiéndese, en este contexto, que la recompensa tiene lugar en la Morada Postrera.

3. El término *iḥsān* empleado en este hadiz —de la misma raíz del término *ḥasan*—, significa literalmente 'hacer lo que es bueno y hermoso o noble'. Al preguntar Gabriel a Muḥammad "¿Qué es el *iḥsān*?", el Profeta respondió: "Adorar a Allāh

va (*ṣadaqa*) va a la mano del Compasivo (*yad al-Raḥmān*) *antes de llegar a la mano del que pide*"[4]. A este capítulo corresponde también *la aleya*: "Luego, la atraemos hacia nosotros con facilidad (*qabḍ yasīr*)" (C. 25:46), que se refiere a la sombra extendida[5].

Hay aún otro sentido en la verificación (*taḥaqquq*) *de este nombre* que significa también el que contiene o restringe (*q-b-ḍ*), es decir, oculta[6] aquello cuya difusión (*našr*) general no quiere, ya sea en el ámbito de los espíritus (*arwāḥ*) o en el de los cuerpos (*aŷsād*).

3. Adopción (*tajalluq*): La participación (*ḥaẓẓ*) que de este nombre al siervo corresponde consiste en que sea *consciente de que* recibe[7] lo que Allāh le da de Su propia mano, y no de la mano de otro que Él, ya que ningún otro que Allāh tiene posesión (*mulk*) alguna y no hay Dador (*muʿṭī*) sino Allāh —Enaltecido sea—.

Por otra parte, si el siervo se reviste de la cualidad de este nombre, sucede entonces que prende (*q-b-ḍ*) con su discurso (*kalām*) los co-

---

como si Le vieras, pues aunque tú no Le veas Él te ve". Según otra interpretación de Ibn ʿArabī esta sentencia podría traducirse así: "Adorar a Allāh como si Le vieras, y si tú no eres [o bien, 'cuando tú no estás'] Le ves, y Él te ve a ti". Cf. J. Morris, "Seeking...", *JMIAS*, XVI, pp. 18-19 y notas 29-34.

Este hadiz se encuentra en Bujārī, *Tafsīr* 31:3, *Īmān* 37; Muslim, *Īmān* 57; Abū Dāʾūd, *Īmān* 4; Ibn Māŷah, *Muqaddima* 9; Ibn Ḥanbal, I: 27, 51, 53, 319, II: 107, 426, IV: 129, 164. V. así mismo el final de la obra *al-Fanāʾ fī l-mušāhada* de Ibn ʿArabī, ed. Hyderabad, p. 9, sobre el significado alusivo de este hadiz. Cf. *Concordance*, I, p. 467; *Fut.* (OY) II, p. 511 (nº 60).

El autor comenta con frecuencia este hadiz. V., p. ej., *Fut.* II: 174; III: 223, 324, 333; IV: 574, 587, 588; V: 470, 471 (*ka-anna sulṭānu-nā!*), 606; VI: 111,116, 280, 399, 467, 560; VII: 260, 581; VIII: 264, 266; IX: 135; XI: 3, 249, 254; XII: 372, 379; XIII: 99, 141, 405.

4. Ibn ʿArabī cita así este hadiz: "La limosna (*ṣadaqa*) va a la mano del Compasivo antes de llegar a la mano del mendicante (*sāʾil*), y Él cuida de ella como uno de vosotros cuidaría a su potrillo o a su camellito recién destetado". Cf. *Fut.* VIII: 689. Otras citas del hadiz pueden encontrarse en *Fut.* VIII: 239, 240 605, 654, y XIV: 450.

5. La aleya anterior (25:45) dice así: "¿No ves cómo tu Señor hace que se deslice la sombra (*kayfa madda l-ẓill*)? Si quisiera, podría hacerla fija. Además, hemos hecho del sol guía para ella". Trad. Cortés. A ella alude el autor al referirse a la "sombra extendida (*ẓill mumtadd*)".

6. Lit. "enrolla, pliega". La expresión árabe *bi-l-našr wa-l-ṭayy* —que reúne los dos términos empleados aquí— se traduce en general por "explícita e implícitamente". Al-Qābiḍ es el que mantiene implícito cuanto no quiere hacer explícito de modo general.

7. Lit. "que sea perceptor (*qābiḍ*) de lo que Allāh le da...".

razones de quien quiere de entre las criaturas (*jalq*) de Dios —Enaltecido sea—, atrayéndolos hacia el lado de la divina Realidad (*ŷanāb al-Ḥaqq*) y sacándolos de su dispersión (*basṭ*) en los seres engendrados (*akwān*) y los cambios (*agyār*) de modo general y, nuevamente, tanto en el plano de lo sensible como en el plano de lo inteligible.

(22) *Al-Bāsiṭ*

EL ABASTECEDOR, EL MUNIFICENTE
EL DISPENSADOR

1. Dependencia (*taʿalluq*): Tienes necesidad de Él para que delegue en tus manos aquello en que residen las alegrías (*afrāḥ*) de los siervos y con lo cual no se viola ninguna interdicción de la Ley revelada (*ḥurma mašrūʿa*).

2. Realización (*taḥaqquq*): Sólo es posible distender (*basṭ*)[1] lo que *previamente* está recogido (*maqbūḍ*)[2]. Sin embargo, la acción de coger [o el hecho de tener "agarrado"] (*qabḍ*) puede darse (a) respecto a la acción de dar (*ʿan basṭ*) [y entonces es tomar] o (b) sin acción de dar (*ʿan lā basṭ*) [y entonces es el hecho de tener][3].

Así pues, la benéfica munificencia (*nafʿ*) del Dispensador (*al-Bāsiṭ*) que es la *divina* Realidad (*al-Ḥaqq*) es, por una parte, (1) *una gracia* general extensiva a *todo* lo que requieren las esencias (*ḏawāt*) de aquellos a quienes se dispensa (*al-mabsūṭ ʿalay-him*) y, por otra parte, (2) *una gracia* especial y particular *conferida en razón* de lo que requiere la felicidad de algunos de los siervos. En la dispensación

---

1. También significa "expansión, despliegue, exposición, regocijo". Cortés y Vernet traducen el verbo *basaṭa* en diversos pasajes del Corán por "alargar [v], cerrar [c] [v], dar, dar abundantemente [v], dispensar, dispensar con largueza [c], extender [c] [v], poner [c], tender [v]"; traducen la única mención del nombre verbal por "(extender) demasiado [c], (tender) en demasía [v]"; el part. act. por "extendido [c], [v]", y el part. pas. por "extendido [v], abierto [c]".

En cuanto al verbo *qabaḍa*, Cortés y Vernet traducen las siguientes acepciones: "cerrar [c] [v], coger [v], recoger [c] [v], tomar [c], traer [c]; *n. vb.* —una sola mención—, (acción de coger), *impl.* [c] [v]; *part. pas.* "depósito [v], (depositarse) [c]". Cf. *Concordancias*, "bsṭ", pp. 125-126, y "qbḍ", p. 404.

2. En otras palabras, sólo puede desplegarse lo que está plegado, sólo puede darse la expansión del ánimo con relación a la previa apretura.

3. Sólo puede darse lo que se tiene, pues el tener precede al dar. Pero la apretura puede consistir en contraer lo dilatado o en tener oculto lo que no se ha desplegado. Así que 'dar' requiere 'tener', pero 'tener' —en el plano divino— no requiere previa 'dispensación'.

general (*bast 'āmm*) puede haber en ocasiones (3) algún *divino* ardid escondido (*makr jafī*)[4].

De modo que estas [modalidades de *bast*] responden a estados (*aḥwāl*) diferentes:

Al *primero* (1) de estos estados se refiere *el pasaje*: "Si Allāh dispensara[5] el sustento a Sus siervos con largueza, se insolentarían..." (C. 42:27)[6].

Al *segundo* (2) de estos estados se refiere *Su Palabra*: "Allāh dispensa el sustento a quien Él quiere de Sus siervos: a unos con largueza, a otros con mesura. *Dios es omnisciente*" (C. 29:62)[7].

Al *tercer* estado (3) se refieren *el pasaje*: "Sólo les concedemos un plazo [a los transgresores] para que aumenten sus faltas" (C. 3:178)[8], y el dicho del Profeta —Dios lo bendiga y salve—: "Yo *os* socorro como la lluvia abundante *socorre* a los sembradores (*gayt al-kuffār*)"[9].

---

4. Sobre el concepto del divino ardid, al cual se refieren las aleyas C. 7:99, 10:21 y 27:50, v. *Mu'ŷam*, p. 1019. En *Iṣṭilāḥāt*, el autor define *makr*, 'ardid', 'trampa', en estos términos: "*El ardid de parte de la Realidad* consiste en hacer llegar bendiciones *al siervo* a pesar de sus transgresiones, en hacer que su estado se mantenga a pesar de su falta de cortesía espiritual y en hacer que se manifiesten *en él* signos y carismas sin término ni límite" (p. 66), y todo ello, entiéndase, sin que el siervo lo haya merecido por sus méritos y a modo de prueba.

5. En el margen del ms. I se lee esta nota: "Esto es un ejemplo de lo que tiene como cometido la felicidad de algunos de Sus siervos, ya que no les dispensa con largueza para que no se insolenten, pues si lo hiciera se insolentarían".
La partícula *law* empleada en esta frase coránica introduce en árabe la oración condicional irreal, lo cual presupone que la acción no se realiza. Por tanto, al leer "si (*law*) Dios dispensara con largueza..." se entiende implícitamente que no lo hace.

6. El texto de la aleya continúa diciendo: "...en la tierra. Lo que hace, sin embargo, es concederles con mesura lo que quiere. Está bien informado sobre Sus siervos, les ve bien". Trad. Cortés.

7. Este mismo texto figura también en esta aleya: "A la mañana siguiente, los que la víspera habían envidiado su posición [cuando "Coré apareció ante su pueblo rodeado de pompa" (C. 28:79)] dijeron: '¡Ah! Dios dispensa el sustento a quien Él quiere de Sus siervos: a unos con largueza, a otros con mesura. Si Dios no nos hubiera agraciado, habría hecho que nos tragara [la tierra, como a Coré]. ¡Ah! ¡Los infieles no prosperarán!'" (C. 28:82). Trad. Cortés.

8. "Que no piensen los infieles que el que les concedamos una prórroga supone un bien para ellos. El concedérsela es para que aumente su pecado [según otra interpretación "para terminar aumentando su pecado"]. Tendrán un castigo humillante" (C. 3:178). Trad. Cortés.

9. No he dado con este hadiz en los repertorios. Tampoco se cita ni en los vols. I-XIV de *Fut.*, ni en *Lisān al-'arab*, II, pp. 480-81, ni en el *Qāmūs al-muḥīṭ*, I,

3. Adopción (*tajalluq*): "No neguéis la sabiduría (*ḥikma*) a su gente, pues seríais injustos con ellos"[10].

La concesión general (*al-basṭ al-ʿāmm*), en razón de la cual puede el siervo ser dispensador (*bāsiṭ*), no está restringida a los límites de la Ley (*ḥudūd mašrūʿa*).

Aunque *el siervo* tenga que burlar con ardides a los enemigos en Allāh *confundiéndoles* con una espléndida largueza (*basṭ*) en la cual esté *disimulada* su ruina (*halāk*), ésta contiene *de hecho* lo que contiene (*fī-hi mā fī-hi*)[11].

---

p. 178, ni en el *Lexicon* de Lane (*g-y-ṯ / g-w-ṯ*). En C. 57:20 se emplean términos semejantes.

A tres tipos de *basṭ* o "concesión divina" corresponden tres estados espirituales a los que aluden las citadas aleyas:

a. La concesión general o universal del sustento (*rizq*) está necesariamente restringida a "lo que requieren las esencias" pues, de otro modo, si Allāh diera (o revelara) en demasía, los siervos que no estuvieran preparados "se insolentarían".

b. La concesión particular de Dios, que Él otorga sólo a quien quiere, es decir, sólo a algunos de Sus siervos preparados para recibir esta gracia que Dios procura en la justa medida que Su sabiduría dispone.

c. El divino ardid, oculto en la aparente abundancia, constituye una modalidad particular de la concesión general.

Vemos que el autor no considera aquí los nombres *al-Qābiḍ* y *al-Bāsiṭ* con relación a los estados anímicos de *basṭ*, 'expansión', y *qabḍ*, 'apretura'. Aunque estos términos técnicos están implícitos en el trasfondo de su comentario, Ibn ʿArabī se concentra en las significaciones de 'dar' y 'tener/tomar' que corresponden también a los conceptos de 'dejar' (*tark*) y 'asir' (*ajḏ*) empleados en *Contemplaciones*, pp. 17-18, los cuales corresponden a su vez, con relación al siervo, a las nociones de subsistencia y extinción.

10. El texto completo dice: "No confiéis la sabiduría a quienes no sean aptos para recibirla [lit. 'a otros que a su gente'], pues la desperdiciaríais [o les extraviaríais], y no privéis de la sabiduría (*ḥikma*) a quienes son aptos para ella [lit. su gente], pues faltaríais con ellos a la justicia (*fa-taẓlimū-hum*)". Tradición islámica atribuida a Jesús. Cf. *Fut.* (OY) I, p. 57 —donde se dan referencias detalladas—, V. *Mt.* 7:6 y *Prov.* 23:9.

Ibn ʿArabī cita la primera parte de esta tradición en *Fut.* X: 495, p. 482. y otros pasajes, con esta variante: "No deis la sabiduría a quienes no sean aptos para recibirla [lit. 'más que a su gente'], pues seríais injustos con ella (*fa-taẓlimū-hā*)...".

11. Lit. "en ello/él hay lo que hay". Por una parte, con respecto a la largueza que encubre un ardid, puede entenderse que ésta contiene tanto una trampa que conduce a la ruina, como la bendición que tal ruina de la hostilidad a Dios significa en tanto que orientación positiva hacia la Verdad. Por otra parte, si el pronombre se refiere al siervo, puede entenderse que la intención de guía contenida en el ardid constituye efectivamente un gesto de largueza, coherente con la condición de quien se reviste de los rasgos de este nombre y practica la expansión general (*basṭ ʿāmm*) —como a

El siervo es entonces abastecedor general (*bāsiṭ ʿāmm*) en la morada de la realidad esencial (*maqām al-ḥaqīqa*), de la profesión de la Unidad (*tawḥīd*), del arte de la orientación *espiritual* (*ṣanʿat al-iršād*)[12] y de la llamada (*duʿāʾ*) a Allāh —Enaltecido sea—, de modo que *el que accede a esta morada* llama a las criaturas (*jalq*)[13] hacia Allāh desde el dominio del anhelo (*ragba*)[14], dirigiéndose a cada clase *de hombre o criatura* según lo que a cada cual conviene[15].

Esto es formalmente concebible y figurable (*mutaṣawwar*). Yo mismo he estado en esta morada, me he revestido de la cualidad de este nombre y he comprobado que confiere bendición espiritual (*baraka*)[16].

Éste es pues el Abastecedor en cuanto a adopción se refiere[17].

---

continuación se precisa— desde la morada de la Unidad esencial. El ardid no puede ser en última instancia, en tanto que guía divina, sino una gracia.

12. El término *iršād* significa "guiar por el camino recto".

13. También los "genios" (*ŷinn*) entran dentro de la denominación de criatura.

14. En el ms. I se lee una anotación al margen: "Utiliza *el autor* la expresión 'desde la puerta [o ámbito] del deseo (*min bāb al-ragba*) porque está tratando acerca de la expansión (*basṭ*)". No tiene esta nota únicamente un propósito aclaratorio. Tiene más bien un carácter justificativo y preventivo, lo cual es frecuente en comentarios a las obras del Šayj. Se trata de evitar posibles objeciones o malentendidos que puedan generar polémica.

El Siervo del Abastecedor llama hacia Dios suscitando el anhelo en las criaturas. Esta convocatoria por medio del deseo es propia de la expansión espiritual (*basṭ*) y no contradice otros posibles modos de llamada como la admonición, propios de la apretura (*qabḍ*).

15. Lo cual incluye la posibilidad de recurrir al ardid.

16. El término *baraka*, traducido en *DAE* como "bendición, carisma, poder carismático, prosperidad, abundancia", designa una fuerza o facultad espiritual, una gracia que ejerce un influjo benéfico y puede conferir cierto poder de acción. Esta palabra se emplea para denominar tanto la acción de bendecir, como el poder para realizarla o el resultado de la bendición y la facultad o provecho que otorga.

Aquí se refiere Ibn ʿArabī a la *baraka* de una morada, de un nombre, del revestimiento con la cualidad de un nombre. El nombre al-Bāsiṭ confiere poder carismático al siervo que adopta su cualidad: poder para exaltar el ánimo de los demás, para suscitar anhelo de Dios.

17. Pudiera haber dicho: "y esto es lo referente a la adopción de los rasgos del nombre al-Bāsiṭ por parte del siervo". No obstante, al decir [lit.] "y éste es al-Bāsiṭ por lo que se refiere a la adopción de rasgos" [*al-Bāsiṭ tajalluq^{an}*"), ha preferido el autor resaltar la unicidad de los tres aspectos del nombre y poner de relieve que no se trata de una cualidad del siervo sino de la cualidad de un nombre divino que Dios manifiesta por medio del siervo y de la cual le reviste. Mantengo la mayúscula —aunque en realidad en árabe no existe este recurso— para recoger esta alusión a la

____

condición del revestimiento, no en tanto que adopción por parte del siervo, sino en tanto que divino revestimiento. V. *infra*, cap. 23-24.3, donde se utilizan igualmente las expresiones *huwa al-Jāfiḍ tajalluq^{an} y huwa al-Rāfíʿ tajalluq^{an}*: "y [el siervo] es el Degradador/Exaltador en revestimiento". Pudiera decir "es degradador/exaltador..." sin artículo determinado, pero parece usar la determinación para expresar el matiz que se ha explicado.

(23-24) *Al-Jāfiḍ - Al-Rāfiʿ*

EL DEGRADADOR - EL ELEVADOR
EL ABATIDOR - EL EXALTADOR

1. Dependencia (*taʿalluq*): Tienes necesidad de Él[1] para lograr establecer la justa valoración[2] de lo que te corresponde y de lo que debes[3] en el mundo (*ʿālam*) y de lo que entre tú y el Verdadero (*al-Ḥaqq*) le corresponde a Él o te corresponde a ti.

2. Realización (*taḥaqquq*): El Degradador-Exaltador *es el que* hace descender las balanzas (*mawāzīn*) de los felices (*suʿadāʾ*) con su carga (*ṯiql*)[4] *al aumentar el peso de sus obras* hacia lo más bajo (*asfal*) para elevarlos en sus grados (*daraŷāt*)[5] hacia ʿIlliyyūn[6] y hace ascender las balanzas de los desgraciados (*ašqiyāʾ*) con la ligereza

---

1. Tanto en el *taʿalluq* como en el *taḥaqquq* las referencias pronominales a este nombre compuesto están en singular. Es decir, trata el autor ambos nombres, mencionados conjuntamente, como uno sólo o dos perspectivas de un mismo nombre. En el *tajalluq* sin embargo, al referirse al siervo, cada uno se menciona y comenta por separado.

2. Está implícita la imagen de la balanza con dos platillos que remite tanto a la noción de justicia respecto a lo mundano como a la idea del Juicio Final en que se pesarán las obras.
"Para el día de la Resurrección (*yawm al-qiyāma*) dispondremos balanzas que den el peso justo (*al-mawāzīn al-qisṭ*) [...]" (C. 21:47). Trad. Cortés.
"Ha elevado el cielo. Ha establecido la balanza / para que no faltéis al peso, / sino que deis la pesada equitativa (*aqīmū l-wazn bi-l-qisṭ*), sin defraudar en el peso" (C. 55:7-9). Trad. Cortés. V. también C. 57:25.

3. Es decir, a tu favor y en tu contra.

4. Véase *infra* nota 7.

5. En C. 40:15 se llama a Dios *Rāfiʿ al-daraŷāt*, "el Que eleva los grados". En traducción de J. Vernet "Quien eleva las jerarquías" (cf. *El Corán*, Planeta, Barcelona, 1991).

6. Término escatológico del Corán: "¡No! La *Escritura* de los justos está, ciertamente, en Illiyyun. / Y ¿cómo sabrás qué es Illiyyun? / Es una *Escritura* marcada (*kitāb marqūm*), / que verán con sus propio ojos los allegados" (C. 83:18-21).
La raíz de este nombre propio es *ʿ-l-y*, como en el adjetivo *ʿalī*, 'alto', y denota pues altura. *DAE* traduce ʿIlliyyūn por "último cielo" y "ángeles".

(*jiffa*)[7] *de sus obras* hacia lo más alto (*aʿlà*) para abatirlos *luego* en el *Siŷŷīn*[8] hacia "lo más bajo de lo bajo (*asfal sāfilīn*)"[9].

Él es así mismo el Degradador y Exaltador de Sus amigos (*awliyāʾ*) y el Degradador-Exaltador de Sus enemigos (*aʿdāʾ*).

Él es el que abate a todo ser rebajado (*majfūḍ*) existente en el cosmos (*ʿālam*), ya sea *en este plano de existencia* del mundo (*dunyā*) o en el Postrero (*ājira*), tanto en el dominio sensible como en el inteligible, y Él es el que exalta a todo ser elevado (*marfūʿ*)[10] existente en el cosmos (*ʿālam*), tanto en el plano de existencia en este mundo (*dunyā*) como en el Postrero (*ājira*), ya sea en el dominio sensible o en el inteligible.

3. Adopción (*tajalluq*): Si el siervo (1) rebaja a quien Dios rebaja, aunque aquel *a quien rebaja, desde la perspectiva mundana*, sea de muy elevada condición (*marfūʿ*), tenga enorme autoridad, ocupe un alto cargo y esté dotado de penetrante elocuencia, entonces es el Degradador (*al-Jāfiḍ*)[11] en cuanto a revestimiento (*tajalluq*).

Por otra parte, si el siervo (2) exalta a aquel a quien Dios exalta, aunque *por lo que se refiere a las cuestiones mundanas* esté humillado (*majfūḍ*), sea considerado insignificante (*ḥaqīr*) y despreciable (*muhān*) entre su propia gente y, al parecerles indigno de atención,

---

7. Alusión a C. 7:9, 23:103, 101:8, donde figura la expresión *man jaffat mawāzīnu-hu*, "el autor de obras ligeras", es decir, "obras de poco peso", "aquel cuyas obras pesen poco", opuesta en los tres casos a la expresión *man ṯaqulat mawāzīnu-hu*, "aquel cuyas obras sean de peso" (cf. C. 7:8, 23:102, 101:6).

"La pesa ese día dirá la Verdad. Aquellos cuyas obras pesen mucho serán los que prosperen, / mientras que aquellos cuyas obras pesen poco perderán, porque obraron impíamente con Nuestros signos". C. 7:8-9. Trad. Cortés.

8. Este término se menciona en el Corán como nombre propio en contraposición a ʿIlliyyūn: "¡No! La *Escritura* de los pecadores está, ciertamente, en Sichchín. / Y ¿cómo sabrás qué es Sichchín? / Es una *Escritura* marcada (*kitāb marqūm*). Ese día, ¡ay de los desmentidores...!" (C. 83:7-10). El nombre de acción de la misma raíz, *saŷn*, significa "encarcelamiento, prisión" según DAE, donde se traduce el adjetivo *siŷŷīn* por "perpetuo, violento". Sobre cielos, infiernos y moradas del paraíso, v. Asín Palacios, *La escatología musulmana en la Divina Comedia*, Madrid, 1984 (1ª ed. 1919); al-Ašʿarī, *K. Šaŷarat al-yaqīn*, intr., ed. y trad. de Concepción Castillo, Madrid, 1987; y *El Libro de la Escala de Mahoma*, Siruela, Madrid, 1996.

9. Expresión tomada de la aleya: "Hemos creado al hombre en la mejor complexión (*aḥsan taqwīm*). Luego lo hemos vuelto lo más bajo (*asfal sāfilīn*)" (C. 95:4-5).

10. Esta palabra, *marfūʿ*, como término gramatical significa "(puesto) en nominativo". El término anterior, *majfūḍ*, significa "(puesto) en genitivo".

11. V. *supra* 22-3, nota 17.

esté desprotegido, entonces es el Exaltador (*al-Rāfiʿ*) en tanto que revestido *de la cualidad de este nombre*.

Tiene necesidad *para esto* de una develación (*kašf*) por la cual sepa lo que ante Allāh —Enaltecido sea— es elevado (*rafīʿ*) o bajo (*waḍīʿ*), *ya que* el siervo sólo se reviste de los rasgos de estos nombres como resultado de tal develación, de modo que no todo el que ejerce un efecto de elevación (*rifʿa*) o su contrario en el cosmos (*ʿālam*) está revestido (*mutajalliq*) *de las cualidades de estos nombres*.

(25-26) *Al-Muʿizz - Al-Muḏill*

EL ENNOBLECEDOR Y EL ENVILECEDOR
EL HONRADOR Y EL HUMILLADOR

1. Dependencia (*taʿalluq*): Tienes necesidad de Él para *poder* ensalzar el honor (*ŷāh*) de quien se apoya en ti y para *poder* rebajar (*iḏlāl*) a quien se vuelve soberbio con respecto a Allāh, no *al que es altivo* contigo.

2. Realización (*taḥaqquq*): El Ennoblecedor es Quien confiere honor (*mufīd al-ʿizz*) a quien se apoya en Él, por humilde y bajo (*ḏalīl*) que sea; y el Humillador es el que viste de ignominia (*mulbis al-ḏill*) a quien se vuelve engreído con Él, por muy poderoso y distinguido (*ʿazīz*) que sea.

3. Adopción (*tajalluq*): Cuando el siervo se torna inaccesible, *resguardando su alma* (*nafs*) por medio *de la fuerza* de su propia aspiración *espiritual* (*himma*) y no por medio de una causa externa (*sabab ẓāhir*), *dícese entonces que* es ʿazīz, "poderoso, inaccesible, noble", y cuando otro es honrado y engrandecido a causa de él —al dirigirle *el siervo* su pensamiento activo (*jāṭir*)[1] y *el influjo de* su aspiración (*himma*) hasta cubrirlo de tal honor que por él *verdaderamente* le exalta—, *dícese entonces que* es ennoblecedor (*muʿizz*) quien así le honra, *infundiendo en el otro tal respeto hacia sí mismo*. De manera análoga sucede con el nombre al-Muḏill[2].

Mas entiéndase que si *esto u otra cosa* influye en él[3], no es entonces *verdaderamente* ennoblecedor (*muʿizz*) aunque tenga recurso y apele a las propiedades (*aḥkām*) de este atributo (*ṣifa*).

---

1. Aquí en el sentido de pensamiento creativo de buena voluntad.

2. En el ms. I. fol. 8b, se explica en una anotación: "Es decir, cuando *el siervo* rebaja el honor de otro en razón del *verdadero* honor, dirigiéndole *la buena voluntad de* su pensamiento creativo (*jāṭir*) y *el influjo de* su aspiración (*himma*) hasta cubrirlo de tal humillación que por ella *verdaderamente* le degrada, *dícese entonces que* es degradador (*muḏill*) quien así le humilla".

3. Si esta práctica deja huella en el siervo, es decir, si le resulta excitante o le produce satisfacción personal, o si depende de factores y motivaciones externos, entonces el siervo está condicionado por intenciones secundarias y no es propiamente

En la totalidad de los revestimientos (*tajalluqāt*) es imprescindible *el recurso permanente* a la balanza de la Ley revelada (*mīzān mašrū*), de modo que cuanto se venga abajo *en la pesada* no sea entonces cosa procurada (*maqṣūd*)[4] por la Gente de la Vía de Allāh en la adopción de los rasgos de los nombres (*tajalluq bi-l-asmā*).

---

muʿizz, pues una de las condiciones de la adopción es el desprendimiento personal, su carácter "desinteresado".

4. Es decir, cualquier cosa que no cumpla las condiciones de la Ley es descartada como propósito (*maqṣūd*) en el revestimiento. Emplea Ibn ʿArabī el verbo *ijtalla* que significa también "avinagrarse, desvirtuarse". Todo aquello que se "avinagra" y resulta perturbador cuando se contrasta con la revelación queda eliminado como finalidad.

(27-28) *Al-Samīʿ - Al-Baṣīr*

EL OIDOR - EL VEEDOR
EL OMNIOYENTE - EL OMNIVIDENTE

1. Dependencia (*taʿalluq*): Tienes necesidad de Él para *adquirir* la plena capacidad de estas dos facultades de modo absoluto (*iṭlāq*) sin restricción (*taqyīd*).

2. Realización (*taḥaqquq*): El Oidor absoluto (*al-Samīʿ al-muṭlaq*) es el que percibe (*mudrik*) todo lo audible (*masmūʿ*) dondequiera que sea, y el Veedor *absoluto* es el que percibe todo lo visible (*mubṣar*) dondequiera que sea, sin ningún límite determinado (*ḥadd maʿlūm*) de proximidad o lejanía, *tanto en el plano* de *la* existencia (*wuŷūd*) *como en el plano de la* inexistencia (*ʿadam*).

3. Adopción (*tajalluq*): *Consiste en* que se establezca al siervo en el provecho (*iktisāb*) de la plena capacidad de estas dos facultades *auditiva y visual* de modo incondicionado, sin restricción (*taqyīd*) o limitación (*taḥdīd*) *espacio-temporal* alguna, para que así escuche lo que se *le* ha ordenado que escuche y obedezca, y para que vea como se ha ordenado que vea y considere, ya sea como *libre* delegación (*nadb*) o *como imposición* con obligatoriedad (*wuŷūb*).

Así pues, si el siervo realiza estos atributos (*nuʿūt*), Dios —Enaltecido sea— le ama, y cuando Dios le ama, Él es su oído (*samʿ*) y su vista (*baṣar*), según se manifiesta en el fidedigno hadiz *al que ya nos hemos referido*[1].

Y quien ve y escucha realmente (*bi-ḥaqq*), *es decir, quien ve y escucha "a Dios y por Dios" cuando Dios es su oído y su vista*, ninguna cosa audible o visible teme[2].

---

1. Sobre este hadiz, v. 4-3 nota 3.

2. Aquí hay un complejo juego de significaciones. La palabra *ḥaqq* significa "verdad, corrección, realidad", etc. También es un nombre de Dios, *al-Ḥaqq*, ʿla Verdadʾ, ʿla Realidadʾ. Las expresiones ver y oír *bi-ḥaqq* pueden traducirse por ver y oír "realidad", "con derecho", "verdaderamente", "con corrección", "con veracidad", etc. *Ḥaqq*, aspecto divino, se contrapone a *jalq*, aspecto creatural. El texto implica que a quien ve y escucha a Dios por medio de Dios nada audible o visible se le oculta.

(29) *Al-Ḥakam*

EL JUEZ, EL ÁRBITRO

1. Dependencia (*ta'alluq*): Tienes necesidad de Él para que te favorezca con el *conocimiento del* misterio del Destino (*sirr al-qadar*)[1] y de Su gobierno (*taḥakkum*) sobre las cosas creadas (*jalā'iq*).

2. Realización (*taḥaqquq*): El Juez (*al-Ḥakam*) es aquel a quien corresponde decidir el Decreto (*qaḍā'*) y la predeterminación (*qadar*) de modo absoluto.

El Decreto (*qaḍā'*) precede a la resolución (*ḥukm*) desde la eternidad sin principio (*azal*). La predestinación (*qadar*) es la determinación del momento (*ta'yīn al-waqt*) y la resolución (*ḥukm*) es la exteriorización del decreto (*iẓhār al-qaḍā'*) —en lo decretado (*maqḍī*) y en aquel a quien el decreto afecta (*maqḍī bi-hi*) en la circunstancia de su existencia— en el momento predeterminado (*taqdīr*) en virtud de Su precedente Decreto.

3. Adopción (*tajalluq*): Cuando te sea dada la posibilidad de conciliar las causas secundarias (*asbāb*) que conjuntamente llevan a alcanzar *la morada correspondiente a* este nombre, de modo que apliques la correcta disposición de la Ley tanto en tu *propia* esencia (*dāt*) —entre tú y tu propia alma—[2] como en otros, y juzgues a favor de la Verdad (*al-Ḥaqq*)[3] por encima de ti mismo, y juzgues también a favor del cosmos (*'ālam*) en contra de ti mismo, sin jamás juzgar a tu favor en contra de nadie, entonces la cosecha de tu fruto consistirá en la asimilación (*taḥṣīl*) de *la cualidad de* este nombre en tu ser esencial (*dāt*), y de modo que el nombre se convierta en característica (*waṣf*) suya.

---

1. V. aquí la expresión "el misterio del destino" referida al Eje espiritual (*quṭub*). Cf. *SPK*, p. 412, nota 13.

"El Eje (*quṭub*) es el Siervo de Allāh, el Siervo del Reunidor (*'abd al-ŷāmi'*), a quien califican todos los nombres tanto en adopción (*tajalluq*) como en realización (*taḥaqquq*), y es el espejo de la *divina* Realidad (*al-Ḥaqq*), el lugar de manifestación (*maŷlà*) de los santos atributos y de las divinas epifanías (*maẓāhir*), el Dueño del instante, la Esencia del tiempo, el Secreto del destino...". Cf. *Fut.* II, p. 573, lss. 20-21.

2. Es decir, en tu interior.

3. V. *supra* 27-3, nota 2.

Él mismo es quien ha pedido *que se le conceda* este don en la *necesidad de su* dependencia (*taʿalluq*), de modo que pueda disponer las cosas y pronunciarse sobre ellas según la disposición de Allāh, contemplando (*mušāhada*) el Decreto (*qaḍāʾ*) de Allāh en los momentos que *para cada cosa* ha predeterminado (*taqdīr*), y todo ello a partir de un *directo* testimonio presencial (*muʿāyana*) y de una verificación *personal* (*taqḥīq*). Así pues, si un día fueras erigido árbitro (*ḥakam*) en virtud de Su Palabra —Enaltecido sea— "nombrad un árbitro de su familia [...]" (C. 4:35)[4], sabe entonces que Allāh —Enaltecido sea— te ha puesto a prueba (*ibtilāʾ*) al hacerte ocupar[5] Su posición (*manzila*) en Su creación. Y este nombre es el que Él otorga a aquellos a quienes confiere la dignidad de vicerregentes[6] en la tierra como prueba y como agasajo, para someterlos a prueba (*ibtilāʾ*) y para honrarlos (*takrīm*).

El aspecto de Su prueba (*ibtilāʾ*) es para aquel que no juzga y dispone en conformidad con lo que *en este apartado* hemos mencionado sobre el revestimiento *con la cualidad de este nombre* (*tajalluq*); y *el aspecto de* honor y agasajo (*ikrām*) es para aquel a quien el Verdadero (*al-Ḥaqq*) —Enaltecido sea— pone por testigo de Sí mismo (*min nafsi-Hi*) según lo que hemos mencionado.

Así es pues el Árbitro (*al-Ḥakam*) —Glorificado sea— y también está relacionado con este nombre el orden *gradual* de la sabiduría (*tartīb al-ḥikma*) que se ha manifestado por el nombre *al-Ḥakīm*[7], de

---

4. El texto completo de la aleya dice así: "Si teméis una ruptura entre los esposos [lit. 'entre ambos'], nombrad [lit. 'enviad'] un árbitro (*ḥakam*) de la familia de él y otro de la de ella. Si desean reconciliarse, Dios hará que lleguen a un acuerdo. Dios es omnisciente, está bien informado". Trad. Cortés.

En el comentario a este nombre emplea Ibn ʿArabī dos veces el verbo *waffaqa* (forma II de raíz *w-f-q*) usado en al final de esta aleya: *in yurīdū iṣlāḥ{an} yuwaffiqu Llāhu bayna-humā*, "si ambos quieren una reconciliación, Dios hará que lleguen a un acuerdo [les conciliará]".

5. Lit. 'al hacerte descender en Su creación a *ocupar* Su posición'.

6. Sobre la pluralidad de los sucesivos vicerregentes véase *Tadbīrāt* (ed. Nyberg), cap. V, pp. 144-145, donde —como ya he señalado en la introducción— se menciona este tratado sobre los nombres con su título íntegro.

7. Aquí el verbo "se ha mostrado", "se ha revelado", puede significar, por un lado, que esta cuestión relativa a la sabiduría ha sido revelada a Ibn ʿArabī por medio del nombre *al-Ḥakīm* y, por otro, que la sabiduría —y el orden de sus sucesivos grados— se ha manifestado en el cosmos por mediación de este mismo nombre. Si únicamente hubiese querido decir que lo referente a esta cuestión se comentará en el

modo que dejamos la cuestión por ahora para tratarla más adelante en el comentario al nombre *al-Ḥakīm*.

apartado sobre el nombre *al-Ḥakīm* no hubiera empleado el perfectivo, ya que el correspondiente capítulo es posterior.

(30) *Al-ʿAdl*

EL JUSTO, EL EQUITATIVO

1. Dependencia (*taʿalluq*): Tienes necesidad de Él para alcanzar *la morada de* la justicia[1] y para *poder* determinar en qué circunstancias es oportuno hacer justicia[2].

2. Realización (*taḥaqquq*): La justicia (*ʿadl*) consiste en tomar partido (*mayl*) (1) a favor del derecho establecido por la ley o verdad legítima (*ḥaqq ḥukmī*) y (2) a favor del deber que impone la sabiduría o verdad sapiencial (*ḥaqq ḥikamī*), así como la injusticia (*ŷawr*) consiste en apartarse (*mayl*) de estas dos verdades. Ambas —*justicia e injusticia*— son pues una inclinación (*mayl*)[3]. Por ello no puede haber sino una *sola* inclinación distintiva (*mayl ŷāṣṣ*) *que caracteriza la justicia y* consiste en dar a cada cual lo que por derecho le corresponde (*iʿṭāʾ kulli ḏī ḥaqq^{in} ḥaqqa-hu*)[4] tras la previa petición[5] por parte de aquel que merece y requiere tal derecho (*mustaḥiqq li-ḥaqq*), solicitándolo bien sea por la petición verbalmente articulada (*ṭalab bi-nuṭq*), bien sea por su estado *interno* (*bi-l-ḥāl*), o bien porque se

---

1. Lit. "para conseguirla", pues *ʿadl* significa también 'justicia', 'equidad', 'rectitud'. Por tanto, podría traducirse "tienes necesidad de la Justicia para lograr adquirir la justicia…".

2. Lit. "para determinar los lugares de su administración (*taṣrīf*)", es decir, para saber concretar dónde, cómo, cuándo y por qué ha de intervenir el siervo en la aplicación de la justicia.

3. Hay aquí una alusión a la balanza, cuyo fiel se inclina hacia el lado de la justicia o hacia el otro lado. Ambas tendencias son "inclinación" de un mismo fiel. Por ello dice el autor: "Ambas son 'inclinación' (*mayl*)".
La Balanza (*mīzān*) según comentario de Sitt al-ʿAŷam, es el símbolo de la Justicia (*ʿadl*). Cuando Dios ordena al Hombre Perfecto que alce la balanza (v. *infra* 46-3), el acto de alzarla indica que el Hombre Perfecto queda, tras ello, obligado a la Justicia con carácter universal. Cf. Sitt al-ʿAŷam, *Kašf al-kunūz*, ms. Ayasofya 2019, fol. 203a-b.

4. Según Ibn ʿArabī *ḥaqq*, en el sentido de 'justicia' (*ʿadl*), es un atributo del Hombre Perfecto "que da a cada cual lo que en justicia (*ḥaqq*) le corresponde, así como Allāh 'ha dado a cada cosa su creación (*jalq*)'" (C. 20:50). *Fut.* III, p. 398.

5. Lit. 'tras la existencia de la petición' o 'tras encontrar la búsqueda-necesidad' (*wuŷūd al-ṭalab*).

actualice la condición (*ḥuṣūl al-šarṭ*) *oportuna*, si es que *lo requerido* estuviera sujeto a condición de tiempo, lugar o estado[6].

3. Adopción (*tajalluq*): Consiste en que tomes partido por la justicia (*ḥaqq*)7 según lo que hemos comentado, pero por *la causa de la divina* Verdad (*al-Ḥaqq*) y no por ti mismo, ya que, así como tú pides al Verdadero (*al-Ḥaqq*) justicia (*ʿadl*) en Su juicio (*ḥukm*) sobre ti, así pide Él de tu parte justicia en el juicio sobre Él con relación a lo que de Él pides, según el límite de lo que ha legislado para ti.

Consiste esta adopción así mismo en que luego cumplas y ejecutes en el cosmos (*ʿālam*) este atributo, según esta dirección (*naḥw*).

Quien es de esta guisa se ha revestido, así pues, de Su nombre 'el Justo' (*al-ʿAdl*)[7].

---

6. Tres modos de solicitud (*ṭalab*): verbal, tácita y circunstancial: (1) la petición explícita acompañada de formulación verbal (ya sea externa o interna); (2) la petición implícita de lo que requiere el estado espiritual del solicitante; (3) la inmediata petición de lo que una circunstancia requiere al darse la condiciones para ello. V. *supra* 19-3, nota 12.

7. Es decir, por el derecho legítimo, por la verdad revelada.

(31) *Al-Laṭīf*

EL SUTIL
EL BONDADOSO, EL BENEVOLENTE
EL AGRACIADOR

1. Dependencia (*taʿalluq*): Tienes necesidad de Él —Exaltado sea— para que te descubra (*iṭlāʿ*) el aspecto velado de Sus favores (*afḍāl*), de modo que estés agradecido, y para que te de a conocer Su ardid (*makr*), de modo que estés en guardia.

2. Realización (*taḥaqquq*): El Sutil es el que en Su Esencia (*ḏāt*) está oculto (*al-jafī*), de modo que no puede ser aprehendido, y en Su acción (*fiʿl*) oculto permanece, de modo que no se *Le* pueda contemplar.

El *Sutil* hace llegar sus benignas ayudas (*marāfiq*) de tal modo que no se perciban[1].

3. Adopción (*tajalluq*): Consiste en que se establezca al siervo en *la morada de* la *permanente* rememoración interior (*ḏikr al-nafs*)[2] y en la adoración (*ʿibāda*) *propia* del secreto íntimo (*sirr*) *del corazón*, liberado *de los impulsos y las pasiones* de su alma[3], y cuánto más de cualquier otra cosa.

Consiste así mismo en que *el siervo* haga llegar aquello que es benéfico (*maṣāliḥ*) a quienes tienen necesidad de ello y son aptos para

---

1. Así pues, al-Laṭīf es 'inaprehensible', 'invisible' e 'imperceptible' en el sentido de que no puede captarse en esencia, no puede contemplarse en acto y pasa desapercibido cuando manifiesta los efectos de Su gracia.

2. También podría vocalizarse *nafas*, 'aliento', en lugar de *nafs*. El recuerdo permanente del alma, es decir, la conciencia profunda de sí mismo (*ḏikr al-nafs*) junto con la incesante invocación interna —por oposición a la invocación externa de la lengua— está relacionado en cualquier caso con la 'rememoración del aliento' (*ḏikr al-nafas*) que puede entenderse en varios sentidos: la atención consciente a la propia respiración, la invocación de un nombre de Dios al ritmo de la respiración o la conciencia de la incesante renovación de la creación a cada aliento (*bi-l-anfās*).

3. O bien, más simplemente, "y en la secreta adoración con dejamiento de sí...". La profunda adoración es secreta incluso respecto a la propia alma ¡cuánto más con respecto a otro!

percibirlo[4], sin que éstos tengan conocimiento de que es él quien se lo hace llegar, ya sea en el plano sensible o en el plano inteligible, tanto por lo que se refiere a la creación (*jalq*) como por lo que se refiere a la Realidad (*al-Ḥaqq*)[5].

Cuando *el fiel* haya hecho esto, entonces se habrá revestido *de la cualidad de este nombre* y esta adopción (*tajalluq*) le brindará el conocimiento de los misterios divinos (*al-asrār al-ilāhiyya*) y de los secretos (*jafāyā*) de las disposiciones (*aḥkām*) *de Allāh* en Su creación (*jalq*).

Y bajo este nombre están incluidos *los nombres* el Omnicompasivo y el Misericordioso (*al-Raḥmān al-Raḥīm*) y lo que ambos contienen.

---

4. Lit. "haga llegar las cosas buenas a sus dueños (*arbāb*)".

5. El Šayj dice: "Aunque el cosmos sea múltiple, *todo* retorna a una única esencia (*ʿayn wāḥida*)" —y sigue con un verso: "Todo lo que hay en *el plano de* la existencia es *ḥaqq*; todo lo que hay en *el plano de* lo visible es *jalq*". Cf. *Fut.* III, p. 306.

(32) *Al-Jabīr*[1]

EL INFORMADO, EL ENTERADO
EL SAGAZ CONOCEDOR
EL EXAMINADOR
EL QUE PONE A PRUEBA

1. Dependencia (*taʿalluq*): Tienes necesidad de Él —Exaltado sea— para que te haga conocer (*iṭlāʿ*) lo que en Su *omnisciencia* (*ʿilm*) sabe sobre ti antes de que se haga efectivo.

2. Realización (*taḥaqquq*): *Está expresada en estos pasajes coránicos*: "Hemos de probaros de modo que sepamos quiénes de vosotros se esfuerzan y perseveran con paciencia, y para comprobar las noticias *que tenemos* de vosotros" (C. 47:31) *y* "para comprobar quién de vosotros obra mejor" (C. 11:7)[2].

Él sabe *ya en su omnisciencia* lo que ha de ser, pero luego tiene lugar la comprobación experimental (*ijtibār*) por la que, aquello a lo cual estaba vinculada desde siempre la presciencia *divina* (*ʿilm*)[3] *de modo latente*, se manifiesta exterior y efectivamente a aquel que está sometido a esta prueba (*ibtilāʾ*). De este modo, Su saber —*el conocimiento propio del Bien Informado (al-Jabīr)*— depende (*taʿalluq*) de aquello —*del objeto de conocimiento que constituye la prueba*— en cuanto a lo que es efectivamente en tanto que ente actual (*kāʾin*), no

---

1. Dios recibe en el Corán el apelativo de *Jabīr* en 22 ocasiones. Cf. *Concordancias...*, p. 710. En el ms. E (fol. 15a) figura una nota que reproduce con omisiones un pasaje de la 'Presencia del conocimiento experiencial' (*ḥaḍrat al-jibra*), cf. *Fut.* IV, p. 339, líneas 15-20.

2. En dos pasajes coránicos figura esta misma frase: "Es Quien ha creado la muerte y la vida para probaros, para ver quién de vosotros es el que mejor se porta [...]" (C. 67:2). "Él es Quien ha creado los cielos y la tierra en seis días, teniendo Su Trono en el agua, para probaros, para ver quién de vosotros es el que mejor se comporta [...]" (C. 11:7). Trad. Cortés.

3. Según Ibn ʿArabī "el saber depende de su objeto", lit. "sigue a lo sabido", es decir, el objeto de conocimiento precede al conocimiento que de él pueda tenerse y lo determina. Por ello emplea el autor la expresión "aquello a lo cual estaba ya relacionado o de lo cual dependía (*taʿalluq*) el saber", es decir, las entidades inmutables —objeto de la eterna omnisciencia divina— en el estado de latencia propio de la 'inexistencia' (*ʿadam*) o 'existencia en potencia'. Sobre este tema, v. *Fuṣūṣ*, p. 96.

con relación a lo que será *su entidad latente* cuando llegue al estado de ser *ente* actual (*kawn*)[4].

Así pues, en virtud de esta relación (*ta'alluq*) *de reconocimiento y comprobación que tiene por objeto lo engendrado* se Le llama 'Jabīr'.

3. Adopción (*tajalluq*): No puede tener el siervo experiencia (*ijtibār*) alguna con relación a ningún ser engendrado (*kawn*) respecto al cual no tenga alguna pretensión (*da'wà*), pues sólo cuando tiene una pretensión puede resultar evidente al siervo cuál es su experiencia (*ijtibār*) con respecto a tal pretensión.

Por el saber (*'ilm*) obtenido como resultado de esta comprobación experimental (*ijtibār*) se llama *a quien lo adquiere* 'conocedor' (*jabīr*).

A este respecto se lee en el Corán: "¡Que Allāh te perdone![5] ¿Por qué les has dispensado [de la lucha] antes de que fuera claro para ti quiénes son verídicos y supieras quiénes son los que mienten?" (C. 9:43). Y esto se refiere al saber oculto (*'ilm jafī*) con relación a nosotros, no con relación a Dios —Enaltecido sea—, con lo cual se ha establecido *en la revelación la posibilidad de* privarse de la información (*mujābara*)[6] *resultante de la experiencia*.

---

4. Ya que esta modalidad de conocimiento es propia del Omnisciente (*al-'Alīm*), no de al-Jabīr.

5. Esto va dirigido al Profeta, cuya pecabilidad —según J. Cortés— se admite aquí.

6. Es decir, la posibilidad de dejar de recurrir —al no realizarla— a la información que brindaría determinada experiencia. Por otro lado, podría entenderse que en este pasaje se manifiesta el carácter restringido de la comunicación (*mujābara*) entre Dios y el Profeta, pues Dios en Su omnisciencia no le había conferido el conocimiento inmediato de la distinción entre los sinceros e insinceros, sino que le había ofrecido la posibilidad de obtener este conocimiento de modo experimental.

(33) *Al-Ḥalīm*

EL INDULGENTE, EL CLEMENTE
EL MANSO

1. Dependencia (*taʿalluq*): Tienes necesidad de Él —Exaltado sea— para lograr llevar a buen término la aspiración (*imḍāʾ al-himma*) *espiritual* y *para conseguir* la capacidad de autodominio (*tamakkum*) y el poder operativo (*iqtidār*) *necesarios* para hacerla efectiva (*fiʿl*) en la dirección correcta.

2. Realización (*taḥaqquq*): Consiste, *por parte de Dios*, en abstenerse de ejecutar el castigo que corresponde a una vileza (*ḏilla*), especialmente cuando ésta se manifiesta *en el siervo* a pesar de *tener éste* la capacidad de autodominio (*tamakkum*) y el poder (*iqtidār*) *necesarios para evitarla.*

3. Adopción (tajalluq): En lo mismo *que la realización —pero por parte del siervo—* consiste el revestimiento *de la cualidad de este nombre* (*tajalluq*).

(34) *Al-ʿAẓīm*

EL INCONMENSURABLE
EL MAGNIFICENTE
EL INMENSO, EL EMINENTE
EL GRANDIOSO

1. Dependencia (*taʿalluq*): Tienes necesidad de Él —Glorificado sea— para llegar a ser eminente ante (*ʿaẓīm*) Él, no ante lo engendrado (*kawn*) a menos que seas emisario (*muballig*) de Allāh por orden (*amr*) *Suya*[1], *en cuyo caso* es preciso que afrontes *la misión* con la *debida* reverencia (*iḥtirām*) y dejes constancia de tu eminencia (*ʿaẓama*)[2] en los corazones de quienes escuchan, para que el mandato (*amr*) de Allāh sea recibido con veneración (*ḥurma*) *y considerado inviolable*, de modo que en este intento (*ṭalab*) —en la cual está *implícita* la necesidad (*iftiqār*) *que tienes* de Él— estés siempre, en tanto que mensajero, procurando la magnificación del Verdadero (*taʿẓīm al-Ḥaqq*) en el mundo creado (*kawn*), y no la magnificación (*taʿẓīm*) de ti mismo.

2. Realización (*taḥaqquq*): La Grandiosidad (*ʿaẓama*) en sentido absoluto sólo pertenece a Aquel a quien corresponde el nombre de la divinidad (*ulūhiyya*), aparte de lo cual sólo puede darse una magnificación relativa (*taʿẓīm iḍāfī*) que consiste en la adopción (*tajalluq*), *por parte del siervo, de este atributo divino*[3].

[3. Adopción (*tajalluq*)]: La grandiosidad (*ʿaẓama*) es, pues, un estado (*ḥāl*) que se da en el magnificado (*muʿaẓẓam*), mas no *necesariamente* en quien magnifica (*muʿaẓẓim*), pues quien magnifica pue-

---

1. O bien, "que tengas que transmitir algo/una orden de parte de Allāh".

2. Es decir, de la grandeza e importancia de tu misión en tanto que transmisor.

3. Alusión a la aleya coránica en que dice Dios dirigiéndose al Profeta: "Tú eres de carácter eminente (*juluq ʿaẓīm*)" (C. 68:4). El término *tajalluq*, nombre verbal de forma quinta de la misma raíz (*j-l-q*) que los términos *juluq* y *jalq*, significa de hecho la adquisición por parte de la 'creatura' (*jalq*) *por excelencia* —es decir, el ser humano—, del 'carácter' (*juluq*) de un nombre. La adopción creatural de un rasgo de carácter divino como la grandiosidad (*ʿaẓama*) es necesariamente un añadido (*iḍāfa*) en virtud del cual el siervo se reviste de ese carácter de modo relativo.

de en ocasiones estar en esa posición (*manzila*) *de eminencia* y no estar en ella en otras ocasiones.

Dijo el Príncipe de los creyentes, Hārūn al-Rašīd[4]:

(1) Las tres amables doncellas
que mi rienda (*ʿinān*) han dominado
en cada parte y rincón
de mi corazón habitan.

(2) ¿Qué es lo que a mí me sucede
que obedeciéndome todos
a ellas *tres* obedezco
que se resisten a mí?

(3) No puede ser otra cosa:
el poder de la pasión (*sulṭān al-hawà*),
sobre el cual tienen dominio,
es más fuerte que mi imperio[5].

---

4. Sobre este célebre califa abasí (786-809), v. *EI²*. Estos versos —de los cuales no se halla referencia en las traducciones de Asín o Gloton luego mencionadas— pueden encontrarse en la antología de Muḥammad Ibn Šākir al-Kutubī, *Fawāt al-wafayāt* —ed. Iḥsān ʿAbbās, Dār Ṣādir, 1973, Beirut, vol. IV, p. 226; ed. Muḥammad Muḥyī l-Dīn ʿAbd al-Ḥamīd, El Cairo, 1951-53, vol. II, p. 617—, donde la autoría de los versos se atribuye en efecto al califa Hārūn al-Rašīd. Sobre la historia de la canción castellana de "las tres morillas", v. J. Ribera, "La música de las cantigas", *Disertaciones y Opúsculos*, Madrid, 1928, p. 87.

5. Están estos versos en metro *kāmil* trímetro cataléctico regular con rima en -*ānī*. El primero es el primer verso de la composición original (*maṭlaʿ*), ya que el primer hemistiquio también rima.

El primero de estos versos es separadamente citado y comentado en detalle por Ibn ʿArabī en *Fut.* II, pp. 329-330. V. trad. Asín, *IC*, pp. 472-473, y trad. Gloton, *Traité de l'amour*, pp. 79-80. Dice Ibn ʿArabī en este pasaje antes del verso: "Conviene que sepas que el amor no admite asociación; pero esto, únicamente cuando la esencia del amante es simple e indivisible, pues cuando es compuesta, ya cabe que su adhesión amorosa tenga objetos varios: sean éstos tan sólo aspectos diferentes, sean varias cosas concretas en las cuales existan aquellas razones diferentes. En estos casos, el hombre puede ya amar a varios objetos, pues siendo posible que ame a más de uno, cabe igualmente que ame a muchos. Y en este sentido dijo el Príncipe de los creyentes: [... Y tras citar el verso sigue diciendo:]

He aquí un amante que ama a tres; y, sin embargo, no deja de haber su misterio en las palabras "...mi rienda" en singular, en vez de suponer varias riendas para estas sus amadas. Con ello da a entender que su amor, aunque es algo compuesto, sin embargo, no ama más que una sola cualidad, que para él existe en esas tres jóvenes, es decir, que se encuentra en la individualidad de cada una de ellas. Así lo confirma la terminación del verso: "y en todos los rincones de este mi corazón las tres habitan"; porque si él amase, de cada una de las tres, una cualidad que en las otras no existiera, seguramente que la rienda, de la cual una tirase, sería distinta de la rienda de las otras, y así también, el lugar que la una ocupase en su corazón no sería el mismo que las otras ocupasen. Luego es un solo amante que ama a un solo objeto; pero este único objeto amado existe en varios seres concretos; y en este sentido y por esta razón, ama a varios". (Trad. Asín, *Ibid.*, pp. 472-73).

Los tres versos aparecen también, citados esta vez conjuntamente, en *Fut.* II, cap. 78, p. 113 (*Fut.* XII: 500), donde también atribuye su autoría a Hārūn al-Rašīd. Trata allí el Šayj acerca del amor en respuesta a la cuestión 116 —de las 155 formuladas por Ḥakīm Tirmiḏī (sobre este cuestionario, v. *Kitāb jatm al-awliyā'*, ed. O. Yahya, Beirut, 1965)— en que se pregunta: "¿Qué es la bebida del Amor?" (*Fut.* II, pp. 111-114).

En un pasaje dice el autor: "En ocasiones, aun siendo el amado esclavo del amante y a pesar de estar sometido a su autoridad, nos encontramos con que el amante se rebaja y humilla ante él. Mas sabemos que esto se debe al poder del amor (*'izzat al-ḥubb*), no al poder del amado (*maḥbūb*)". Seguidamente cita el autor estos versos y comenta a continuación: "Y *en ellos el poeta* ha asignado la fuerza (*quwwa*) a la pasión (*hawà*) en la expresión 'el poder de la pasión' (*sulṭān al-hawà*)". Cf. *Fut.* II, p. 113.

(35) *Al-Gafūr*

EL MUY PERDONADOR
EL INDULGENTÍSIMO
EL QUE CUBRE CON VELO PROTECTOR

1. Dependencia (*taʿalluq*): Tienes necesidad de Él —Glorificado sea— para que deje caer el velo (*isbāl al-sitr*) *protector del perdón —que cubre las faltas—* de modo general, entre tú y todo daño (*ḍarar*) cuyo efecto recaiga sobre ti, *y lo tienda* sobre *todo* aquello, de cuanto resulte censurable[1], que ha puesto en ejecución en ti, ya sea en el plano de lo sensible o en el plano de lo inteligible.

2. Realización (*taḥaqquq*): *Morfológicamente este nombre* es una forma intensiva (*bunya mubālaga*)[2] *que expresa un grado intenso* en la realización (*taḥaqquq*) de la cualidad *o acción* que con él se significa. Dícese en un verso[3]:

"Cuando estaban faltos de víveres, generosamente cortabas (*ḍarūb*)[4] con el filo de la espada, sacrificándolos, las patas de los camellos".

---

1. Lit. "de cuanto está relacionado con la falta reprobable (*maḏamma*)".

2. Ibn Ŷaʿīš cita en su *Comentario* al *Taṣrīf al-mulūkī* de Ibn Ŷinnī, cinco formas de *ṣifa* o calificativo "instituido para el intensivo" (*mawḍūʿ li-l-mubālaga*): *mifʿāl, faʿʿāl, faʿūl, faʿil, faʿīl*. Cf. Fleisch, *Traité...*, I, p. 256, 53i.

3. Ibn ʿArabī cita este verso para ejemplificar la distinción gramatical entre *gaffār* y *gafūr*, por analogía con los términos *ḍarrāb* y *ḍarūb*. Este verso, en metro *ṭawīl*, ha sido recurrente cita probatoria en tratados de gramática. En su edición y comentario de la obra de Ibn Hišām al-Anṣārī, *Šudūr al-ḏahab*, Muḥammad Muḥyī l-Dīn ʿAbd al-Ḥamīd lo atribuye a Abū Ṭālib Ibn ʿAbd al-Muṭṭalib b. Hāšim, quien lo habría recitado en su elegía a Umayya b. al-Mugīra al-Majzūmī. V. *Šarḥ šudūr al-ḏahab fī maʿrifat kalām al-ʿarab*, p. 393.

El Šayj cita este mismo verso con análogo propósito en *Fut.* VIII: 7 y XI: 145. En *Fut.* VIII, p. 51, dice respecto al término *ḍarūb* del verso: "y está en forma *faʿūl* para expresar intensidad (*mubālaga*) en la generosidad (*karam*)".

4. *Ḍarūb* —palabra del mismo esquema morfológico (*faʿūl*) que *gafūr*— significa aquí 'que corta'. En este caso, 'que corta con generosidad' (v. nota *supra*). Por oposición a *ḍarrāb*, también intensivo —que significaría según se desprende del comentario 'el que corta abundantemente' para todos, sin discriminación—, *ḍarūb* tiene un sentido más restringido y específico, 'el que corta generosamente', en este caso, sólo para los necesitados de provisiones.

Si, *en lugar de 'el que corta generosamente'* (*ḍarūb*), se hubiese empleado el término *ḍarrāb* —*también intensivo*, de forma gramatical *faʿʿāl* al igual que *gaffār*—, 'el que corta mucho', significaría entonces que degollaba estos camellos *íntegra e indiscriminadamente*, tanto para los necesitados de víveres como para otros no necesitados.

Así pues, *en virtud de esta distinción entre los paradigmas morfológicos 'faʿūl' y 'faʿʿāl', el nombre* al-Gafūr expresa una relación particular (*taʿalluq jāṣṣ*) por la cual se distingue de al-Gaffār[5].

3. Adopción (*tajalluq*): La adopción de este nombre se da según la misma definición de la realización (*ḥadd al-taḥaqquq*), ya que la realización (*taḥaqquq*) es la ciencia (*ʿilm*) que de él se tiene y el revestimiento (*tajalluq*) es la recepción de su efecto[6].

---

5. Sobre la diferencia de los significados de ambos, v. así mismo el comentario de los nombres *al-Gaffār, al-Gāfir* y *al-Gafūr* en "Comentario a los nombres..." (*Šarḥ.* 16-18). Cf. *Fut.* IV, p. 322.

6. El autor nos brinda nuevos matices de la distinción entre 'verificación' y 'revestimiento': el *taḥaqquq* es el saber (*ʿilm*), el conocimiento *que se tiene* del significado del nombre; el *tajalluq* es la recepción de su huella, de su influjo (*iktisāb aṯar al-ism*).

(36) *Al-Šakūr*

EL AGRADECIDO, EL RECONOCIDO

1. Dependencia (*taʿalluq*): Tienes necesidad de Él —Glorificado sea— para que no te impida estar consciente (*mulāḥaẓa*) de verLe (*ruʾya*) en *todo* aquello con lo cual te ha agraciado. En este sentido dijo *Dios* a Moisés —sobre él sea la paz—: "'¡Moisés! ¡Agradéceme con el verdadero agradecimiento (*ḥaqq al-šukr*)!'. Dijo *entonces Moisés*: '¡Oh Señor! Y ¿cómo podré hacerlo?' A lo cual respondió *el Señor*: 'Cuando puedas ver la gracia (*niʿma*) procedente de Mí, Me habrás agradecido con el verdadero agradecimiento (*ḥaqq al-šukr*)'"[1].

2. Realización (*taḥaqquq*): Por medio del agradecimiento (*šukr*) puede obtenerse la reservada provisión de las gracias ocultas (*niʿam jafiyya*), la cual está guardada en el conocimiento que Él tiene de Su existencia (*wuŷūd*) —Exaltado sea— *según Su Palabra*: "Si sois agradecidos, os daré más *de Mi gracia* [...]" (C. 14:7)[2].

El agradecimiento (*šukr*) es una relación (*taʿalluq*) que implica un modo particular de loa (*ṯanāʾ jaṣṣ*), el cual no comprende la totalidad de la alabanza general (*ʿumūm al-ḥamd*) y que consiste en el loor (*ṯanāʾ*) a Él por lo que procede de Él, parte de lo cual es el agradecimiento (*šukr*)[3]. Y éste es el lugar en que está depositado el secreto (*mawḍiʿ al-sirr*) que el Real (*al-Ḥaqq*) —Enaltecido sea— tenía celo por guardar, de modo que ordenó ocultarlo "[...] y ambos comenza-

---

1. Es decir, que el verdadero agradecimiento es el reconocimiento de la gracia procedente de Él, el conocimiento de que la gracia *de todo cuanto se manifiesta* proviene de Él.

Ibn ʿArabī cita esta misma tradición en *Fut.* XIII: 402, p. 336, y XIV: 110, p. 179, donde él mismo nos informa de que "este hadiz ha sido transmitido por Ibn Māŷah en su recopilación de tradiciones (*Sunan*)".

El verdadero agradecimiento es pues el agradecimiento propio del saber (*šukr ʿilmī*). Cf. *Fut.* XVI: 110.

2. La aleya completa dice: "Y cuando vuestro Señor anunció: 'Si sois agradecidos, os daré más [de Mi gracia]. Pero, si sois desagradecidos,... Ciertamente, Mi castigo es severo'" (C. 14:7). Trad. Cortés.

3. V. *infra* nota 6.

ron a cubrirse con hojas del Jardín [...]" (C. 7:22)[4], porque era el secreto de la existenciación (*sirr īŷād*) de las entidades latentes (*aʿyān kāmina*) y de la propagación del deleite (*sarayān al-laḏḏa*) que penetra y se difunde en la totalidad de la constitución (*našʾa*)[5].

3. Adopción (*tajalluq*): El revestimiento de la cualidad (*tajalluq*) de este nombre se manifiesta externamente (*ẓāhir*) sin que haya en él ocultación (*jafāʾ*) alguna. *Consiste en lo que ordena la Palabra divina*: "que seas agradecido conmigo [con Dios] y con tus padres. Yo soy el fin de todo" (C. 31:14)[6], por la *relación de* causalidad (*sababiyya*), *es decir, en razón del vínculo causal que a ellos te une en tanto que son causa secundaria o medio de tu existencia.*

---

4. Dice así el texto completo de la aleya: "Les hizo caer, pues, dolorosamente. Y cuando hubieron gustado ambos del árbol, se les reveló su desnudez y comenzaron a cubrirse con hojas del Jardín [...]" (C. 7:22). Trad. Cortés.

5. La constitución adánica del Hombre Perfecto o la constitución del cosmos donde las entidades latentes cobran existencia y gozan de su manifestación.

6. El texto completo de la aleya dice así: "Hemos ordenado al hombre con respecto a sus padres —su madre le llevó [dentro] sufriendo pena tras pena y le destetó a los dos años—: 'Sé agradecido conmigo [con Dios] y con tus padres. ¡Soy Yo el fin de todo!'" (C. 31:14). Trad. Cortés.

Obsérvese que en el apartado anterior el Šayj ha aludido a los primeros padres, Adán y Eva, a quienes se refiere el pasaje coránico citado (C. 7:22). Hay en este comentario un trasfondo de simbología sexual que relaciona metafísicamente a la pareja adánica prototípica, que cubre la desnudez de sus órganos y —por otro lado— procrea, con el oculto secreto de la existenciación de las entidades latentes, que resulta de la interacción de las causas secundarias en el dominio de la dualidad. Téngase en cuenta que la raíz *š-k-r* denota 'sexo femenino' y 'fertilidad'. En *al-Qāmūs al-Muḥīṭ* se recogen estas acepciones del término *šakr* (escrito igual que *šukr*): *nikāḥ* ("casamiento"), *šakr al-ḥir* (en nota: *farŷ al-marʾa*, "órgano sexual femenino"). Por otra parte, el término *ṯanāʾ* es de la misma raíz léxica que *iṯnān*, "dos", y *ṯunāʾiyya*, "dualismo".

(37) *Al-ʿAlī*

EL ALTÍSIMO, EL EXCELSO, EL SUBLIME

1. Dependencia (*taʿalluq*): Tienes necesidad de Él —Glorificado sea— para conseguir alcanzar un grado (*daraŷa*) tal en proximidad (*qurba*)[1] a Él que no haya un grado superior a éste que ningún otro pueda alcanzar.

2. Realización (*taḥaqquq*): *El término* al-ʿAlī es una forma intensiva (*bunya mubālaga*)[2], de modo que significa la elevación (*ʿulū*) *de aquel a quien califica o nombra* en el grado máximo (*aqṣà*) sin contar con *el nombre* al-Aʿlà, 'el Más Elevado'[3].

---

1. En C. 9:99 se emplea el término *qurba*, pl. *qurubāt*, traducido por Cortés como 'medio de acercarse' y por Vernet como 'ofrenda' en sus respectivas versiones del Corán. En los escritos akbaríes designa generalmente la 'proximidad' a Dios o, más concretamente, la 'Morada de la Proximidad divina', a la cual accedió Ibn ʿArabī en el año 597/1200 (cf. *Fut.* II, p. 261) y a cuya realidad consagró un tratado independiente, el *K.* (*Maqām*) *al-qurba* (RG: 414) —v. *Rasāʾil*, ed. Hyderabad— y varios capítulos de *Fut.* (cf. RG: 14).

2. Es decir, una forma gramatical de superlativo, que expresa una cualidad en grado superlativo. V. 35-2.

3. Elativo de *ʿalī*. Si se traduce *bi-jilāf* por 'a diferencia de' (v. 40-2, donde se emplea con este mismo sentido, y v. también *Kabīr*, 38-2), se entiende ʿAlī como superlativo que supera la comparación entre 'alto' y 'más alto' a diferencia de al-Aʿlà que, por su implícito valor comparativo ('el que es Más Alto *que otro*') sí establecería una relación de comparación. En apoyo de esta lectura cabe señalar que en el Corán sólo se emplea el nombre al-Aʿlà —que únicamente figura en la lista de Aʿmaš— como calificativo de *Rabb*, 'Señor' (cf. C. 79:24, 87:1 y 92:20). Sobre estos y otros nombres de raíz ʿ-*l-y*, v. *Noms*, pp. 206-207.

Si se entiende que la expresión *bi-jilāf* significa aquí 'sin contar con...', entonces el elativo al-Aʿlà habría de entenderse como superlativo "el Elevadísimo por encima de todo lo demás" con respecto al cual no cabe comparación alguna, en sentido análogo al del elativo en la fórmula *Allāhu akbar*, 'Dios es grandísimo *por encima de todas las cosas y de toda comparación*" —sentido trascendente— y no sólo 'Dios es más grande' que establece una equívoca comparación.

De esta otra lectura del texto —no exento de cierta ambigüedad— se desprendería que al-Aʿlà, en tanto que elativo de la forma intensiva al-ʿalī, es 'el más Exaltado por encima de todo grado de elevación' siendo, pues, tan elevado como el grado máximo correspondiente a al-ʿAlī.

Así pues, si se atribuyera *el nombre* 'el Altísimo' a lo que está por debajo del grado máximo *de elevación*, no se estaría aplicando con propiedad *stricto sensu*, lo cual puede decirse de la totalidad de las relaciones (*nisab*) con las cuales es válido calificar al Altísimo (*al-ʿAlī*) por Su elevación (*ʿulū*) por encima de todo existente (*mawŷūd*), tanto en el plano de lo inteligible como en el plano de lo sensible.

3. Adopción (*tajalluq*): El que de entre los demás seres humanos (*bašar*) consigue supremacía[4] en los más sublimes objetos (*maʿālī l-umūr*) se hace con la preeminencia en las cuestiones relativas al conocimiento (*mutaʿalliqāt al-ʿilm*), destaca sobremanera en *la adquisición de* los más nobles rasgos de carácter (*makārim al-ajlāq*) y sobresale en *la capacidad de* sumergirse (*gawṣ*) en las sutilezas de la *profunda* comprensión (*daqāʾiq al-fuhūm*), a tal siervo *revestido de la cualidad de este nombre* es adecuado llamarle 'altísimo' (*ʿalī*).

---

4. Lit. 'el que se hace con (*ḥāʾiz*) la caña de la precedencia (*qaṣab al-sabq*)', expresión figurada relativa al hecho de echar suertes con tallos de diversos tamaños.

(38) *Al-Kabīr*

EL GRANDE, EL GRANDÍSIMO
EL MAGNÍFICO
EL SUPREMO, EL SUPERIOR

1. Dependencia (*taʿalluq*): Tienes necesidad de Él —Exaltado sea— para lograr la perfección (*kamāl*) de tu esencia (*dāt*) engalanándote (*taḥallī*) con *el atavío* de Su grandeza (*kibriyāʾ*) en tu mundo (*ʿālam*)[1].

2. Realización (*taḥaqquq*): La forma *faʿīl*[2] [estructura morfológica del nombre *al-Kabīr*] no establece comparación cuantitativa (*mufāḍala*) *entre 'grande' y 'más grande'.* No hay por encima de *al-Kabīr*, el Grande, otro más grande (*akbar*) que Él.

El Supremo (*al-Kabīr*) es, de hecho, el que posee el grado (*daraŷa*) de la grandeza (*kibriyāʾ*) de modo absoluto en proporción a lo que Su esencia requiere.

3.Adopción (*tajalluq*): *La adopción de este nombre* consiste en engalanarse[3] con todos los atributos de la perfección (*awṣāf al-kamāl*) que son aplicables al ser engendrado (*kawn*).

Aquel a quien son conferidos *tales atributos* es el Grandísimo (*al-Kabīr*) a quien nadie entre los seres creados (*majlūqāt*) supera en grandeza.

---

1. Puede referirse al mundo del hombre o al microcosmos humano.

2. V. *supra* 37-2, nota 3. Se trata aquí de una forma intensiva que no establece parangón entre lo grande y lo más grande, sino que designa directamente al Supremo, como sucede en el caso de *al-ʿAlī*.

3. Es decir, "en que se adorne el alma (*taḥallī l-nafs*)".

(39) *Al-Ḥafīẓ*

EL PRESERVADOR, EL PROTECTOR
EL CONSERVADOR

1. Dependencia (*ta'alluq*): Tienes necesidad de Él —Exaltado sea— para la preservación (*ḥifẓ*) de tu esencia (*ḏāt*) y para pedir*Le* la protección y apoyo (*ṭalab al-ta'yīd*) *que necesitas* para la preservación y el cuidado (*ḥifẓ*) de otros.

2. Realización (*taḥaqquq*): El Presentador (*al-Ḥafīẓ*) es forma intensiva[1]. Él es el que preserva Su propia Esencia y preserva todo lo demás[2] de cuanto se opone a la armonía de lo preservado (*maḥfūẓ*), ya sea en el orden sensible o en el inteligible.

Y no hay quien se halle en este grado (*martaba*) en virtud de su esencia (*ḏāt*) que no esté restringido (*muqayyad*) a un único cometido particular a excepción, entre los números, del *número* cinco, ya que este número se presenta a sí mismo y presenta, en especial, al *número* veinte[3].

Así pues, el Preservador absoluto y universal es Allāh —Enaltecido sea— *y sólo Él.*

---

1. Esto se refleja aquí en la amplitud de Su protección, pues es el Preservador de todas las cosas.

2. Lit. 'lo otro que Él', es decir, a todos los seres del cosmos.

3. Aquí hay una alusión simbólica de valores numéricos. En el sistema alfanumérico convencional —en el cual se asigna a cada letra un valor—, la letra *hā'* equivale a cinco y la letra *kāf* a veinte. La 'h' es pronombre sufijo de tercera persona en singular y la 'k' es pronombre sufijo de segunda persona. La *hā'* (5) del pronombre *huwa* ('Él') representa simbólicamente la Ipseidad divina (*huwiyya*), la Esencia (*ḏāt*) incognoscible, oculta e incondicionada de Dios. Sobre el simbolismo y la significación de esta letra, v. *Fut.* I: 542-A y 543. La *hā'* también podría referirse simbólicamente a las Cinco Presencias divinas (v. Corbin, *Imaginación*, p. 412).

La letra *kāf* (20), por su parte, como primera letra de la palabra *kawn*, podría aquí simbolizar 'lo creado' y, de ahí, al Hombre Perfecto (*kāmil*). Ibn 'Arabī distingue entre la *kāf* de la esperanza, la expansión, la proximidad y la belleza, y la *kāf* del temor, la apretura, la lejanía y la majestad (cf. *Fut.* I: 560). Representa pues el dominio de los contrarios, de la dualidad yo-tú. El significado de este simbolismo podría ser en tal caso que Dios es el único que no está condicionado, de modo que puede preservar Su propia Esencia (5) y preservar también al hombre-cosmos (20) en donde se manifiesta la multiplicidad de Sus nombres sin que esto signifique, en modo alguno, la abolición de Su unidad esencial.

3. Adopción (*tajalluq*): Consiste en que se de al siervo la capacidad de ocuparse de la preservación de sí mismo y de la preservación de otros en la medida de lo que se le ha encomendado, y puede así mismo darse el caso de que preserve *algo que de otro modo seria aniquilado* por medio de la *concentración de* su voluntad creativa (*himma*), aunque *este acto de preservación por la fuerza activa del corazón* no dependa de una orden *divina (amr)*[4]. También es propio de la adopción de la cualidad de este nombre que el siervo actúe enérgicamente en defensa de *la causa de* Allāh *contra quienes se oponen a Él.*

Dice un verso *con relación a esto*[5]:

"Entonces en mi ayuda ha de venir
un grupo enardecido
de vehementes guerreros

que, en el *celo* del brío defensivo (*ḥafīẓa*),
en caso de tener debilidad (*lūṯa*)
se mostrarían blandos"[6].

---

4. La creatividad de la *himma*, la voluntad espiritual, no está necesaria y exclusivamente restringida al cumplimiento de la orden prescriptiva (*amr taklīfī*), es decir, de las prescripciones de la revelación, sino que puede depender del libre albedrío —sujeto siempre, claro está, a los límites de la Ley—. En cualquier caso, entiéndase que, en última instancia, toda libre resolución está necesariamente vinculada a una divina orden existencial (*amr takwīnī*), es decir, la que no requiere mediación profética. Sobre la distinción entre estos dos modos de 'mandato divino', v. Chittick, *SPK*, pp. 292-293.

5. Metro *basīṭ*. El segundo hemistiquio rima en -ānā. Se trata de un verso de Qurayṭ al-ʿAnbarī, citado en la antología de al-Marzūqī, *Šarḥ dīwān al-ḥamāsa*, El Cairo, 1951, pp. 25-27. V. también Ibn Ŷinnī, *K. al-Jaṣāʾiṣ*, II, p. 27, y al-Šaŷarī, *K. al-Amālī*, II, p. 288. El mismo Ibn ʿArabī menciona *Šiʿr al-ḥamāsa* en *Fut.* VIII: 653.
Cita el Šayj este verso para mostrar la conexión que hay entre la preservación o salvaguardia (*ḥifẓ*) del guardián custodio (*ḥafīẓ*) y la cólera defensiva (*ḡaḍab*) a la que acaba de referirse, ya que en el segundo hemistiquio se usa el término *ḥafīẓa*, de la misma raíz y forma que *ḥafīẓ*, que significa, según *DAE*, 'justa cólera', 'celo', 'brío en defender los propios valores', 'salvaguardia (del error)'. Así que la 'justa cólera', el 'celo' o 'brío por defender la causa divina' (*ḥafīẓa*) —a lo que Ibn ʿArabī se ha referido con la expresión 'salir en defensa de Dios (*ḡaḍiba li-Llāh*)' y que lit. significa 'enardecerse en favor de Dios'— forma parte de esta adopción.

6. Traduzco según el comentario de al-Marzūqī que lee *lūṯa* ('debilidad') y desecha la posibilidad se de leer *lawṯa* ('fuerza'), considerando que la última parte del verso —contrapuesta al primer hemistiquio— constituye una provocadora indirecta del poeta que incita a sus interlocutores para enardecer su ánimo (cf. *Šarḥ dīwān al-ḥamāsa*, pp. 26-27).

(40) *Al-Muqīt*

EL ALIMENTADOR, EL PROVEEDOR
EL MANTENEDOR
EL CAPAZ, EL TESTIGO, EL GUARDADOR

1. Dependencia (*ta'alluq*): Tienes necesidad de Él para que te otorgue un atributo único (*ṣifa wāḥida*) con el cual puedas acoger diversos estados (*aḥwāl*) para recibir[1] la facultad (*quwwa*) que hay en *cada uno de* ellos.

2. Realización (*taḥaqquq*): El Alimentador (*al-Muqīt*) es el que provee el alimento (*qūt*) que es el sustento específico (*rizq jāṣṣ*) con que se mantiene tu complexión (*bunya*), a diferencia de *al-Razzāq*, 'el Sustentador' *que sustenta de modo general.*

El Proveedor (*al-Muqīt*) es el que determina (*muqaddir*) los alimentos (*aqwāt*) *que han de darse* y los momentos (*aqwāt*)[2] *en que se darán*, es decir, el que sabe ('*ālim*) *qué y cuándo proveerá.*

3. Adopción (*tajalluq*): Consiste en que se de al siervo la facultad de dar al necesitado la justa medida de lo que necesita sin excederse *ni quedarse corto*, tanto por lo que se refiere a lo sensible como a lo inteligible, y en que sea conocedor ('*ālim*) del momento en que ha de dar y de la justa medida.

---

1. Es decir, para que seas *capaz* —otro de los significados de *muqīt*— de percibir y hacer frente a las diversas fuerzas.

2. Los términos *waqt* ('momento') y *qūt* ('alimento'), tienen las mismas letras en sus respectivas raíces léxicas, aunque en distinto orden, como sucede en el caso de *qābil* y *qalb* asociados en un verso de *Tarŷumān al-ašwāq* (XI: 13). Al nombre al-*Muqīt*, part. act. (forma IV) de raíz *q-w-t*, está directamente asociado el término *qūt*, de la misma raíz, e indirectamente asociado el término *waqt*, de raíz *w-q-t*.

Desde la perspectiva *intratextual* de los sufíes, las 'coincidencias' lingüísticas de cualquier orden en la lengua árabe —lengua de la revelación islámica— no son efecto de arbitraria casualidad ni de caprichosa convención, sino que indican significativas relaciones *providenciales* entre los términos implícita o explícitamente asociados. Ya que todo está contenido en la omnisciencia divina, nada puede por tanto considerarse meramente arbitrario, sustituible, efecto de la gratuidad del azar. La Palabra divina —ya sea en el Libro o en la creación— es siempre significativa.

(41) *Al-Ḥasīb*

EL CONTADOR
EL QUE LLEVA CUENTA DE TODO
EL SUFICIENTE, EL QUE PROVEE LO SUFICIENTE
EL QUE BASTA A SUS SIERVOS

1. Dependencia (*taʿalluq*): Tienes necesidad de Él —Glorificado sea— para que te ayude a llevar cuenta de tus respiraciones[1], y también precisas de Él para que te provea con suficiencia (*kifāya*) *lo que necesitas* para la ejecución de los deberes que te ha encomendado, de modo que haya en ti satisfacción (*iktifāʾ*) por ello.

2. Realización (*taḥaqquq*): En un sentido, el nombre el Informado (*al-Jabīr*) está contenido en el nombre el Contador (*al-Ḥasīb*)[2], *en otro sentido, el nombre al-Ḥasīb puede tener relación (taʿalluq) con el nombre al-Kāfī,* ʿel Que basta *a Sus siervos*ʾ[3], *según se desprende de las*

---

1. Lit. "a hacer las cuentas con tus alientos (*muḥāsabat al-anfās*)", es decir, (1) a estar atento en todo instante a la propia conducta de modo que sea posible pedirse cuenta de todo acto y, al recapitular, "hacerse responsable" de las propias obras, (2) estar consciente de sí mismo y del entorno mediante la atención a la propia respiración o, en su caso, (3) recurrir a la técnica de llevar la cuenta de la repetición de un *ḏikr* —en general en secuencias impares— al ritmo de la respiración. Estos tres aspectos de este método de meditación han sido abundantemente comentados en los tratados de sufismo. V., p. ej., sobre análogas técnicas empleadas por los naqšbandíes, el estudio de Mir Valiuddin, *Contemplalive disciplines in sufism*, East-West Publications, Londres, 1980, pp. 60 y ss.

En la lengua común, la expresión *ḥāsaba ʿalà nafsi-hi* significa "precaverse, cuidarse" (cf. *DAE*, lit. "tomar cuenta de sí mismo"). Aquí en lugar de *nafs*, pl. *nufūs*, se emplea *nafas*, pl. *anfās*, en lo cual hay una alusión a la íntima relación de ambas realidades —el ánima y el hálito— en el ser humano.

2. En el sentido de ʿQue lleva cuentaʾ de las cosas, es decir, que está informado de ellas.

3. En el mismo sentido, *al-Ḥasīb* es el Que tiene cuenta de lo que Sus siervos precisan y provee lo necesario y, por tanto, ʿel Que basta *a Sus siervos*ʾ.

El ms. B añade: "...y puede también tener relación con el nombre el Respondedor (*al-Muŷīb*)". V. texto árabe, 41, nota 3. En el sentido, en este caso, de que el nombre *al-Muŷīb* significa ʿel Que satisfaceʾ las peticiones y *al-Ḥasīb*, el Suficiente, significa ʿel Que da suficienciaʾ y, por tanto, satisface.

aleyas en que se dice: "¿Acaso no basta (*kāfin*) Dios a su siervo?" (C. 39:36)[4]. "A quien confía en Dios, Él le basta (*ḥasb*)" (C. 65:3)[5].

En realidad, los sentidos de la suficiencia (*kifāya*) son muchos y no pueden recogerse *aquí*[6].

3. Adopción (*tajalluq*): Cuando el siervo realiza cumplidamente aquello cuya ejecución le ha prescrito el Verdadero (*al-Ḥaqq*), de modo que se basta para encargarse del gobierno (*tadbīr*) de sí mismo, y cuando además se rinde cuentas a sí mismo *por sus actos*, tanto interna como externamente, haciéndose responsable tanto de sus pensamientos (*jaṭarāt*) como de sus movimientos (*ḥarakāt*), con atento sentido *autocrítico* (*naqd*) y *con la intención de* aclarar y limpiar *las faltas* (*tamḥīṣ*)[7], es entonces *ḥasīb* en ambos sentidos, 'suficiente' y 'recapitulador'.

---

4. Lit. '¿Acaso no es Allāh el Que basta a Su siervo (*kāfin*)?', es decir, 'bastante para Su siervo', donde se emplea el mismo término del nombre *al-Kāfī*, part. act. Este nombre no está incluido en la lista de Walīd, pero figura en las otras tres listas tradicionales. V. Gimaret, *Noms*, p. 366.

Dice el texto completo de la aleya: "¿No basta Dios a su siervo? Quieren [los infieles] intimidarte con otros [dioses] fuera de Él. Pero aquel a quien Dios extravía no podrá encontrar quien le dirija (C. 39:36)". Trad. Cortés.

5. En la cita anterior se aplicaba el término *kāfin* con análogo sentido al que tiene aquí el término *ḥasb*, de la misma raíz del nombre *al-Ḥasīb*. Esta aleya continúa diciendo: "[...] A quien confía en Dios, Él le basta. Dios consigue lo que se propone. Dios ha establecido una medida para cada cosa" (C. 65:3). Trad. Cortés.

6. Cabe entender a este respecto que la noción de suficiencia divina puede considerarse desde muy diversas perspectivas. En última instancia todo nombre expresaría un aspecto de suficiencia con relación a su atributo específico. Así, p. ej., el Guía sería el que brinda la guía necesaria con suficiencia, el Que se basta para guiar a Sus siervos, etc. Esta correlación de los nombres se funda en el hecho de que, en definitiva, todos ellos designan una única Esencia que trasciende las distinciones.

7. Es decir, con contrición y propósito de enmienda, con atención inmediata y con la intención de aclarar lo erróneo y borrar los pecados.

(42) *Al-Ŷalīl*

EL MAJESTUOSO, EL EXCELSO
EL GLORIOSO

1. Dependencia (*taʿalluq*): Tienes necesidad de Él —Glorificado sea— para que te conceda la morada (*maqām*) en la cual nadie podría alcanzarte aunque lo anhelara, y tienes así mismo necesidad de que te provea de modestia (*tawāḍuʿ*) hasta tal punto que la más pequeña e insignificante de las cosas existentes (*mawŷūdāt*), en la medida de la capacidad de su energía (*ṭāqa*), encuentre afirmación (*tamakkun*) de tu parte y sea digna de tu atención por tu delicadeza y misericordia hacia ella.

2. Realización (*taḥaqquq*): La realidad esencial (*ḥaqīqa*) de este nombre *está expresada en Su Palabra*: "No hay nada que se Le asemeje" (C. 42:11)[1]. Su realidad esencial es también Su descenso (*nuzūl*) hacia Sus siervos, *al cual se refiere el hadiz santo en que dice el Señor*: "¿Hay alguien contrito (*tāʾib*) de modo que Yo pueda perdonarle? ¿Hay alguien que esté suplicando de modo que Yo pueda responderle?"[2], *y en Su Palabra*: "No hay conciliábulo de tres personas en que no sea Él el cuarto, ni de cinco personas en que no sea Él el sexto. Lo mismo si son menos que si son más, Él siempre está presente, dondequiera que se encuentren" (C. 58:7)[3], *y también en*

---

1. En un sentido el nombre *al-Ŷalīl*, en tanto que nombre de Majestad (*ŷalāl*), está relacionado con la Incomparabilidad divina (*tanzīh*) expresada en esta sentencia; en otro sentido, *al-Ŷalīl* está también relacionado con el opuesto aspecto de la Belleza (*ŷamāl*) —de hecho los nombres *al-Ŷalīl* y *al-Ŷamīl* con frecuencia se comentan conjuntamente (cf. Gazālī, *Maqṣad*, pp. 126 y 127)— y con la idea de la similaridad divina (*tašbīh*) expresada —según la lectura alternativa de Ibn ʿArabī— en esta misma aleya. V. *supra* 9-2, nota 3.

2. Fragmento del hadiz sobre el descenso de Dios al cielo del mundo durante el último tercio de la noche. V. Bujārī, *Daʿawāt* 14, *Tawḥīd*, 35; Muslim, *Musāfirūn* 168-170, 172, *Salām*, 124; Abū Dāʾūd, *Sunna* 19; Tirmiḏī, *Ṣalāt* 211, *Ṣawm* 38, 78; Ibn Māŷah, *Iqāma* 191; Dārimī, *Ṣalāt* 168; *Muwaṭṭaʾ*: *Qurʾān* 30; Ibn Ḥanbal IV: 16, VI: 238. Cf. *Fut.* (OY) II, p. 514. Para más referencias v. Graham, *Divine Word*, p. 177. Ibn ʿArabī menciona este fragmento en *Fut.* II: 299 y XI: 198 (*fa-uŷība-hu* en lugar de *fa-astaŷība la-hu*).

3. "¿No ves que Dios conoce lo que está en los cielos y en la tierra? No hay conciliábulo de tres personas en que no sea Él el cuarto [cf. Mt. 18:20], ni de cinco per-

Su Palabra: "Estamos Nosotros más cerca de él que su propia vena yugular" (C. 50:16)[4], *y así mismo en el hadiz en que también dice Dios por boca del Profeta*: "Estuve hambriento y no Me diste de comer; estuve sediento y no Me diste de beber; estuve enfermo y no Me visitaste..." y lo que sigue del texto completo de este hadiz, que es una tradición auténtica (*ṣaḥīḥ*) recogida por Muslim[5].

Por otro lado, a la realización (*taḥaqquq*)[6] de este nombre se refiere el hadiz *en que dice Dios*: "El hijo de Adán Me ha desmentido *sin derecho* y el hijo de Adán Me ha injuriado *sin derecho*"[7], en virtud de lo cual se ha dicho sobre Allāh lo que se ha dicho, y esto se refiere a Su descenso a Sus siervos en sus corazones a una posición (*manzila*) en la cual se enardecen contra Él y con atrevimiento dicen que "la mano de Dios está encadenada (*maglūla*)"[8] y cosas semejantes.

3. Adopción (*tajalluq*): Si solo con la Verdad (*al-Ḥaqq*) en interior retiro el siervo está[9], y estando así con Él donde no hay ni adónde

---

sonas en que no sea Él el sexto. Lo mismo si son menos [de tres] que si son más [de cinco], Él siempre está presente, dondequiera que se encuentren. Luego, el día de la Resurrección, ya les informará de lo que hicieron [en la tierra]. Dios es omnisciente" (C. 58:7). Trad. Cortés.

4. "Sí, hemos creado al hombre. Sabemos lo que su mente le sugiere. Estamos más cerca de él que su misma vena yugular" (C. 50:16). Trad. Cortés.

5. La fuente empleada por Ibn ʿArabī al citar este hadiz en su *Miškāt al-anwār*, nº 98, pp. 128-9, es Muslim, *Birr* (45) 43. La cita aquí es parcial y no coincide exactamente. Sobre el hadiz y otras fuentes, v. Graham, *Divine Word*, pp. 179-80, y Wensinck, *Concordance*, VI, p. 198, que menciona la versión de Ibn Ḥanbal, *Waṣāyā* 7. V. también Morris, "Seeking...", *JMIAS*, XVI, p. 18.

Hadiz citado en *Fut.* (OY) IV: 514; VI: 215-16, 481, 492; VII: 236; IX: 58; XI: 185; XIII: 542, 580; y *Fut.* IV, p. 256, lss. 31 -36.

6. Parece distinguir el autor entre los textos relativos a la *ḥaqīqa*, la realidad esencial del nombre, y los relativos al *taḥaqquq*.

7. V. *Miškāt*, nº 7, pp. 30-31. Sobre las fuentes, v. *Divine Word*, nº 36, pp. 159-160. Mencionado en *Fut.* IV: 266.

8. "Los judíos dicen: 'La mano de Dios está cerrada (*maglūla*)' [...] Al contrario, Sus dos manos están extendidas (*mabsūṭa*) y Él distribuye Sus dones como quiere [...]' (C. 5:64).

9. El verbo *infarada* significa 'aislarse', 'retirarse'. 'Retirarse con Dios' no implica apartarse físicamente del mundo y de los quehaceres cotidianos, sino vivir en la interioridad con una constante y profunda conciencia de la unidad de la Realidad divina al tiempo que se vive en armonía con la sociedad según lo prescrito. 'Estar con Dios donde no hay adónde (*ayn*)' corresponde a la Majestad como contrapartida a la

(*ayna*), ni cuándo[10], ni cómo[11], a ello se entrega por entero perdiéndose en Él hasta llegar a ser en aquella morada espiritual (*maqām*) tal como expresó uno de los gnósticos *en este verso*[12]:

---

maʿiyya, la copresencia divina, el hecho de que Dios está con los siervos dondequiera (*ayna mā*, C. 57:4 y 58:7) que se encuentren, lo cual correspondería a la Belleza.

10. La palabra *ḥaytu* se traduce normalmente por 'donde' o 'mientras' (*DAE*), es decir, localización espacial o espacio de tiempo. Puede entenderse que no hay lugar adónde dirigirse, ni espacio —de lugar o tiempo— donde estar, porque este 'estar con Dios' está fuera de la dimensión espacio-temporal.

11. Lit. 'ni entendimiento', 'ni comprensión' (*fahm*). Porque en el estado de extinción (*fanāʾ*) al que aquí se alude no hay dualidad, no hay quien comprenda ni qué comprender, y el entendimiento requiere conciencia del sujeto y del objeto.

12. Verso en metro *ṭawīl*, citado por el autor en *Fut.* I: 440, p. 258, donde previamente distingue varias modalidades de recepción del discurso divino y cita este verso para ilustrar su exposición acerca de la condición del inspirado:

[439] "¡Qué distancia entre el recopilador que dice 'me ha transmitido Fulano —que en paz descanse— de Fulano...' y quien dice: 'me ha informado mi corazón acerca de mi Señor'! (referencia a Abū Yazīd, v. Maḥmūd Gurāb, *Šarḥ kalimāt...*, p. 152). Y aunque este último tenga una alta capacidad, ¡qué distancia entre él y quien dice: 'mi Señor me ha informado acerca de mi Señor'!, es decir, acerca de Sí mismo —en lo cual hay una alusión simbólica, pues el primero es el Señor condicionado de la creencia (*al-Rabb al-muʿtaqad*) y el segundo el Señor incondicionado, que no está sujeto a restricciones (*al-Rabb allaḏī lā yataqayyad*) y es por mediación sin mediación (*bi-wāsiṭa lā bi-wāsiṭa*)—, lo cual constituye el conocimiento que el corazón recibe de la contemplación esencial (*mušāhada ḏātiyya*), desde la cual se difunde al secreto *del corazón* (*sirr*), al espíritu y al alma.

[440] ¿Cómo puede entonces conocerse la posición doctrinal de quien bebe de esta fuente? No puedes conocerla a menos que conozcas a Allāh —Enaltecido sea— que es incognoscible en todos los sentidos, de modo que tampoco aquel *que bebe de esa fuente* puede ser conocido, pues la razón (*ʿaql*) no sabe dónde se encuentra debido a que el objeto de la razón son los seres engendrados (*akwān*) y Él, como se ha dicho [en el verso aquí citado] no tiene ser engendrado (*kawn*)".

V. también la cita y comentario de este verso en el *Libro de la Eternidad sin principio*, donde el autor —antes de citarlo— explica que "la Palabra (*kalām*) es atributo primordial (*ṣifa qadīma*) de Allāh: no tiene forma [...] y no es contingente" (*K. al-Azal*, p. 4). Cuando Dios se dirigió a Moisés, le habló "con Su Palabra preeterna (*qadīma*)" [...]. "Pretender, considerando a Moisés limitado a la temporalidad, que la Palabra del Hacedor va acompañada de movimiento temporal, resulta menos adecuado que considerar, por el contrario, que Moisés escuchó fuera del tiempo [lit. 'en el no tiempo', la atemporalidad], dado que el Hablante no *le* habló en un *transcurso de* tiempo. Considerar trascendente e incomparable la *escucha* de Moisés es, así pues, más apropiado que considerar inmanente o asemejable la Palabra del Hacedor [lit. 'la inclusión de Moisés en la trascendencia es más conveniente'...]". Cf. *K. al-Azal*, en *Rasāʾil*, ed. Hyderabad, p. 5. V. *infra* nota 14.

"Tú te has manifestado a quien hiciste
después de aniquilado subsistir,
y fue sin ser, por Ti tan sólo siendo"[13]

...y como dijo otro *de ellos*...

"Si a los días pudiera preguntarse
o cuál es mi lugar o cuál mi nombre,
los días no sabrían *responder*"[14].

... —y *todo* esto desde la faz (*wayh*) que de su Señor le corresponde en su existenciación (*īyād*) y en su *subsistenciación* (*ibqā'*)[15], no desde la faz de su causa intermedia (*sabab*)—, al acceder a esta morada, *el siervo* es entonces excelso (*ŷalīl*).

____

13. O bien, "y estuvo así sin ser, pues Tú eras él", lit. 'pues Tú le eras', lo cual en árabe constituye una licencia expresiva y elegante que en castellano no expresa los mismos matices. En sentido técnico, 'serle' significa 'ser en lugar de él *durante* su extinción', es decir, 'ser el verdadero Yo esencial que subsiste a la desaparición del yo personal aparente', o bien 'ser la realidad subyacente de la apariencia del ser personal', con lo cual podría traducirse también 'Y fue sin existir, por Ti existiendo'. Dios es la única causa real, la sola realidad del ser del siervo, el cual existe por Él, en Él se aniquila y por Él subsiste.

14. El verso se refiere, por una parte, al Hombre Perfecto, cuyo atributo, en tanto que Siervo del Majestuoso, se desconoce. Por otra parte, este verso encierra también una alusión a los seis días de la creación mencionados en la misma aleya (C. 57:4) en que se hace referencia a la copresencia divina (*ma'iyya*). El verso alude por tanto, en el plano divino, al hecho de que la atemporal preexistencia divina no puede conocerse desde la temporalidad de la creación. Por ello los días —y todo lo creado en su transcurso— ignoran el nombre de Dios y el lugar en que está, es decir, no Le conocen.

Ibn 'Arabī cita este mismo verso precedido del anterior en varias obras, sin mención de autor.

En el *Kitāb al-Azal* (ed. Hyderabad, pp. 5-6) lo comenta conjuntamente con el verso antes citado (v. *supra* nota 12), indicando que este verso se refiere a un grado más alto de extinción.

A este último añade el Šayj un segundo verso que le sigue y dice así: "Me he ocultado de mi tiempo a la sombra de su ala / y así lo ve mi ojo, sin que verme el tiempo pueda". En el *Kitāb al-Isrā'* (ed. Hyderabad, p. 60, y ed. S. Ḥakīm, IV: 4, p. 148), introduce el autor estos dos versos con la palabras: "como ha dicho el sabio que ha llegado *al conocimiento unitivo* (*wāṣil ḥākim*)". V. también la cita del mismo verso en un comentario (*K. Kašf al-gāyāt*) a la obra de Ibn 'Arabī titulada *K. al-Taŷalliŷāt*, ed. O. Yahya, *AL-MACHRIQ*, 1966-67, nº 433, nota 828. V. *infra* 96-93.

15. Es decir, al hacerle existir y subsistir.

Y también desde *la presencia de* este nombre era desde donde el Profeta —que Allāh le bendiga y salve— bromeaba diciendo al pequeño: "Oye, Abū ʿUmayr, ¿qué ha hecho el *nugayr* [lit. 'pajarillo']?"[16]. Y a este apartado corresponde también *la paciencia del Profeta con la prolijidad (istaṭāla) de quien de entre los asociadores (mušrik) le entretenía alargándose en su discurso sin el debido respeto.*

También quien alcanza esta morada (*maqām*) es venerable (*ŷalīl*)[17].

---

16. Relata el hadiz que Ānas Ibn Mālik dijo: "El Enviado de Allāh era, de entre la gente, el de mejor carácter (*juluq*). Yo tenía un hermano *menor* a quien se llamaba *por entonces* Abū ʿUmayr... siendo un niño ya destetado. Y cuando el Enviado venía, le decía al verle: "Oye, Abū ʿUmayr, ¿qué ha hecho el *nugayr* [ruiseñor o pajarillo]?" y jugaba con él". Cf. Muslim, *Ādāb*, 30. V. también Abū Dāʾūd, *Ādāb*, 69; Tirmiḏī, *Ṣalāt* 131, *Barr*, 57; Ibn Māŷah, *Ādāb* 24; Ibn Ḥanbal III: 115, 119, etc. Cf. *Concordance*, VI, p. 497.

Juego de palabras del Profeta con cuya mención parece sugerir Ibn ʿArabī que quien, como Muḥammad, alcanza esta morada espiritual, siendo venerable y majestuoso recurre a la broma y al juego para que los demás se sientan próximos a él y haya en su entorno un clima de distensión y concordia.

17. Como puede apreciarse, este segundo aspecto de la majestad, caracterizado por la simpatía, la proximidad y la paciente modestia, corresponde al aspecto de la Belleza. Como se muestra en nuestro estudio de las nociones de Majestad y Belleza, ésta está implícita en aquélla y viceversa (cf. *On the Divine Love of Beauty*, *JMIAS*, XVIII, Oxford, 1995, pp. 1-22). Aquí no dice el autor que bromear o tolerar con paciencia sean más cualidades necesarias de un único *tajalluq* de este nombre, de una sola morada de majestad, sino que quien alcanza esta otra morada caracterizada por estas cualidades también es *ŷalīl*, como quien alcanza la morada caracterizada por el retiro interno. Parece desprenderse del texto que la primera no implica necesariamente la segunda.

(43) *Al-Karīm*

EL GENEROSO, EL MAGNÁNIMO
EL NOBLE

1. Dependencia (*ta'alluq*): Tienes necesidad de Él —Glorificado sea— para que te otorgue los más nobles rasgos de carácter (*makārim al-ajlāq*) y aparte de ti los indeseables (*safsāf al-ajlāq*).

2. Realización (*taḥaqquq*): El Generoso (*al-Karīm*) en el don es aquel que no rechaza al que pide (*sā'il*) y aquel que posee los más bellos atributos (*al-ṣifāt al-ḥusnà*) en todos los sentidos[1].

3. Adopción (*tajalluq*): El siervo se reviste de la cualidad de este nombre cuando adopta los nobles rasgos de carácter apartándose de los rasgos innobles (*safsāf al-ajlāq*).

Si se considera este nombre en tanto que nombre de don (*'aṭā'*) *entre los nombres divinos que significan dádiva*[2], el Generoso (*al-Karīm*) es el que da previa petición (*ba'd al-su'āl*) *por parte del solicitante*, mientras que el Próvido (*al-Ŷawād*) es el que da con anterioridad a la demanda (*qabl al-su'āl*)[3], el Cumplidor (*al-Saŷī*)[4] es el que satisface la necesidad en la justa medida (*qadr al-ḥāŷa*); el desprendido (*mu'ṯir*)[5]

---

1. Lit. 'en toda faz (*waŷh*)'. Según Rāzī, la noción de *karam* designa entre los árabes "toda cualidad digna de loa". Cf. Gimaret, *Noms*, p. 219.

2. V. sobre los nombres de don, especialmente, *Fut.* IV, p. 263 (*ḥaḍrat al-sajā'*), y *Fut.* IV, p. 323, lss. 2-5 (*Šarḥ*, nº 18-22). Sobre éste y otros sentidos de *Karīm*, v. Gimaret, *Noms*, pp. 119-221.

3. Así es como al-Anṣārī define el nombre *al-Karīm*. Cf. *Noms*, p. 221.

4. O bien, el Pagador.

5. Este nombre de raíz '-ṯ-r, part. act. de forma IV, tiene aquí el significado de 'honrador', 'agasajador', 'el que antepone *la necesidad del otro*'. No se menciona como nombre divino en el ensayo de Gimaret sobre los tratados acerca de los nombres, ya que según Ibn 'Arabī precisa en *Fut.* al diferenciar varias modalidades de don: El 'generoso desprendimiento' o 'altruismo' (*īṯār*) consiste en que des aquello que tú mismo necesitas en el momento *de darlo* —que es lo más meritorio— o necesitarás en el futuro —cuando no se encuentra el dador en estado de necesidad inmediata—. A cada modalidad de don corresponde un nombre divino *de la misma raíz léxica* a excepción del 'altruismo' (*īṯār*). Allāh —Enaltecido sea— es *Wahhāb, Karīm, Ŷawād* y *Saŷī*, pero no se dice de Él que sea 'altruista' (*mu'ṯir*), ensalzado sea". Cf. *Fut.* IV p. 263 (28-30).

es el que da lo que él mismo necesita en el momento mismo de darlo o en un futuro previsible[6], y el Donador (*al-Wāhib*) el que hace merced para agraciar. Todo esto es terminología técnica convenida (*iṣṭilāḥ*)[7].

De modo que *muʾṯir* no es un nombre divino —pues no tiene Dios necesidad alguna a la que pueda anteponer otra ajena—, sino un nombre de don humano, por lo cual el autor, consecuentemente, sólo se refiere a él en el apartado de adopción.

V. *infra* 44-2, nota 3, sobre *al-Raqīb* como 'nombre de don'.

6. Lit. 'en la actualidad (*wuŷūd*) o virtualmente (*taqdīr*)'. Estos términos corresponden a *fī l-ḥāl*, 'en el estado', 'en el presente' y *fī l-istiqbāl*, 'en el porvenir', 'en el futuro' empleados en el texto de *Fut.* citado en la nota anterior.

7. Es decir, términos cuya significación, basándose en el estudio de las fuentes y en su propia experiencia mística, han convenido los teólogos sufíes para distinguir matices que en la lengua común no están clara y técnicamente diferenciados. No obstante, tanto en la interpretación de estos nombres como en el modo en que se entienden otros términos técnicos del sufismo puede observarse, como es natural, un cierto margen de disparidad y relativa divergencia entre autores de distintas escuelas y tendencias.

(44) *Al-Raqīb*

EL GUARDIÁN, EL VIGILANTE
EL OBSERVADOR, EL CONTROLADOR
EL SUPERVISOR

1. Dependencia (*ta'alluq*): Tienes necesidad de Él —Glorificado sea— para *pedirle que te conceda llegar a la perfecta y constante* observancia (*murā'āt*) de Sus límites (*ḥudūd*) de modo que no cometas descuido alguno.

2. Realización (*taḥaqquq*): El Vigilante (*al-Raqīb*) es el que nunca desatiende cuanto concierne a la gente de Su reino (*mamlaka*)[1] observando atentamente la situación en que se encuentran *los seres humanos*, sus actividades (*ḥarakāt*), sus reposos (*sakanāt*)[2] y sus necesidades (*ḥāŷāt*), de modo que *les* da[3] *lo necesario y les* guarda (*la cuenta*)[4].

---

1. Aquí se asocia la 'vigilancia' a la condición soberana del Rey, de modo que *al-Raqīb* es el Guardián protector de sus súbditos.

2. Estos términos —aunque empleados en un sintagma que constituye en árabe una expresión hecha, traducible por 'cuanto hacen *o dejan de hacer*'— contienen una alusión implícita —también significan 'vocales' y 'quiescencias'— al aspecto lingüístico del ser, la *logovisión* sufí, según la cual toda creación surge por efecto del *Logos* divino.

3. En este sentido puede considerarse, por tanto, uno de los 'nombres de don'. El Vigilante da protección y concede a Sus fieles la gracia de la observancia (*murā'āt*), es decir, les da la capacidad de cumplir con las divinas prescripciones, dándoles lo necesario para que los siervos puedan cumplir, entre otras cosas, con los requisitos (*ḥāŷāt*) de la oración ritual —movimientos (*ḥarakāt*) y reposos (*sakanāt*)— u otros deberes religiosos, y lleva la cuenta (de las *raka'āt* —secuencias de movimientos de la azalá—, de las repeticiones de fórmulas rituales, de los días de ayuno, etc.). El estilo sobrio, conciso y con frecuencia elíptico de los comentarios de Ibn 'Arabī a los nombres deja abiertas las puertas a diversas interpretaciones o aplicaciones desde los diferentes órdenes de la existencia. En la traducción no puede reflejarse tal diversidad de posibles perspectivas.

4. Emplea el Šayj un verbo en forma IV de raíz *ḥ-ṣ-y* —cuyo correspondiente nombre de acción es *iḥṣā'*— que significa tanto 'proteger' como 'contar', 'calcular'. Así que esto podría significar que al-Raqīb (1) protege a los seres en general, (2) cuida de los fieles protegiéndoles de la negligencia, (3) guarda cuenta de los movimientos o acciones (*ḥarakāt*), (4) calcula la medida de las necesidades (*ḥāŷāt*).

3. Adopción (*tajalluq*): El que atentamente observa en su corazón (*qalb*) las huellas (*āṯār*) de su Señor —*las inspiraciones divinas*— para *poder así* diferenciarlas *con claridad* de las huellas de su propio deseo (*hawà*) y de su demonio personal (*šayṭānu-hu*)[5] —*es decir, las sugestiones egocéntricas o satánicas*—; el que así mismo vigila cuanto penetra en él *en su corazón* procedente del exterior y cuanto de él se manifiesta desde el interior[6], y se ocupa además de cuidar de la gente (*ahl*) cuyo cuidado (*murāʿāᵗ*)[7] le ha encomendado Allāh — Enaltecido sea— y que depende de él, tal *siervo* se ha revestido de la cualidad de Su nombre al-Raqīb.

---

5. Dice literalmente 'su Šayṭān', nombre coránico de Satanás. Como otros autores sufíes, Ibn ʿArabī provee en diversos pasajes criterios para distinguir diferentes tipos de percepciones paranormales. El Šayj, al igual que otros maestros, clasifica los "pensamientos incidentales" o "inspiraciones" (*jawāṭir*), es decir, las ocurrencias o incidencias que llegan al interior del corazón —lo que podríamos llamar propiamente 'corazonadas' con este sentido específico— en cuatro categorías: *inspiración* divina (*ilāhī*) —también llamada 'misericordiosa' (*raḥmānī*) o 'señorial' (*rabbānī*)—, *inspiración* espiritual (*rūḥānī*), *sugestión* anímica o psíquica (*nafsānī*) y *tentación* satánica (*šayṭānī*). Una de los cometidos fundamentales de un maestro espiritual —según señala W. Chittick— consiste en discernir la fuente de las inspiraciones o sugestiones que afloran en el corazón, para prevenir así las consecuencias que la confusión entre las distintas clases podría producir en el equilibrio psico-espiritual del discípulo. Cf. *SPK*, p. xiii y nota 8.

6. Es decir, explora lo que producen en el interior los estímulos exteriores y lo que los estímulos interiores producen en el exterior, vigilando la correlación entre interioridad y manifestación externa.

7. Es decir, la familia, los allegados, los viajeros, los huérfanos y los necesitados en general, cuyo cuidado se prescribe en el Corán.

(45) *Al-Muŷīb*

EL RESPONDEDOR, EL COMPLACIENTE, EL SATISFACIENTE

1. Dependencia (*ta'alluq*): Tienes necesidad de Él —Glorificado sea— para (1) que tu invocación sea aceptada (*qubūl al-du'ā'*), (2) y para que te provea *de la cortesía espiritual necesaria para* que no Le invoques por aquello por lo cual te ha prohibido que Le llames.

2. Realización (*taḥaqquq*): Realización y adopción *son comentadas aquí conjuntamente*. Hay una aleya *coránica* que reúne ambos aspectos: "Cuando Mis siervos te pregunten por Mí, estoy cerca y respondo la llamada del que ora cuando Me invoca. ¡Que Me escuchen, pues...!" (C. 2:186)[1]. Así como tú, cuando Le llamas, quieres que te *escuche y* responda (*iŷāba*), y así mismo quiere Él que *Le escuches y* respondas (*iŷāba*) respecto a aquello a lo cual te exhorta.

3. Adopción (*tajalluq*): *[Véase el correspondiente comentario en el apartado anterior de 'realización'].*

---

1. V. *Šarḥ*, nº 47.

(46) *Al-Wāsiʿ*

EL INMENSO, EL VASTO, EL LIBERAL
EL OMNICOMPRENSIVO, EL OMNÍMODO

1. Dependencia (*taʿalluq*): Tienes necesidad de Él —Glorificado sea— para que te allane y facilite todas las cosas[1] y para que se extienda sobre ti Su misericordia restringida (*raḥma muqayyada*)[2]. Aunque la restricción condicionada (*taqyīd*) es atributo (*ṣifa*) nuestro y no atributo Suyo —Enaltecido sea—, es un deber necesario para el ser humano (*insān*) desear y procurar aquello que Dios —Enaltecido sea— le invita a desear *y suplicar*, pues según Su Palabra: "...*Mi misericordia* (*raḥma*) *es omnímoda. Destinaré a ella [lit. 'la prescribiré'] a quienes teman a Dios*" (C. 7:156)[3], Él ha restringido *el alcance de* Su gracia a quienes tengan conciencia reverente de Dios (*muttaqūn*), de modo que *pedir que haga extensiva a ti Su gracia restringida* es como pedirle que te permita[4] llegar a ser uno de quienes tienen conciencia reverente de Dios.

2. Realización (*taḥaqquq*): El Omnímodo (*al-Wāsiʿ*) es, en su realidad esencial (*ḥaqīqa*), el que abarca todas las cosas sin que cosa alguna pueda comprenderle.

3. Adopción (*tajalluq*): Cuando el siervo alcanza la morada (*maqām*) *correspondiente a Su Palabra*: "Ni Mi tierra ni Mi cielo pueden contenerme, pero Me comprende (*wasiʿa*) el corazón (*qalb*) de Mi siervo creyente"[5], entonces es que se ha revestido de la cualidad

---

1. O bien, 'para que te haga capaz de contener todas las cosas'. V. *infra* 46-3.

2. V. *supra* 3-2.

3. Dice esta aleya: "'Destínanos [lit. 'prescríbenos'] bien en la vida de acá y en la otra. Nos hemos vuelto a Ti [arrepentidos]'. Dijo [el Señor]: 'Inflijo Mi castigo a quien quiero, pero Mi misericordia es omnímoda. Destinaré a ella a quienes teman a Dios y den el azaque y a quienes crean en Nuestros signos...'". Trad. Cortés.

4. Ibn ʿArabī emplea aquí la primera persona "es como si yo Le pidiera que me permita llegar a ser...".

5. V. *supra* 5-3. Dice el corazón 'de Mi siervo creyente (*muʾmin*)' —en sentido restringido—, no de cualquier persona. Este siervo fiel es el Hombre Perfecto.

de este nombre. En este sentido dijo Abū Yazīd *al-Basṭāmī*[6] —Dios esté complacido de él—:

"Si pudiera colocarse el Trono (*'arš*) y todo lo que contiene[7] más de cien millones de veces en uno de los rincones (*zāwiya*) del corazón del gnóstico (*qalb al-'ārif*), éste no se apercibiría"[8].

---

6. Sobre las locuciones teopáticas de este célebre sufí, v. Badawī, 'Abd al-Raḥmān, *Šaṭaḥāt al-ṣūfiyya*, Dār al-Qalam, Beirut, 1978 (3ª ed.).

7. El Trono del Misericordioso encierra en su esfera todas las formas existentes. En la cosmología akbarí es el grado existencial comprensivo que abarca los demás grados. Cf. S. Ḥakīm, *Mu'ŷam*, *'arš*, p. 797. Respecto a su relación con el corazón del siervo dice el Šayj: "El corazón es Su Trono [de al-Raḥmān] y no está limitado por ningún atributo específico sino que, por el contrario, así como el Omnicompasivo posee todos los Bellísimos Nombres (C. 17:110), el corazón reúne todos los divinos nombres y atributos". *Fut.* III, p. 129, lss. 17-18. Sobre esta analogía entre la comprensividad del Trono del Misericordioso y la del corazón, v. Chittick, *SPK*, pp. 106-108 y S. Ḥakīm, *Mu'ŷam*, "arš", 'qalb', 'raḥma'.

8. Sobre esta sentencia de Abū Yazīd, relativa a la vastedad del corazón, v. la recopilación de textos de Ibn 'Arabī realizada por Maḥmūd al-Gurāb, *Šarḥ kalimāt al-ṣūfiyya*, pp. 165-66, donde el Šayj comenta esta sentencia junto con el hadiz que se acaba de citar explicando que, cuando la pronunció "Abū Yazīd estaba bajo *el efecto de* la propiedad (*ḥukm*) del nombre al-Wāsi'" que aquí se comenta. Sin embargo, ninguna de ambas citas se repite en el comentario sobre el nombre al-Wāsi' en *Fut.* IV, pp. 256-57. Lamentablemente, aunque fiables, buena parte de los trabajos de recopilación temática de Maḥmūd al-Gurāb, que de hacerlo resultarían utilísimos, no suelen incluir referencias de localización de los textos editados.

En un pasaje de *Mašāhid* en que Dios ordena a su interlocutor —el mismo Ibn 'Arabī en su condición de Hombre Perfecto— que levante y pese el Trono, se emplean términos análogos:

"Después hizo arder los velos [que habían quedado] detrás de mí. Vi entonces el Trono. 'Levántalo', —me ordenó. Lo levanté y me dijo: 'Ahora échalo al mar [del saber]'. Lo arrojé y desapareció. Luego el mar volvió a echarlo *afuera* y Él me dijo: 'Extrae del mar la Piedra de la Semejanza'. La saqué y me dijo: 'Trae la Balanza (*mīzān*)'. La llevé y me dijo: 'Coloca el Trono (*'arš*) y todo lo que contiene en uno de sus platillos y pon la Piedra de la Semejanza en el otro'. [El resultado fue que] pesaba más la Piedra. Me dijo entonces: 'Aunque pusieras un millón de veces el *peso del* Trono hasta alcanzar el límite de lo posible, esta Piedra pesaría más'". La Piedra de la Semejanza es, según Ibn Sawdakīn, el Hombre Perfecto. Cf. *Contemplaciones*, p. 32, nota 27.

En otro pasaje de *Mašāhid* se alude a la vastedad y permanente transformación del corazón del siervo:

"Sabe que por el corazón (*qalb*) del gnóstico discurren cada día setenta mil secretos de Mi majestad" —dice Dios al siervo— "que nunca retornan a él. Si se revelara tan sólo uno de tales secretos a quien no ha alcanzado esta morada, su develación le consumiría". Explica Ibn Sawdakīn que "...al comentar esto, Ibn 'Arabī explicó que Dios tiene un reino especial, reservado a los secretos, desde el cual infunde los espíritus de las letras a todo el cosmos. La palabra divina '...y he infundido en él de Mi Es-

También es propio de *la adopción de* este nombre que *el siervo* asuma el perjuicio (*aḏà*) y la animadversión (*ŷafāʾ*) *con entereza*, encontrando en ello que todas las cosas tienen una faz *orientada* hacia la *divina* Realidad[9].

píritu' (C. 15:29) contiene setenta mil fuerzas, de modo que el corazón del gnóstico recibe cada día setenta mil secretos: cada fuerza confiere un secreto y cada secreto otorga una de las ciencias de la divinidad, y esto cada uno de los días del mundo". Cf. Ibn Sawdakīn, *K. al-Naŷāʿ*, fol. 208a. V. *Contemplaciones*, pp. 63-64.

9. Esta expresión (*waŷh ilà l-Ḥaqq*) implica que todas las cosas tienen, de algún modo, un sentido positivo con relación a Dios. Así, el aparente perjuicio entraña, de hecho, una oculta gracia. Todo está necesariamente vinculado a la Verdad.

(47) *Al-Ḥakim*

EL SABIO, EL SAPIENTÍSIMO
EL PRUDENTE, EL JUICIOSO

1. Dependencia (*taʿalluq*): Tienes necesidad de Él —Glorificado sea— para que te provea *de la habilidad* (1) de poner las cosas en los lugares (*mawḍiʿ*) que les corresponden[1] y (2) de ordenar (*tartīb*) todas las cuestiones en sus respectivos puestos, tiempos y lugares.

2. Realización (*taḥaqquq*): Este nombre se refiere por un lado al Decreto (*qaḍāʾ*), como ya hemos mencionado en el apartado dedicado al nombre 'al-Ḥakam' y, por otro lado, a la sabiduría (*ḥikma*), que consiste en *la habilidad de* ordenar (*tartīb*) las cosas en sus convenientes posiciones (*mawḍiʿ*) y en el conocimiento esencial (*maʿrifa*) de las relaciones y correspondencias (*munāsabāt*) que hay entre las *distintas* cosas.

3. Adopción (*tajalluq*): Aquel a quien es dado conseguir el conocimiento (*maʿrifa*) de estas cosas, tanto por lo que se refiere a *la adquisición de* las ciencias (*ʿulūm*) como a la *aptitud para* enseñarlas (*taʿlīm*) y a *la capacidad de* realizar las obras (*aʿmāl*) *que de ellas se derivan*, así como *la habilidad* de invocar a Allāh escogiendo el nombre adecuado (*ism munāsib*) que a cada necesidad en particular corresponde de modo específico (*tajṣīṣ*), *tal siervo* ha adoptado entonces los rasgos característicos de este nombre[2].

---

1. O bien, 'de decidirlas y hacerlas (*waḍʿ*) oportunamente'.

2. Cuatro aspectos constituyen, pues, la condición propia del sabio (*ḥakīm*):

a. El conocimiento de las ciencias teóricas tradicionales.

b. La capacidad docente, es decir, la habilidad para transmitir las ciencias y enseñar la doctrina que tales saberes encierran.

c. La puesta en práctica de aquello que estas ciencias implican, a saber, las prescripciones rituales, los deberes éticos, el proceder con cortesía, etc.; en definitiva, la aplicación efectiva de la sabiduría y la justicia en todos los órdenes.

d. El conocimiento de la correspondencia entre los Nombres divinos y las diversas realidades, conocimiento que permita al sabio invocar a Dios en cada momento y según la necesidad por medio del nombre específico que convenga. En realidad, este cuarto punto puede considerarse un aspecto particular del tercero.

Ibn al-ʿArabī • *El secreto de los Nombres de Dios*

En la tradición islámica —y más aún entre sufíes— la noción de 'ciencia' (*ʿilm*) está indisociablemente unida a la noción de *praxis* (*ʿamal*). Ambos términos árabes tienen las mismas letras en sus morfemas radicales (*ʿ-l-m/ʿ-m-l*), lo cual propicia su asociación.

(48) *Al-Wadūd*

EL AMOROSO, EL CONSTANTE EN SU AMOR
EL QUE AMA CON FIDELIDAD
EL AMIGO AFABLE, EL AFECTUOSO

1. Dependencia (*ta'alluq*): Tienes necesidad de Él —Glorificado sea— para que te permita lograr la firme consolidación (*tabāt*) del afable amor (*wadd*) a Él y del afectuoso amor (*wadd*) hacia aquel a quien Él ha ordenado que ames amistosamente (*wadd*) *fijando el amor a él* en tu alma (*nafs*)[1].

2. Realización (*tahaqquq*): La afable amistad (*wadd*) consiste en la manifestación efectiva del amor original (*mahabba*), en el cual se funda, y en la constancia (*tabāt*) en él. *Dice la aleya coránica: "¿No hemos hecho... de las montañas estacas (*awtād*)?" (C. 78:7)*[2]. Pues bien, las estacas que sirven de soporte de una tienda se denominan indistintamente *watad* (pl. *awtād*) o *wadd*, de modo que el término *wadd* denota consolidación (*itbāt*) y constancia (*tabāt*). Así pues, el Amante (*al-Muhibb*) es aquel cuyo amor es desprendido y puro *y está consagrado a la voluntad del Amado*, mientras que el Amoroso (*al-Wadūd*) es aquel cuyo amor es constante[3].

---

1. Es decir, en primer lugar, al profeta Muhammad —uno de cuyos nombres es Habīb, 'Amado'— como supremo representante de la condición humana, el Hombre Perfecto por excelencia, Sello de la profecía universal en el acontecer histórico horizontal y Realidad o Luz Mahomética, a partir de la cual fue creado el universo, en su dimensión cósmica vertical.

2. "¿No hemos hecho de la tierra lecho / y de las montañas estacas (*awtād*)?" (C. 78:6-7). Trad. Cortés. En árabe, la expresión figurada *awtād al-ard*, lit. 'las estacas de la tierra', significa las 'montañas'. Cita Ibn 'Arabī este versículo para traer a colación la relación semántica del término *watad*, pl. *awtād*, 'estaca de tienda', con el término *wadd* que además de 'constancia amorosa' tiene también esta misma acepción de 'estaca'. Basándose en esta relación de sinonimia, Ibn 'Arabī interpreta el significado de *wadd* como 'amor que fija y consolida'.

3. Ibn 'Arabī distingue entre la simpatía o inclinación amorosa (*hawà*), la constancia amorosa (*wadd*) que es su consolidación (*tabāt*), el amor original (*hubb*) que es desprendido y libre de la propia voluntad en favor de la voluntad del Amado, y la pasión (*'išq*). Cf. *Fut.* IV, p. 259, (lss. 28-30).

No obstante, en otro pasaje explica el Šayj que el cariño no sólo designa la consolidación de la simpatía, sino que "designa la constancia del amor (*hubb*), de la pasión

3. Adopción (*tajalluq*): Si el amor (*ḥubb*) de Dios —Exaltado y magnificado sea— y el amor de aquel a quien se le ha mandado amar prevalecen en el corazón del siervo en cualquier estado (*ḥāl*) que, de improviso, procedente del Amado (*maḥbūb*) pueda sobrevenirle, tanto si éste le agrada como si no, llámase entonces a tal siervo 'amoroso' (*wadūd*).

(*ʿišq*) o de la inclinación amorosa (*hawà*)". Cf. *Fut.* II, p. 337, (1. 12). Sobre la distinción entre estos cuatro sobrenombres del amor, v. *Fut.* II, pp. 335-338; trad. Asín, *IC*, pp. 490-96, y P. Beneito, *El lenguaje de las alusiones*, Murcia, 2005, p. 154.

(49) *Al-Maŷīd*

EL NOBLE, EL NOBILÍSIMO
EL HONORABLE, EL GLORIOSO

1. Dependencia (*ta'alluq*): Tienes necesidad de Él —Glorificado sea— para ennoblecer (*tašrīf*) tu esencia (*ḏāt*) con aquellos atributos que la enaltecen.

2. Realización (*taḥaqquq*): El Honorable (*al-Šarīf*) es aquel cuya excelencia (*šaraf*) se debe a su propia Esencia (*ḏāt*)[1], pues Su esencia *incomparable* no se asemeja a las esencias (*ḏawāt*) *de los posibles*, ni puede atribuirse a ella lo que se aplica a los posibles.

Aquel cuyos atributos son *atributos* de excelencia, dado que no pueden concebirse en los términos en que se conciben los nobles atributos (*ṣifāt šarīfa*) con relación a los posibles (*mumkināt*), Él es pues el realmente digno del nombre al-Maŷīd en grado superlativo (*mubālaga*)[2].

3. Adopción (*tajalluq*): La nobleza (*šaraf*), con relación al siervo y por lo que respecta a Su nombre 'el Nobilísimo' (*al-Maŷīd*), consiste en la adopción de los rasgos característicos *del nombre* Allāh (*tajalluq bi-ajlāq Allāh*) —Enaltecido sea— de modo general.

Quien alcanza tal dignidad (*manzila*) *espiritual* es noble en grado superlativo dentro de lo posible (*mumkin*).

---

1. Es decir, que es noble por Sí mismo.

2. El paradigma morfológico de *maŷīd* es forma intensiva activo-pasiva. A diferencia de éste, el nombre *al-Maŷīd*, con el mismo morfema radical, tratado a menudo como sinónimo por otros autores, es part. act. y no tiene carácter intensivo.

Además de considerarlo 'nombre de superioridad', algunos autores consideran que *al-Maŷīd* es también 'nombre de don'. Cf. Gimaret, *Noms*, pp. 217-19.

(50) *Al-Bāʿiṯ*

EL RESUCITADOR, EL QUE REVIVE
EL QUE DESPIERTA, EL QUE ENVÍA
EL REMITENTE, EL EXPEDIDOR
EL INDUCTOR, EL PRODUCTOR
EL SUSCITADOR[1]

1. Dependencia (*taʿalluq*): Tienes necesidad de Él —Glorificado sea— para que te procure el beneficio (*ifāda*) del empleo eficaz de la energía espiritual (*himma muʾaṯṯira*) en aquello que sea aprovechable como estado (*ḥāl*)[2].

2. Realización (*taḥaqquq*): El Remitente (*al-Bāʿiṯ*) en sentido absoluto es quien envía y revive *directamente, por Sí mismo*, no de parte o por medio de otro expedidor o resucitador (*lā ʿan bāʿiṯ*), de modo que no es un enviado delegado de alguien que le envía (*mabʿūṯ li-bāʿiṯi-hi*) a que incite y reviva[3], con lo cual no puede tratarse sino de Allāh únicamente.

Este apartado requiere de reflexión (*naẓar*) y verificación (*taḥqīq*): acerca de ello medite quien atentamente considere lo que acabamos de decir[4].

---

1. El término *bāʿiṯ*, part. ac. de forma I, se usa también con los siguientes significados: "móvil, motivo, causa, impulso, motivación" (*DAE*). En una nota al margen del ms. E (fol. 17a) se reproduce el pasaje de *Fut.* IV, p. 324, lss. 18-21 (v. la correspondiente traducción en *Šarḥ*, nº 52).

2. Se sugiere aquí que la *himma* está relacionada con la capacidad de suscitar el despertar espiritual induciendo estados de apertura, comprensión, etc.

3. O bien, 'de quien le envía a que envíe', 'a que resucite' o 'a que vivifique'. Alusión, en particular, al carácter mediador de los Enviados y Profetas, que incitan a los hombres a seguir la verdad, vivificando sus corazones al hacerles llegar el mensaje profético.

4. En el siguiente apartado se aclara la relación aquí establecida entre (1) el que es *Bāʿiṯ* —Remitente, Resucitador, Incitador, Móvil— absoluto sin intermediario (*Bāʿiṯ ʿan lā bāʿiṯ*) y (2) el que es *bāʿiṯ ʿan bāʿiṯ* —incitador con respecto a Quien envía— o bien *bāʿiṯ mabʿūṯ*, 'vivificador delegado', es decir, *rasūl*, 'enviado'. La noción subyacente a todas las significaciones de este nombre es la idea de 'traslado'. El Remitente es el que envía de un lado a otro: de la vida a la muerte y de la muerte a la vida, de la ignorancia al conocimiento, del sueño a la vigilia, de la inconsciencia a la

3. Adopción (*tajalluq*): No es posible el envío o renacimiento (*ba'ṯ*) aquí tratado sino después de la muerte (*mawt*)[5], ya que Allāh —Enaltecido sea— dice: "El es quien ha enviado (*ba'aṯa*) a los gentiles un Enviado (*rasūl*) salido de ellos"[6]. Pero, ¿es la muerte *muerte* respecto a vida *previa* o no?

Con relación a esto ha de considerarse que todo ser nacido (*mawlūd*) que es engendrado según su naturaleza primordial (*fiṭra*)[7] está vivo (*ḥayy*); luego, por efecto de la composición natural elemental (*tarkīb ṭabī'ī*) se apoderan de él la muerte del corazón (*mawt al-qalb*) debida a la ignorancia (*ŷahl*) y la muerte de los órganos (*mawt al-ŷawāriḥ*) debida a las discordancias (*mujālafāt*)[8].

Por tanto, cuando lo vivificas *resucitando su corazón* de esta muerte *de la ignorancia* por medio del noble y elevado saber (*'ilm šarīf*)[9] según sus diversas clases (*durūb*), y asimismo lo vivificas *resucitando*

---

consciencia, del alejamiento a la proximidad, de la inexistencia a la existencia, del *barzaj* a la Resurrección... El Remitente es el que envía a los enviados, transmisores del mensaje profético, el Móvil de toda causa secundaria.

5. Es preciso tener presente aquí, para una amplia comprensión del texto, el célebre hadiz en que el Profeta se refiere a 'la muerte antes de la muerte'.

6. C. 62:2. La aleya completa dice: "El es quien ha mandado a los gentiles un Enviado salido de ellos, que les recita Sus aleyas, les purifica y les enseña la *Escritura* y la Sabiduría. Antes estaban, evidentemente, extraviados". Trad. Cortés. En esta aleya se habla de un Enviado *salido* de ellos mismos. En C. 9:128 se dice: "Os ha venido un Enviado *salido* de vosotros mismos (*rasūl min anfusi-kum*)", que puede interpretarse también literalmente como "un enviado de vuestras propias almas". Alusión, pues, a un 'enviado interior' que corresponde al orden microcósmico.

7. Alusión al conocimiento innato, a la fe original con que Dios creó al ser humano. Según un conocido hadiz: "Todo niño nace según su naturaleza primordial (*fiṭra*), luego sus padres hacen de él un judío, un cristiano o un zoroastra". Cf. Bujārī, *Ŷanā'iz* 80, 92, *Tafsīr* 30:1; Muslim, *Qadar* 22-24, etc. Esta naturaleza primordial se manifestó por vez primera en el Pacto hecho con Dios por los futuros descendientes de Adán antes de que accedieran a este mundo. Cf. Chittick, *SPK*, p. 195.

8. Lo cual puede referirse a las 'oposiciones' y 'transgresiones' de los órganos con respecto a la Ley revelada, o bien, a las 'contradicciones' y 'divergencias' entre los diversos miembros.

9. El noble saber, que pudiera contraponerse al saber superfluo, integra las diversas ciencias que tienen por objeto, en última instancia, el conocimiento de Dios y, fundamentalmente, las ciencias religiosas: el conocimiento de las prescripciones de la revelación y de los preceptos de la fe, el conocimiento de las obras rituales, etc. Entiéndase, no obstante, que todo conocimiento puede estar orientado al conocimiento de Dios. El noble saber sería, en este sentido, este "saber orientado". Sería innoble todo saber desorientado e innecesario que velara el conocimiento esencial y apartara de Dios.

sus órganos de la muerte de la discordia (*mujālafa*) que en ellos había con *la vivificación de* la concordia (*muwāfaqa*), *y esto* de modo general, tanto en el plano de lo sensible como en el plano de lo inteligible, eres entonces resucitador (*bāʿiṯ*), aunque necesariamente *como intermediario* de otro remitente resucitador[10].

---

10. Es decir, que el ser humano puede ser enriado (*mabʿūṯ*) a sí mismo o a otros seres humanos como vivificador y transmisor de concordia y conocimiento, o puede ser —en el caso de los profetas y los enviados— el que a su vez envía o incita (*bāʿiṯ*) a otros a que se vivifiquen a sí mismos, haciéndoles pues resucitar de las muertes de la ignorancia y la discordia. En cualquier caso, todo el que envía o vivifica es intermediario o emisario de otro vivificador (*bāʿiṯ ʿan bāʿiṯ*) y, en última instancia —tal es el caso de los profetas—, del Resucitador y Remitente absoluto (*bāʿiṯ ʿani l-Bāʿiṯ*) a quien nadie manda (*Bāʿiṯ ʿan lā bāʿiṯ*).

Sobre la muerte entendida como tránsito o traslado (*intiqāl*), v. *Muʿŷam*, p. 1028. Hay otras perspectivas de la muerte en la obra de Ibn ʿArabī que llama muerte blanca al hambre (*ŷūʿ*), la práctica de la contención que es el ornato de la Gente de Allāh; muerte negra a la asunción del dolor; muerte roja a la oposición a los fines de la propia alma; muerte verde al hecho de vestir un traje de parches remendados; muerte menor —por contraposición a la mayor— al tránsito del sueño... Cf. *Muʿŷam*, pp. 1030-32.

(51) *Al-Šahīd*

EL TESTIGO (UNIVERSAL)
EL QUE ESTÁ PRESENTE
EL CONTEMPLADOR

1. Dependencia (*taʿalluq*): Tienes necesidad de Él (1) para que te brinde la contemplación (*mušāhada*) de Él dondequiera que sea y (2) para que te provea asimismo de pudor (*ḥayāʾ*) de Él[1].

2. Realización (*taḥaqquq*): El Testigo (*al-Šahīd*) es el que está presente (*ḥāḍir*) y te ve cuando realizas lo que quiera que sea.

El Contemplador (*al-Šahīd*) es también el Contemplado (*al-Mašhūd*)[2], ya que la forma gramatical de este nombre (*faʿīl*)[3] determina este sentido *pasivo*, de modo que Él es el Contemplado —Glorificado sea— en (*fī*) todas las cosas, junto a (*ʿinda*) todas las cosas, ante (*qabla*) todas las cosas y tras (*baʿda*) todas las cosas, según *la modalidad de contemplación que corresponda a* las diversas clases de contemplativos (*ṭabaqāt al-qawm*)[4].

---

1. Aquí se refiere al pudor del siervo hacia Él, pero también se alude al pudor de parte de Él hacia el siervo, pues el pudor es asimismo atributo divino. Respecto a la Presencia del divino Pudor (*ḥaḍrat al-ḥayāʾ*), v. el comentario del Šayj en *Fut.* IV, pp. 262-63.

2. Los términos *šāhid* y *mašhūd* (part. act. y pas.) aparecen juntos en la aleya coránica 85:3: "¡Por el testigo y lo atestiguado!" (Trad. Cortés). Ibn ʿArabī explica aquí que ambos aspectos están contenidos en el nombre *al-Šahīd*, activo y pasivo simultáneamente: el Testigo Atestiguado, el Contemplador Contemplado, el Espectador Presenciado.

3. V. *supra* 20-2 e *infra* 53-3.

4. Estas cuatro modalidades de contemplación de Dios en las cosas han sido expresadas por medio del recurso a distintas preposiciones que describen distintas relaciones espaciales de la percepción: Puede contemplarse a Dios en (*fī*), junto a (*ʿinda*) —el término *ʿindiyya*, "apudseidad", se refiere a esta relación—, delante (*qabla*) o detrás (*baʿda*) de las cosas, entre otras modalidades. Abundantes menciones y explicaciones de las sentencias a las cuales se alude en este pasaje, pueden encontrarse en los índices de *Fut.* (ed. O. Yahya).

En el "Capítulo sobre la Visión" (*bāb fī l-ruʾya*) de su *K. al-Iʿlām bi-išārāt...*, recoge el Šayj las siguientes formulaciones:

"*Abū Bak*r el Confirmador (*al-Ṣiddīq*) —Dios esté satisfecho de él— ha dicho: 'No he visto cosa *alguna* sin haber visto a Allāh delante de ella (*qabla*)'. *ʿUmar* el Dis-

Él es el Testigo (*al-Šahīd*) que da testimonio de todas las cosas y que está presente con (*maʿa*) toda cosa.

3. Adopción (*tajalluq*): Si tienes conocimiento de que eres visible objeto de contemplación (*mašhūd*) para Él, esfuérzate[5] pues, de modo que "Él no te vea en cuanto te ha prohibido, ni te pierda *de vista* en cuanto te ha ordenado"[6].

Por otra parte, si eres testigo de Él[7] tienes que aferrarte al pudor (*ḥayāʾ*) de Él.

Él ha reunido ambos aspectos en un único comunicado profético (*jabar*) de probada autenticidad: "Adora a Dios como si Le vieras, pues aunque tú no Le veas Él te ve"[8].

---

cerniente (*al-Fārūq*) —que Dios esté satisfecho de él— ha dicho: 'No he visto cosa *alguna* sin haber visto a Allāh *simultáneamente* con la cosa (*maʿa*)'.

'Uṯmān —Dios esté satisfecho de él— ha dicho: 'No he visto cosa *alguna* sin haber visto a Allāh tras ella (*baʿda*)'. De entre los inspirados, alguno ha dicho: 'No he visto cosa *alguna* sin haber visto a Allāh junto a ella (*ʿinda*)'. De entre ellos, otro ha dicho: 'No he visto cosa *alguna* sin haber visto a Allāh en (*fī*) la cosa'" (*Ibid*, ed. Hyderabad, p. 2).

5. No es casual que Ibn ʿArabī emplee el imperativo *iŷtahid*, de la misma raíz que *ŷihād*, 'lucha', 'guerra santa', al comentar el nombre *šhahīd* que, aplicado a un combatiente, significa también 'mártir caído en guerra santa'. Hay aquí pues una alusión al combate interior que el esfuerzo personal (*iŷtihād*) implica.

6. En *Fut.* V: 203, se lee esta misma sentencia en la frase: "El pudor (*ḥayāʾ*) respecto a Allāh consiste en que no te vea en cuanto te ha vedado y no deje de encontrarte en cuanto te ha ordenado" (p. 178). A este pudor se ha referido el autor en el primer apartado, v. *supra* 51-1, nota 1.

7. El Hombre Perfecto es el Testigo por quien Dios se contempla (*šāhid la-hu*) y el objeto de contemplación en que a Sí mismo se contempla (*mašhūd la-hu*).

8. Sobre este hadiz, v. 21-2.

(52) *Al-Ḥaqq*

LA VERDAD (SUPREMA)
EL VERDADERO, EL REAL
LA DIVINA REALIDAD, EL SER
EL VERDADERAMENTE REAL

1. Dependencia (*ta'alluq*): Tienes necesidad de Él para que te conceda que no hables sino por verdad (*bi-ḥaqq*), no camines sino por verdad, y no te muevas ni te quedes quieto sino por verdad y para verdad (*li-ḥaqq*)[1].

2. Realización (*taḥaqquq*): El Verdadero (*al-Ḥaqq*) es el más extremo y comprensivo de Sus grados *ontológicos* (*daraŷāt*), el Ser Necesario por Sí mismo (*Wāŷib al-wuŷūd li-ḏāti-Hi*)[2].

3. Adopción (*tajalluq*): Consiste en que llegues a alcanzar el saber (*'ilm*) por el cual tienes conocimiento de que tú eres el ser necesario por Él (*wāŷib al-wuŷūd li-ḏāti-Hi*) y no por ti mismo, y lo que ambas nociones —*Ser Necesario por Sí mismo y ser necesario por otro* [lit. 'por Él']— tienen en común es la necesidad (*wuŷūb*) no el ser

---

1. Sobre los distintos significados de *ḥaqq*, y su empleo en contraposición a *jalq*, v. *Mu'ŷam*, pp. 337-342 y 344. Con relación al hadiz "Yo soy el ojo con que ve..., el pie con que camina...", v. 4-3 y 69-3.

Por otra parte, ya se ha tratado la relación entre Logos y Realidad-Verdad. Aunque aparentemente se trata aquí de movimiento y acción externa, implícitamente todas las expresiones de este comentario aluden a la palabra, la articulación verbal (*nuṭq*): ya hemos comentado (v. *supra* 44-2) que movimiento y quietud, acción e inacción, corresponden en el enunciado a signos vocálicos o quiescentes respectivamente. Incluso el verbo 'caminar' (*mašy*) se emplea aquí como alusión al 'discurso', pues varias de sus acepciones están relacionadas con el habla: 'ir a contar', 'denunciar'. La Realidad o Existencia es la Palabra divina. Todos los seres son palabras del Creador y Su Palabra es la Verdad. Cf. *Mu'ŷam*, pp. 905-908.

2. Noción tomada de la filosofía neoplatónica. V. *Šarḥ*, nº 54, donde se identifican Realidad y Existencia.

(*wuŷūd*)[3]. Así que el siervo no es entonces vano (*bāṭil*)[4] en este aspecto —*en virtud de esta participación en la necesidad*— ya que lo irreal
(*bāṭil*) es la nada (*ʿadam*) y los términos (*alfāẓ*) que se refieren a él
son existencia (*wuŷūd*) y de modo que son realidad (*ḥaqq*) aunque su
significado (*madlūl*) sea nada (*lā šay*, lit. 'no-cosa'), pues únicamente
sobre lo que es aparte de Allāh (*mā siwà Allāh*) —Enaltecido sea— se
dice que es vano (*bāṭil*) como dijo Labīd:

"¿No es toda cosa vana (*bāṭil*) salvo Allāh
y toda dicha de seguro efímera?"[5]

Así pues, aunque la existencia de esta cosa sea útil, benéfica
(*mustafāda*), no le corresponde por su esencia sino la nada (*ʿadam*) y
la recepción de la existencia (*qubūl al-wuŷūd*).

---

3. Ambos comparten la noción de necesidad, pero Dios es por Sí mismo, mientras que el hombre no es por sí mismo sino por Él.

4. Traduzco por 'vano', pero ténganse también presentes los significados 'nulo',
'falso', 'irreal' y 'perecedero'.

5. Metro *ṭawīl*. V. al-Bagdādī (ʿAdd al-Qādir b. ʿUmar), *Jizānat al-adab*, ed. ʿAdb
al-Salām Muḥammad Hārūn, Maktabat al-Janŷī, El Cairo, 1981, vol. II, pp. 255-257.
Ibn ʿArabī cita este verso en diversas ocasiones. En *Fut.* VI: 209 y X: 409, tras
citarlo, explica el Šayj que el Profeta, al escucharlo, manifestó que éste era "el verso
más verídico que han dicho los árabes". En *Fut.* XI: 452, tras citar el verso, el Šayj
comenta que "lo irreal (*bāṭil*) es sin duda la inexistencia (*ʿadam*), mientras que la
existencia (*wuŷūd*) es toda ella realidad (*ḥaqq*)" (p. 454).

(53) *Al-Wakīl*

EL PROCURADOR, EL ABOGADO
EL VALEDOR, EL ENCARGADO
EL FIABLE GUARDIÁN, EL PROTECTOR[1]

1. Dependencia (*taʿalluq*): Tienes necesidad de Él para que te favorezca concediéndote que Le tomes como valedor (*wakīl*)[2].

2. Realización (*taḥaqquq*): La delegación o condición de valedor (*wikāla*)[3] puede ser absoluta (*muṭlaqa*), restringida (*muqayyada*) y correlativa (*dawriyya*). Este término es un nombre con sentido pasivo de resultado (*ism mafʿūl*)[4] que precisa de la designación de alguien que la asuma *y tome como tal —en este caso como valedor— al designado*[5].

Cuando Dios —Enaltecido sea— creó a los siervos y los situó detrás del velo de la otredad[6] mirando hacia las causas secundarias (*asbāb*), Él se dirigió a ellos desde detrás de este velo (*ḥiŷāb*) diciéndoles que Le tomasen como valedor (*wakīl*) en sus intereses (*maṣāliḥ*).

Es propio de la delegación general (*ʿumūm al-wikāla*) que se delegue en Él para que *a su vez* apodere a quien Él quiera. Así pues, Él ha apoderado a los profetas —las bendiciones de Dios sean con ellos— dándoles a conocer (*taʿrīf*) y determinando (*taʿyīn*) las causas intermedias (*asbāb*) de los beneficios (*maṣāliḥ*) y de la verdadera felicidad (*saʿāda*), *y enseñándoles que* la rectitud (*rušd*) consiste en

---

1. Con menos propiedad, podrían considerarse, en los aspectos convenientes, traducciones como Gerente, Garante, Agente, Delegado... pero desprovistas de connotaciones reductivas.

2. Alusión a C. 73:9.

3. De esta misma raíz es el término *tawwakkul* (nombre verbal de forma V), 'confianza (en Dios)', 'abandono místico' —que no implica dejamiento—, el 'encomendarse a Dios poniéndose en Sus manos'. Ésta es pues la actitud que corresponde al siervo frente a *al-Wakīl*.

4. Es decir, es la denominación del resultado de la acción del que delega.

5. En el ms. C se lee: "...precisa de la acción de un agente", lo cual, en definitiva, viene a significar lo mismo.

6. Lit. 'la cortina de las diferencias *y los cambios*' (*ḥiŷāb al-agyār*).

el empleo (*istiʿmāl*) de estos *medios* y la necia negligencia (*safah*) en descuidarlos (*ihmāl*).

Ha dicho —Enaltecido sea—: "No hay divinidad sino Él. ¡Tómale, pues, como valedor (*wakīl*)!"[7], y también ha dicho: "¡No toméis procurador (*wakīl*) por debajo de Mí!"[8], es decir, *no adoptéis como valedor* a las causas secundarias (*asbāb*) desde detrás de las cuales te ha hablado ocultándose con ellas: "A ningún mortal le es dado que Dios le hable si no es por inspiración, o desde detrás de una cortina (*ḥiŷāb*)"[9].

3. Adopción (*tajalluq*): *Está expresada en la aleya*: "Haced dádiva de aquello de que os ha hecho depositarios (*mustajlaf*)"[10]. En efecto, Él te ha dado poder sobre aquello de lo cual te ha encargado como vicerregente (*istijlāf*), ya se trate de gente, de riqueza, de obras o de posesiones. Sabe, no obstante, que la delegación (*wikāla*) tiene condiciones que ha de cumplir el delegado (*wakīl*), ya que de otro modo no es válido el libre ejercicio de esta función (*taṣarruf*). *Sólo* si actúas por Él, para Él y en función de Él, *puede entonces decirse que* eres un loable encargado digno de alabanza (*wakīl maḥmūd*). Es más improbable que en el caso de cualquier otro de los demás nombres que se halle en éste un significado agentivo (*maʿnà fāʿil*)[11].

---

7. "El Señor del Oriente y del Occidente. No hay más Dios que Él. ¡Tómale, pues, como protector!" (C. 73:9). Trad. Cortés.

8. "Dimos a Moisés la Escritura e hicimos de ella dirección para los Hijos de Israel: "¡No toméis protector fuera de Mí / descendientes de los que llevamos con Noé! [...]" (C. 17:2-3). Trad. Cortés.

9. "A ningún mortal le es dado que Dios le hable si no es por inspiración (*waḥy*), o desde detrás de una cortina (*ḥiŷāb*), o mandándole un enviado que le inspire, con Su autorización, lo que Él quiere. Es altísimo, sabio" (C. 42:51). Trad. Cortés.

En esta aleya se hace referencia a los tres recursos por medio de los cuales Dios se comunica con el hombre. Ibn ʿArabī ha retenido en el texto los dos primeros en que se mencionan la inspiración y la cortina, que el autor entiende aquí como el velo de las causalidad.

10. "¡Creed en Dios y en Su Enviado! Dad limosna de los bienes de los que os ha hecho últimos poseedores. Aquellos de vosotros que hayan creído y dado limosna tendrán una gran recompensa" (C. 57:7). Trad. Cortés.

El término *mustajlaf* aquí empleado alude a la condición de *jalīfa* o vicerregente propia del Hombre Perfecto. Explica el autor que "el *hecho de* 'dejar como representante encargado' (*istijlāf*) es 'delegación' (*niyāba*)". Cf. *Fut.* X: 53.

11. El nombre *al-wakīl*, de paradigma *fāʿil*, tiene un doble significado pasivo, ya que incluso su acción —delegar— tiene carácter pasivo: Aquel en quien delega y

(54) *Al-Qawī*

EL FUERTE, EL INVICTO INVENCIBLE

1. Dependencia (*ta'alluq*): Tienes necesidad de Él —Glorificado sea— para que te de la victoria sobre quien se te opone con relación a lo que, de cuanto le has ordenado y rehúsa cumplir, quieres que realice[1].

2. Realización (*taḥaqquq*): El Fuerte (*al-Qawī*) es, en su realidad esencial, el invicto a quien no puede vencerse, el irresistible a quien no cabe oponerse, Aquel bajo cuyo poder (*quwwa*) está todo lo que no es Él (*mā siwā-Hu*).

3. Adopción (*tajalluq*): El fuerte (*al-qawī*) es aquel a quien Dios —Enaltecido sea— ha dado la fuerza *requerida* para cargar con los fardos de las obras de adoración (*'ibādāt*)[2] que se le han prescrito, tanto en el plano sensible, como en el inteligible.

Como resultado de este nombre tienen efecto las impresiones (*infi'ālāt*) que esta persona *dotada de fuerza* produce por medio de su energía de concentración espiritual (*himma*), *de modo que* por medio de él se ejerce un influjo sobre los cuerpos del cosmos, tanto superiores como inferiores. El estado (*ša'n*) *propio* de este nombre es extraordinario y su cometido (*amr*) grandioso: "No es *fuerte* el vehemente (*šadīd*) en la lucha, sino que es fuerte (*šadīd*) el que se domina a sí mismo en la ira (*gaḍab*)"[3].

Según se relata en un extenso hadiz, preguntaron los ángeles: "'¡Oh, Señor! ¿Has creado alguna cosa más fuerte (*šadīd*) que el vien-

---

confía el creyente es también el que delega funciones en Sus enviados y allegados quienes, a su vez, actúan encomendándose a Él. V. *supra* 20-2 y 51-2.

1. Entiéndase este apartado, entre otros posibles, en el sentido de que el siervo manda a sus órganos que ejecuten los deberes prescritos y tiene necesidad de *al-Qawī* para que su voluntad de cumplimiento prevalezca sobre cualquier resistencia que alguno de sus miembros o facultades pueda presentar.

2. Es decir, los deberes religiosos.

3. Muslim, *Ṣaḥīḥ*, 45 (*Birr*): 107.

to?'. Dijo: 'Sí, al creyente (*muʾmin*) que da limosna generosamente con su mano derecha ocultándola de su izquierda'"⁴.

____

4. Hadiz citado en *Fut.* IV: 36, p. 53, donde —tratando también acerca de este nombre— se dice "sin que lo sepa su izquierda". V. también *Fut.* II: 441, p. 287, donde se citan otros fragmentos de hadiz con análoga estructura, en los cuales se pregunta por el fuego y el aire en lugar del viento. V. Tirmiḏī, *Tafsīr*, 3. Cf. *Concordance*, II, p. 316.

(55) *Al-Matīn*

EL ROBUSTO, EL FIRME
EL INQUEBRANTABLE
EL INVULNERABLE

1. Dependencia (*ta'alluq*): Tienes necesidad de Él —Glorificado sea— para *lograr* la preservación y la impecabilidad (*'iṣma*) *de tu aspiración espiritual, de modo que te proteja de* todo influjo *dispersivo* que cualquier cosa pueda ejercer sobre ti, ya provenga de ti mismo o de otro.

2. Realización (*taḥaqquq*): El Invulnerable (*al-Matīn*) en su fuerza es aquel que no se impresiona por cosa alguna en su interior, ni permite que influya sobre él cosa alguna, ya sea por medio de su concentración (*himma*) o de su acción (*fi'l*), puesto que la firmeza (*matāna*) es una morada invulnerable (*maqām aḥmà*).

3. Adopción (*tajalluq*): El firme de entre los siervos es el estricto (*ṣulb*) en su vivencia religiosa (*dīn*), aquel sobre quien no ejercen influjo *dispersivo* las pasiones (*ahwā'*) y que no se impresiona[1] con las teofanías por la cuales se le manifiesta la realidad esencial (*ḥaqīqa*) mostrándole la visión del Verdadero (*ru'yat al-Ḥaqq*) en las cosas y, especialmente, en el alto de la correspondencia (*mawqif al-sawā'*)[2].

Así pues, quien llega a alcanzar esta morada (*maqām*) es el firme (*matīn*): al ser fuerte (*qawī*) ejerce influjo y al ser firme (*matīn*) no se deja influir[3].

---

1. Es decir, no se autosugestiona.

2. El alto, parada o estación espiritual (*mawqif*) de la igualdad (*siwā'*), o bien, el alto de la otredad (*mawqif al-sawà*). No se menciona entre los *Mawāqif de Niffarī*. Los mss. B y F añaden el siguiente comentario: "Con la expresión 'el alto de la igualdad' quiere decir que, así como Él —Glorificado sea— es el existenciador de toda cosa que ves, así eres tú también *analógicamente* 'el creador de toda cosa' (C. 6:102, entre otras aleyas), de modo que *en este sentido* se corresponde tu mirada (*naẓar*) con Su existenciación (*īŷād*) sin que lo uno se superponga a lo otro, de manera que son equivalentes. Pero Dios sabe más". Sobre *sawà* e *istiwā'*, v. *Mu'ŷam*, pp. 621-629.

3. Es decir, no le afecta ninguna influencia dispersiva interior o exterior.

(56) *Al-Walī*

EL AMIGO (PROTECTOR), EL PRÓXIMO
EL TUTOR, EL MAESTRO
EL DEFENSOR, EL PATRÓN

1. Dependencia (*taʿalluq*): Tienes necesidad de Él para que haga de ti uno de Sus *santos* amigos (*awliyāʾ*).

2. Realización (*taḥaqquq*): Es el Auxiliador (*al-Nāṣir*) en tanto que Amador (*muḥibb*). Siendo esto así, Él es el que toma por amigos a Sus siervos virtuosos, confiándoles cometidos particulares en los cuales se especializa aquel a quien se ha puesto a su cuidado, en razón de lo cual se le llama *walī*[1], y Dios ha aplicado este término a Sus siervos distinguidos con esta condición, llamándolos amigos (*awliyāʾ*) de Allāh —Enaltecido sea— y ellos son aquellos a quienes Allāh ama, a quienes ha escogido y a quienes ha brindado *siempre* en *su* interior (*bāṭin*) el debido y verdadero auxilio, socorriéndoles también externamente (*ẓāhir*) a veces, aunque otras veces no.

3. Adopción (*tajalluq*): *Está expresada en estas aleyas*: "Quien tenga como amigos a Allāh, a Su Enviado y a los que creen... Los partidarios de Allāh serán los victoriosos" (C. 5:56).

"Era deber (*ḥaqq*) Nuestro auxiliar (*naṣr*) a los creyentes"[2]. Aquí hay un secreto (*sirr*)[3]. Búscalo en la victoria (*ẓuhūr*) de los enemigos sobre los creyentes y en su superioridad (*galaba*) sobre ellos y Dios abrirá el ojo de tu visión interior (*ʿayn al-baṣīra*), pues ya ha llama-

---

1. El término puede significar también 'aliado', 'consejero', 'vecino', 'cercano', 'partidario', 'compañero'. V. Chokiewicz, *Sceau*, p. 37.

2. La aleya completa dice: "Antes de ti, hemos mandado enviados a su pueblo [e. d. al pueblo de los enviados]. Les aportaron las pruebas claras. Nos vengamos de los que pecaron: era deber Nuestro auxiliar a los creyentes" (C. 30:47). Trad. Cortés. V. *Šarḥ*, nº 58.

3. Parece referirse, como sugieren las aleyas citadas a continuación, al hecho de que el verdadero auxilio divino consiste en liberar al siervo de la corrupción y de sus consecuencias y en ayudarle a que no adore a otro que a Él. En su caso, la victoria o superioridad de los infieles sólo sería, en este sentido, un ardid divino para ponerlos a prueba. El verdadero auxilio sería espiritual: el auxilio por el cual 'ilumina' o 'conquista' el ojo de tu visión interior.

do la atención sobre ello al decir —Enaltecido sea—: "Ha aparecido (*ẓahara*) la corrupción en la tierra y en el mar *como consecuencia de las acciones de los hombres, para hacerles gustar parte de lo que han hecho. Quizás, así, se conviertan*"[4]; y así mismo *en la aleya*: "Tu Señor ha decretado que no adoréis sino a Él [...]" (C. 17:23).

---

4. "Ha aparecido la corrupción en la tierra y en el mar como consecuencia de las acciones de los hombres [lit. 'por lo que han merecido las manos de los hombres'], para hacerles gustar [Dios] parte de lo que han hecho. Quizás, así, se conviertan" (C. 39:41). Trad. Cortés.

(57) *Al-Ḥamīd*

EL ALABADO, EL LOABLE,
EL DIGNO DE ALABANZA,
EL ALABADOR, EL ELOGIADOR

1. Dependencia (*taʿalluq*): Tienes necesidad de Él —Glorificado sea— para que te haga digno de alabanza (*maḥmūd*) en todos los aspectos.

2. Realización (*taḥaqquq*): El Alabado (*al-Ḥamīd*) es Aquel a quien corresponde en último término *toda* alabanza[1].

Él es el Loado (*muṯnà*) por Sus actos (*afʿāl*) y por *todo* cuanto procede de Él y por *todo* aquello que está a Su cargo. Tal es el significado de *este nombre* cuando se entiende como nombre pasivo (*ism al-mafʿūl*).

Por otro lado, por el *significado activo* que le corresponde en tanto que *nombre* agentivo (*fāʿiliyya*)[2], Él es el Ensalzador (*muṯnī*) de Sí mismo, el que a Sí mismo se alaba tanto por aquello que *directamente* está a Su cargo, como por aquello que, de cuanto procede de Él —Enaltecido sea—, está a cargo de otro que Él, lo cual constituye el colmo de la generosidad (*karam*): *primero* te da y *luego* te elogia por aquello que te ha dado.

3. Adopción (*tajalluq*): El loable (*maḥmūd*) entre los siervos es aquel a quien corresponden las retribuciones de lo loable (*ʿawāqib al-ṯināʾ*) —es decir, que éstas siguen conservándose para Él hasta su destino postrero (*ʿāqiba*)—: "El *buen* fin es para los que temen a Dios" (C.

---

1. Lit. 'a quien pertenecen los términos de la alabanza (*ʿawāqib al-ṯināʾ*). Toda doxología es, en última instancia, alabanza de Dios a Sí mismo.

2. Lit. 'por su condición de agente'. El Šayj pone de manifiesto el doble carácter activo-pasivo de los nombres de este paradigma morfológico. Análogo criterio puede aplicarse en general al resto de los nombres de forma *faʿīl*.

28:83)[3]; "¡Haz que tenga una buena reputación [lit. 'una lengua de veracidad'] en mi posteridad!" (C. 26:84)[4].

La alabanza más noble y plena consiste en la alabanza de la alabanza (*ḥamd al-ḥamd*) y en la alabanza del Alabador (*ḥamd al-ḥāmid*), ya que el Alabador es el Verdadero (*al-Ḥaqq*) —Enaltecido sea—, de modo que toda la nobleza (*šaraf*) está en aquel a quien el Verdadero ennoblece con la alabanza a él.

Se dice en un verso:

> "Si *todos a la par* callado hubieran,
> te habrían ensalzado los bagajes (*ḥaqā'ib*)"[5].

Y dijo otro *poeta*:

> "Los cielos más elevados
> han dado fe de tu gloria
> y en ti, como panegírico,
> ha descendido el Corán"[6].

Y la alabanza de la alabanza (*ḥamd al-ḥamd*), a la cual hizo referencia el maestro Abū l-Ḥakam Ibn Barraŷān[7] *de Sevilla*, es la alabanza de Allāh como alabanza que Él a Sí mismo se dirige[8].

---

3. La aleya completa dice así: "Asignamos esa Morada Postrera a quienes no quieren conducirse con altivez en la tierra ni corromper. El [buen] fin es para los que temen a Dios" (C. 28:83). Trad. Cortés. El autor asocia los fines (*ʿawāqib*, pl. de *ʿāqaba*), conclusiones o consecuencias de la alabanza, es decir, las realidades últimas que subyacen en la alabanza, con el término coránico *ʿāqiba*, el buen fin postrero otorgado a los piadosos.

4. El pasaje dice así: "¡Señor! ¡Regálame juicio y reúneme con los justos! / ¡Haz que tenga una buena reputación en mi posteridad!" (C. 26:83-84). Trad. Cortés.

5. Segundo hemistiquio de un verso laudatorio del poeta Nuṣayb. Poema en alabanza a Sulaymān b. ʿAbd al-Malik. Metro *ṭawīl*. V. *Šiʿr Nuṣayb b. Rabbāḥ*, ed. Dā'ūd Sallūm, Maṭbaʿat al-Iršād, Bagdad, 1967, p. 59; al-Ŷāḥiẓ, *K. al-Bayān wa-l-tabyīn*, ed. ʿAbd al-Salām Hārūn, El Cairo, 1948-1950 (IV vols.), I, p. 83. Para más referencias, v. ʿAbd al-Salām Hārūn, *Muʿŷam al-šawāhid al-ʿarabiyya*, Maṭbaʿat al-Janŷī, El Cairo, 1972, II vols.

6. Metro *kāmil*. El verso es del poeta andalusí Muḥammad Ibn Hāni', v. *Dīwān...*, Beirut, 1886, p. 74 (o consúltese la edición de Muḥammad al-Yaʿlāwī, Beirut, 1994).

7. El autor presenta a Ibn Barraŷān como 'uno de los señores (en singular *sayyid*)' —entiéndase— de la comunidad universal de los sufíes. Prefiero traducir el término por 'maestro' pues, según entiendo, no se alude aquí a un vínculo familiar con el linaje de Muḥammad o un linaje califal, ni a una condición político-administrativa privilegiada, sino a una función espiritual.

8. En el texto de la edición cabría optar por dos formulaciones: *yuwāfī nafsa-Hu* (suprimiendo *huwa*), o bien, *yuwāfī-hi huwa nafsu-Hu*. No obstante, he mantenido la

(58) *Al-Muḥṣī*

EL COMPRENDEDOR, EL CONTADOR
EL ENUMERADOR

1. Dependencia (*taʿalluq*): Tienes necesidad de Él —Glorificado sea— para que puedas comprender, de cuanto te atañe, todo aquello cuya preservación (*ḥifẓ*) te ha encomendado el Verdadero (*al-Ḥaqq*).

2. Realización (*taḥaqquq*): El Comprendedor-Enumerador (*al-Muḥṣī*) es, en su realidad esencial, el que abarca *en toda su amplitud* la realidad última de lo comprensible-enumerable (*ḥaqīqat al-muḥṣà*).

3. Adopción (*tajalluq*): El comprendedor (*muḥṣī*) de entre los siervos es aquel a quien Dios —Enaltecido sea— ha capacitado para *la realización de* aquello que le pide en la 'dependencia' de este nombre.

---

expresión tal como figura en los mss.

(59) *Al-Mubdi'*

EL PRODUCTOR, EL ORIGINADOR
EL INICIADOR

1. Dependencia (*ta'alluq*): Tienes necesidad de Él —Glorificado sea— para *lograr* la *plena y sincera* consagración (*ijlāṣ*) de la intención (*niyya*) —en cuantas obras (*a'māl*) haces que se manifiesten u originas—, a la vía del acercamiento (*qurba*) a Allāh —Enaltecido sea—.

2. Realización (*taḥaqquq*): *El Productor es el que se encarga de* (1) originar o producir (*ibdā'*) las cosas inicialmente (*ibtidā'*) en sus entidades i*nmutables* (*a'yān*) y (2) de dar comienzo a su manifestación exterior (*ibdā' iẓhār*) aunque *de hecho* ya fueran manifiestas (*ẓāhira*) para Él o para sí mismas *en su estado latente*.

Aquí se plantea un debate entre dos grupos: ¿Tienen las cosas entidad inmutable en la inexistencia (*'adam*)[1] o no la tienen?

Tanto los que responden afirmativamente como los que responden negativamente coinciden, a pesar de esta divergencia, en *considerar* que Él es origen (*mabda'*) *productor* de su existencia, lo cual es *en definitiva* el sentido (*maqṣūd*) *de este nombre*.

3. Adopción (*tajalluq*): Este *revestimiento* se manifiesta en las acciones (*af'āl*) que el siervo ingenia y produce en sí mismo y por su *propia* mano[2] sin tener previamente conocimiento de ellas (1) y sin que estuvieran *implícitas* en su entorno (2).

De ello participa "quien establece una buena tradición (*sunna*)"[3], pues se le ha dado licencia *explícita* para la propia composición de las obras de adoración (*inšā' al-'ibādāt*) según un determinado estado específico.

---

1. Evidentemente la noción que de la inexistencia se tenga determina la respuesta. Sobre la posición de las diversas corrientes de pensamiento al respecto, v. S. Ḥakīm, *Mu'ŷam*, especialmente pp. 836-37 y 1134-35.

2. La producción o concepción de una acción, según se desprende de este pasaje, puede ser interior, en la propia alma, directa y personal (*ijtirā' fī nafsi-hi*), o bien, exterior, directa o indirecta, por la propia mano o la propia mediación (*ijtirā' ālà yadi-hi*).

3. V. 95-3, nota 1.

(60) *Al-Muʿīd*

EL RECREADOR, EL REPRODUCTOR
EL RESTAURADOR, EL QUE HACE VOLVER
EL REINTEGRADOR

1. Dependencia (*taʿalluq*): Tienes necesidad de Él —Glorificado sea— *para lograr* la perseverante asiduidad (*mudāwana*) en cuantas obras de adoración (*ʿibādāt*) te ha mandado cumplir, aunque no las haya determinado.

2. Realización (*taḥaqquq*): La reposición (*iʿāda*)[1] de una cosa consiste en devolverla a la circunstancia previa *en que se encontraba* antes de separarse de ella. Esta cuestión *también* es polémica: *¿es la cosa reproducida semejante o idéntica a la cosa en su condición original?* La verificación es que *la cosa que se reproduce* es semejante (*miṯl*) a ella —y no la misma (*ʿayn*)— en un sentido, mas es idéntica, la misma —y no semejante a ella— en otro sentido. Así, *por ejemplo*, un administrador (*mudabbir*) puede ser restituido a su *función* en la administración (*tadbīr*) sin que necesariamente lo administrado (*mudabbar*) sea *exactamente* lo mismo (*ʿayn*) *que antes* administraba. *Dice una aleya*: "Siempre que se les consuma la piel, se la cambiaremos por otra piel" (C. 4:56)[2].

3. Adopción (*tajalluq*): La recreación de un acto (*iḥdāṯ al-fiʿl*) en la forma que anteriormente adoptó al acontecer —aunque *de hecho* no sea *exactamente* idéntico (*ʿayn*)— se denomina restitución (*iʿāda*) en virtud de la similitud formal (*šibh fī l-ṣūra*).

A la adopción *de este nombre* corresponde la reiteración del acto (*iʿādat al-fiʿl*) que Él ha producido en ti y, no obstante, te ha atribuido a ti —Glorificado sea—, a saber, el espíritu de la adoración (*rūḥ al-*

---

1. El término significa 'restitución', 'reproducción' o 'restauración'.

2. El texto completo de la aleya dice: "A quienes no crean en Nuestros signos les arrojaremos a un Fuego. Siempre que se les consuma la piel, se la repondremos, para que gusten del castigo. Dios es poderoso, sabio" (C. 4:56). Trad. Cortés.

En el ejemplo de la administración, la función es la misma, pero el objeto al cual se aplica es otro semejante, no el mismo. En esta aleya, aquel cuya piel se repone es el mismo, pero la piel es otra (*gayr*) semejante, no la misma.

ʿibāda) cuando en esta adoración no se te ha ocultado la contemplación del verdaderamente Real (*al-Ḥaqq*).

(61) *Al-Muḥyī*

EL VIVIFICADOR, EL DADOR DE VIDA
EL QUE HACE REVIVIR

1. Dependencia (*taʿalluq*): Tienes necesidad de Él —Glorificado sea— para que vivifique tu corazón con la vida del conocimiento (*ḥayāt al-ʿilm*) y vivifique tus órganos (*ŷawāriḥ*) con la vida de las prácticas piadosas (*ṭāʿāt*)[1].

2. Realización (*taḥaqquq*): El Vivificador es el que da la vida a todo ser existente (*mawŷūd*) para que Le glorifique con Su alabanza[2].

Aquel *ser* cuya vida se manifiesta externamente llámase *ser* vivo (*ḥayy*). Aquel cuya vida es interior, o bien crece y se desarrolla (*nāmī*) o bien carece de tal facultad. Si tiene la facultad de desarrollarse llámase así mismo vivo, y si no la tiene llámase inorgánico o mineral (*ŷamād*). Esto es lo establecido entre la Gente de la develación (*ahl al-kašf*)[3].

El Verdadero (*al-Ḥaqq*) —Glorificado, enaltecido y santificado sea— ha dicho: "No hay cosa alguna que no *Le* glorifique con Su alabanza" (C. 17:44)[4]. "Cada uno conoce ya [*por ciencia infusa*] su *propia* oración y su *particular* glorificación *de Dios*" (C. 24:41)[5]. "¿No ves que ante Dios se prosternan tanto el que está en los cielos y el que está en la tierra, como el sol, la luna, las estrellas, las montañas, los árboles

---

1. Lit. 'la vida de las obediencias', es decir, con el ejercicio del modo particular de obediencia —ya sea a la orden existencial o a la legislación profética— que a cada órgano específico corresponde. Sobre los carismas y atributos de los órganos corpóreos, v. la traducción parcial de *Mawāqiʿ al-nuŷūm* realizada por Asín, *IC*, pp. 397-428.

2. Alusión a C. 17:44. V. *infra* nota 5.

3. Entiéndase, quienes están dotados de la facultad de la develación mística. V. *infra* nota 8.

4. "Le glorifican los siete cielos, la tierra y sus habitantes. No hay nada que no celebre Sus alabanzas, pero no comprendéis su glorificación. Él es benigno, indulgente" (C. 17:44). Trad. Cortés.

5. O bien, 'Él [Dios] conoce la oración y la glorificación de cada uno'. Dice la aleya completa: "¿No ves que glorifican a Dios quienes están en los cielos y en la tierra, y las aves con las alas desplegadas? Cada uno sabe cómo orar y cómo glorificarLe [o bien, 'De cada uno sabe Él cómo ora y cómo glorifica']" (C. 24:41). Trad. Cortés.

y los animales...?" (C. 22:18)[6]. Y dijo —Enaltecido sea— a los cielos y a la tierra: "¡Venid, ya sea con obediencia o con resistencia!". Dijeron: "¡Venimos obedientes!"[7]. Y los dotados de percepción mística (*ahl al-kašf*)[8], ya se trate de ángeles, profetas o amigos *de Dios*, han presenciado con sus propios ojos la manifestación de la vida en los seres inorgánicos (*ŷamādāt*).

3. Adopción (*tajalluq*): Quien vivifica una tierra yerma —*según Su Palabra*: "*y prescribimos* que quien la vivifique [a una persona (*nafs*)[9]], fuera como si hubiera vivificado a toda la Humanidad (*nās*)" (C. 5:32)[10]— y quien se aplica a la reflexión (*fikr*) y a la meditación penetrante (*istibṣār*), de modo que vivifica también su propia alma (*nafs*), bien merece ser llamado con el nombre 'vivificador' (*muḥyī*)[11].

---

6. La aleya entera dice así: "¿No ves que se prosternan ante Dios los que están en los cielos y en la tierra, así como el sol, la luna, las estrellas, las montañas, los árboles, los animales y muchos de los hombres? Esto no obstante, muchos merecen el castigo. No hay quien honre a quien Dios desprecia. Dios hace lo que Él quiere" (C. 22:18). Trad. Cortés.

7. Dice la aleya completa: "Luego, se dirigió al cielo, que era humo, y dejo a éste y a la tierra: '¡Venid, queráis o no! [e. d. voluntariamente o a la fuerza]'. Dijeron: '¡Venimos de buen grado!'"(C. 41:11). Trad. Cortés.

8. La expresión *ahl al-kašf* no se refiere sólo a los seres humanos distinguidos con el don de la develación mística de lo que está oculto al ojo sensible, es decir, al profeta y al santo amigo de Dios (*walī*), sino que también se refiere a los ángeles.

9. Parece haber una alusión simbólica en la ilación de estas frases, ya que el pronombre de tercera persona, fuera del contexto de la aleya coránica en su integridad, parece aquí referido a la 'tierra muerta'. Puede referirse simbólicamente a la tierra de la que fue creado Adán. Esta tierra vivificada sería entonces el cuerpo espiritual que accede a la Tierra de la verdadera Realidad (*arḍ al-ḥaqīqa*). V. *Fut.*, I, pp. 126-131. Cf. H. Corbin, *Cuerpo espiritual*, pp. 159-167.

10. He aquí el texto completo de la aleya: "Por esta razón, prescribimos a los Hijos de Israel que quien matara a una persona que no hubiera matado a nadie ni corrompido en la tierra, fuera como si hubiera matado a toda la Humanidad. Y que quien salvara una vida, fuera como si hubiera salvado las vidas de toda la Humanidad. Nuestros enviados vinieron a ellos con las pruebas claras, pero, a pesar de ellas, muchos cometieron excesos en la tierra" (C. 5:32). Trad. Cortés.

11. El propio autor recibe el sobrenombre honorífico de Muḥyī l-Dīn, Vivificador de la religión. Esta noción de 'vivificación' parece referirse a la función de su magisterio universal en su condición —proclamada por el mismo Ibn 'Arabī— de 'Sello de la santidad muḥammadí'.

(62) *Al-Mumīt*

EL MORTIFICADOR, EL MATADOR
EL QUE DA O CAUSA LA MUERTE

1. Dependencia (*taʿalluq*): Tienes necesidad de Él —Glorificado sea— para que te guarde y libre de que te cuentes entre quienes han matado su corazón con la negligente indiferencia desatendiendo la rememoración (*dikr*) de Alláh y lo que ésta en su interior contiene[1].

2. Realización (*taḥaqquq*): Es el que arrebata la vida (*muzīl al-ḥayāᵗ*) de aquel en quien ésta se manifestaba.

Al cuestionarse si al vivo, antes de que en él exista la vida, puede o no *con propiedad* llamarse muerto, *los eruditos* han discrepado[2]. *No obstante, en el Corán se dice claramente*: "estabais muertos (*amwāt*)

---

1. Por proximidad de sintagmas se entiende que esta expresión se refiere a lo que conlleva el recuerdo activo (*dikr*) de Dios; no obstante, el pronombre puede referirse también al corazón: 'ha matado su corazón... y lo que en su interior había'. La ambigüedad se mantiene en castellano, pues alude sutilmente al hecho de que la rememoración de Dios, guardada en el corazón del creyente, es la vida misma del corazón, su propio contenido (v. el hadiz citado en 5-3). Entiéndase que el siervo tiene necesidad de que al-Mumīt "mate" a la negligencia, es decir, acabe con ella.

2. Con relación a esta aleya, la interpretación mayoritaria consiste, según explica D. Gimaret, en entender la expresión *kuntum amwātᵃⁿ*, "estabais muertos", como referencia a la situación de los hombres con anterioridad a su nacimiento, es decir, al estado simbólico de esperma en los riñones de sus progenitores.

Según Rāzī, la expresión "muertos" habría de tomarse aquí en sentido figurado. También Zamajšarī se pregunta cómo puede llamarse "muerto" algo que nunca ha estado vivo.

Otros sin embargo —como Ibn Zayd, según Ṭabarī— han considerado que esta primera muerte, anterior a la vida terrestre, habría tenido lugar tras una primera vida, a la cual se referiría el pacto preeterno entre Dios y los hombres (expresado en C. 7:172). Después de esta primera vida de los hombres que reconocen a Dios como su Señor antes de la existencia terrestre, Dios les habría hecho morir, a lo cual se referiría entonces la expresión "estabais muertos".

Otra explicación, probablemente en respuesta a esta misma cuestión planteada por el Šayj, entiende que esta expresión se refiere a la muerte que sigue a la vida terrestre, tras la cual habría una vida intermediaria —a cuyo término tendría lugar el interrogatorio de los ángeles Munkar y Nakīr—, seguida de una segunda muerte y, a continuación, de la resurrección final. Cf. Gimaret, *Noms*, pp. 329-330.

y os dio la vida" (C. 2:28)[3] —sin que anteriormente hubieran tenido vida—.

3. Adopción (*tajalluq*): "[...] Quien mate a una persona que no hubiera matado a nadie ni corrompido en la tierra, sea como si hubiera matado a toda la Humanidad" (C. 5:32)[4].

"Di: 'Os llamará el ángel de la muerte que ha sido encargado de vosotros'" (C. 32:11)[5].

Quien mata cuantas innovaciones (*bida*ʿ)[6] y errores estuvieran vivos en *él* es, sin duda, mortificador (*mumīt*), pero en favor de la *propia* bienaventuranza[7], puesto que esta *mortificación* del contrario (*naqīḍ*)[8] es indispensable *para la felicidad*.

---

3. La aleya completa aquí citada dice: "¿Cómo podéis no creer en Dios, siendo así que os dio la vida cuando aún no existíais, que os hará morir y os volverá a la vida, después de lo cual seréis devueltos a Él" (C. 2:28). Trad. Cortés. V. también C. 40:11. Lit. 'os dio la vida cuando estabais muertos...'. V. la expresión *muḥyī l-mawtà*, "el Vivificador de los muertos" en C. 30:50 y 41:39.

Con este fundamento escriturario parece concluir Ibn ʿArabī que puede llamarse propiamente "muertos" a aquellos en quienes, antes de su nacimiento, todavía no ha sido insuflada la vida.

4. V. *supra* 61-3, nota 11.

5. La aleya completa dice así: "Di: "El ángel de la muerte, encargado de vosotros, os llamará y, luego, seréis devueltos a vuestro Señor" (C. 32:11)". Trad. Cortés.

6. Es decir, invenciones y juicios equívocos que no tienen verdadero fundamento profético.

7. Es decir, de un modo positivo orientado a la felicidad perdurable (*nisba saʿādiyya*).

8. Es decir, de cuanto conduce a la desdicha.

(63) *Al-Ḥayy*

EL (ETERNAMENTE) VIVO
EL VIVIENTE

1. Dependencia (*taʿalluq*): Tienes necesidad de Él —Glorificado sea— para *lograr* la continuidad (*ittiṣāl*) de tu vida *en esta Morada* con la Vida Postrera (*al-ḥayāt al-ājira*). Ha dicho Dios —Enaltecido sea—: "Se soplará en el cuerno (*ṣūr*) y los que estén en los cielos y en la tierra caerán fulminados, salvo quien Dios quiera" (C. 39:68)[1]. Así mismo ha dicho —Enaltecido sea—: "*No consideréis que los caídos en la senda de Dios estén muertos*, pues están vivos (*aḥyāʾ*) y junto a su Señor son sustentados" (C. 3:169)[2].

2. Realización (*taḥaqquq*): El Vivo por *antonomasia* es aquel cuya propia vida pertenece a Sí mismo y no es recibida (*mustafāda*) de otro que Él[3].

---

1. "Se tocará la trompeta y los que estén en los cielos y en la tierra caerán fulminados, excepto los que Dios quiera. Se tocará la trompeta otra vez y he aquí que se pondrán en pie, mirando" (C. 39:68). Trad. Cortés.

Sobre la significación de la imagen escatológica del cuerno, véase nuestra edición y traducción del artículo de J. Morris, "La Imaginación Divina y el Mundo Intermedio: Ibn ʿArabī y el *Barzaj*", *POSTDATA*, XV, 1995, pp. 107-109 (en inglés) y 47-48 (en castellano).

"El preceptor (de la Revelación), que es el orador veraz, llamó a esto —que es la (divina) Presencia del *Barzaj* al que somos llevados después de la muerte y en el que directamente contemplamos nuestras almas— 'Cuerno' (*ṣūr*) y 'Trompeta' (*nāqūr*). Aquí la palabra *ṣūr* es (también) el plural de la palabra *ṣūra*, 'forma'. Así pues (de acuerdo con el relato coránico de la Resurrección) '*se sopla en el Cuerno/en las formas*' (C. 6:73, etc.) y '*se hace sonar la Trompeta*' (C. 74:8). Y ambos (el 'Cuerno' y la 'Trompeta') son exactamente la misma cosa, y difieren únicamente en los nombres, debido a los diversos estados y atributos (de la realidad subyacente)... Sabe que el Enviado de Dios, cuando se le preguntó qué era este 'Cuerno' (*ṣūr*), respondió: 'Es un cuerno (*qarn*: un cuerno animal) de Luz en el que sopla (el ángel) Isrāfīl'. Así refirió que su forma era la forma de un cuerno (de animal), descrito como ancho (en la base) y estrecho (en la punta)...". Cf. *Ibid.*, p. 47.

2. "Y no penséis que quienes hayan caído por Dios hayan muerto. ¡Al contrario! Están vivos y sustentados junto a su Señor" (C. 3:169). Trad. Cortés.

3. Lo cual sólo puede decirse de Dios, ya que todo lo demás recibe la vida de Él.

Tras esta cuestión hay un gran debate entre quienes niegan los atributos y quienes los afirman en tanto que entidades sobreañadidas (*aʿyān zāʾida*). Mas no es este lugar para extendernos al respecto[4].

3. Adopción (*tajalluq*): El Enviado de Dios —que Él le bendiga y salve—, según transmite Muslim *en su recopilación de hadices*, ha dicho: "En cuanto a la gente del fuego *infernal* (*ahl al-nār*), quienes son su gente ni morirán en él ni vivirán"[5].

El *verdaderamente* vivo de entre los siervos es aquel cuyo *íntimo secreto* (*sirr*)[6] vive por la luz de Allāh, cuyo corazón (*qalb*) vive en *permanente* rememoración de Allāh y cuyos órganos (*ŷawāriḥ*) viven en sumisa obediencia a Allāh. Aquel a quien pueda calificarse con las cualidades de esta vida *interior*, poseerá la vida perdurable (*al-ḥayāᵗ al-dāʾima*) en la Morada de la Bienaventuranza (*dār al-saʿāda*) que el Verdadero ha negado a los desgraciados (*ašqiyāʾ*).

---

4. Véase la bibliografía y la excelente síntesis que de las líneas generales de las principales escuelas de pensamiento relacionadas con la negación o la afirmación de los atributos divinos ha realizado S. Ḥakīm, *Muʿŷam*, pp. 1218-1224.

5. Muslim, *Īmān* (82) 306. V. *Fut.* III: 50, p. 97, donde el autor comenta este fragmento del hadiz como referencia a uno de los estados de los moradores del fuego, a quienes al-Raḥmān enviará un sueño en el cual quedarán insensibles y perderán el sentido. Ibn ʿArabī cita este mismo fragmento en *Fut.* IV: 449, 451, 453, 486, 568, 625, 655 y 662. En *Fut.* XIII: 568, al citar este mismo hadiz, el Šayj explica que la gente del fuego, a causa de la existencia del frío y debido a la propiedad de su temperamento, buscan la dicha con el fuego. V. también C. 14:17, 20:74 y 87:13.

6. Es decir, aquel cuyo ser esencial y cuya conciencia profunda, en lo más hondo de su corazón, viven por la luz de Dios.

(64) *Al-Qayyūm*

EL AUTOSUBSISTENTE, EL INMUTABLE
EL MANTENEDOR, EL SUSTENTADOR
EL PERMANENTE

1. Dependencia (*taʿalluq*): Tienes necesidad de Él —Glorificado sea— para que te brinde Su asistencia (*maʿūna*) en el perseverante cuidado (*qiyām*) que te ha encomendado sobre aquello cuyo cumplimiento[1] se te ha prescrito.

2. Realización (*taḥaqquq*): En su realidad *esencial*, el Subsistente es el que existe por Sí mismo y Aquel por quien subsiste todo lo que no es Él (*mā siwā-Hu*), en razón de la necesidad *ontológica* (*iftiqār*) que de Él tiene, tanto en su esencia como en sus atributos concomitantes (*lawāzim*)[2], *todo lo que es aparte de Él.*

3. Adopción (*tajalluq*): "Los hombres están encargados de cuidar (*qawwāmūn*) de las mujeres" (C. 4:34)[3]. Así pues, quien de entre los siervos cumple *esta condición* atendiendo a las necesidades de

---

1. Hace el Šayj un juego de palabras empleando otro régimen preposicional con el mismo nombre de acción *qiyām* (*ʿalà*, 'vigilar', 'cuidar', 'perseverar'; *bi-*, 'ejecutar', 'realizar', 'cumplir') de la misma raíz léxica (*q-w-m*) del nombre al-Qayyūm.

2. Se denomina *lāzim al-māhiyya* a la "noción indisociable de la cosa en sí, la consecuencia de la quiddidad". Según la definición de Ŷurŷānī, "c'est le concept qui empêche qu'une donnée soit dissociée de sa quiddité, quand on considère celle-ci en elle-même, indépendamment de ses accidents (*ʿawāriḍ*), comme le rire possible chez l'être humain". Cf. *K al-Taʿrīfāt*, trad. M. Gloton, p. 334, nº 1355.

3. "Los hombres tienen autoridad sobre las mujeres en virtud de la preferencia que Dios ha dado a unos más que a otros [v. C. 2:228] y de los bienes que gastan [en sus mujeres]..." (C. 4:34). Trad. Cortés.

El término *qawwām*, de la misma raíz de *al-Qayyūm*, significa 'dirigente' o 'guardián' —con la noción implícita de 'soporte' (*qawām*)—. Esta preponderancia del 'hombre' puede entenderse de distintos modos: el principio activo, el Cálamo, tiene prioridad sobre el principio pasivo, la Tabla Preservada; los espíritus tienen autoridad sobre los cuerpos, etc.

Ibn ʿArabī conecta en ocasiones la idea expresada en esta aleya con la noción de la superioridad del cielo —asociado a lo masculino activo— sobre la tierra —asociada a lo femenino receptivo—. A este respecto v. S. Murata, "Man's Degree over Woman", *Tao*, pp. 177-181.

quien busca apoyo en él, en caso de que tal cosa prolifere, es mantenedor (*qayyūm*).

***

"Ibn al-ʿArabī demonstrates a concern to explain the nature of the 'degree' that men posses above women in several passages. Typically, he does not pay a great deal of attention to the social applications of the degree, but rather to the cosmological and metaphysical significance. [...] In one passage, Ibn al-ʿArabī sees the fundamental root of the relationship between husband and wife in the yang/yin relationship between God and the cosmos. To support this position, he cites two Koranic verses that show an interesting parallel. God 'stands over' (*qāʾim*) or 'takes care' of every soul just as men 'stand over' (*qawwām*) women". Cf. *Ibid.*, p. 178.

Los 'hombres' —en tanto que principio activo— están pues encargados de cuidar a las 'mujeres'—en tanto que principio pasivo— y velar por ellas. Obsérvese que a continuación el autor se refiere al necesitado 'que busca apoyo' en masculino y no en femenino, lo cual indica que no se refiere a la mujer, sino al principio receptivo femenino del ser humano, hombre o mujer.

(65) *Al-Wāŷid*

EL PERFECTO, EL OPULENTO
EL SABEDOR, EL QUE ENCUENTRA
EL AUTOEXISTENTE
EL AUTOSUFICIENTE[1]

1. Dependencia (*taʿalluq*): Tienes necesidad de Él —Glorificado sea— para que te otorgue un estado (*ḥāl*) en que no haya determinación de necesidad alguna.

2. Realización (*taḥaqquq*): El Autosuficiente es aquel a quien jamás Le falta cosa alguna, lo cual constituye el más elevado de los grados (*marātib*) de los opulentos (*wāŷidūn*).

3. Adopción (*tajalluq*): Cuando el siervo accede a la estación espiritual (*maqām*) en la cual nada le falta y —sabiendo por *directo* conocimiento gustativo (*dawq*) que todo aquello en lo cual residen su armonía (*ṣalāḥ*) y su subsistencia (*baqāʾ*) está predeterminado en la *divina* Realidad (*al-Ḥaqq*), atesorado y dispuesto para él al haberle tomado como Valedor (*wakīl*)—, no necesita por tanto cosa alguna, *y se siente* pues como la persona que sabe que su encargado (*wakīl*) ha almacenado para él en su casa todo cuanto pudiera necesitar a lo largo de todo el año, *el siervo* es entonces opulento (*wāŷid*) al tener todo lo que necesita durante ese año. Y la expresión 'año' (*sana*), por lo que respecta al siervo que se reviste *de las cualidades de este nombre* y por lo que al Verdadero se refiere, significa aquí la eternidad (*abad*) cuya permanencia (*baqāʾ*) no tiene fin. Así pues, *a quien reúne tales rasgos* bien le corresponde el nombre de 'opulento' (*wāŷid*).

---

1. Así como en las listas de Walīd y Zuhayr, en un hadiz *qudsī* referido por Tirmiḏī (*Qiyāma*, 48), se dice de Dios que es *wāŷid*, *māŷid*: en este hadiz "le contexte impose nettement de comprendre *wāŷid* au sens de 'riche'. Et tel est bien le sens que, le plus souvent, les commentateurs donnent au nom divin d'*al-wāŷid*, celui d'un synonyme d'*al-ganī* [...] Cependent, il arrive que *wāŷid* soit également interprété d'une outre façon, á savoir comme un équivalent de *ʿālim*". Cf. Gimaret, *Noms*, p. 225. Como puede apreciarse, el Šayj se ajusta en este comentario a las pautas generales analizadas por Gimaret. No obstante, v. su correspondiente comentario en *Fut.*, donde trata también el Šayj de la relación de este nombre con el imperativo existenciador *kun*, "¡sé!". Cf. *Fut.* IV, pp. 292-293.

(66) *Al-Māŷid*

EL ILUSTRE, EL GLORIOSO
EL HONORABLE, EL EXCELSO

1. Dependencia (*ta'alluq*): Tienes necesidad de Él —Glorificado sea— para que te conceda una eminencia (*šaraf*) *general* sin especificación (*ta'yīn*)[1].

2. Realización (*taḥaqquq*): La *verificación de este nombre consiste* en la total adscripción (*nisba*) de la honorable eminencia (*šaraf*) a Él en suma (*'alà l-ŷumla*), sin diferenciación (*tafṣīl*).

3. Adopción (*tajalluq*): *Consiste*, así mismo, *en* que se adscriba *la condición de* la eminencia (*nisbat al-šaraf*) a las honorables cualidades (*awṣāf šarīfa*) que *el siervo* manifiesta en suma de modo indiferenciado.

El *nombre* Loable (*al-Maŷīd*) —*de la misma raíz léxica*— es, por otra parte, una forma intensiva que se refiere[2] a la diferenciación analítica (*tafṣīl*) de esta eminencia global (*šaraf ŷumalī*) *que corresponde al nombre al-Māŷid*, de modo que, *en razón del carácter distintivo del nombre al-Maŷīd*, puede decirse de alguien que es eminente (*šarīf*) en tal o cual aspecto, con infinitas posibilidades distintivas.

---

1. Se refiere a la honorable dignidad (*šaraf*) propia de la estación muḥammadí, caracterizada respecto a otras estaciones espirituales por su indeterminación, es decir, por estar por encima de toda determinación específica propia de las otras estaciones. Se trata de la Morada de la No Morada, propia del heredero muḥammadí: "La Gente de la perfección (*kamāl*) son aquellos que han realizado *todas* las moradas y los estados y las han dejado atrás alcanzando la morada (*maqām*) que está por encima de la Majestad y la Belleza, de modo que no tienen atributo intrínseco (*ṣifa*) ni extrínseco (*na't*)" (*Fut*. II, p. 133, lss. 19-20). Tal es el caso de Abū Yazīd, mencionado *supra* en 46-3. V. Chittick, "The Station of No Station", *SPK*, pp. 375-381.

2. Lit. 'en la cual tiene lugar...'.

(67) *Al-Wāḥid*

EL UNO, EL ÚNICO Y SIN PAR, EL SOLO
EL INDIVISIBLE, EL INCOMPARABLE[1]

1. Dependencia (*taʿalluq*): Tienes necesidad de Él —Glorificado sea— para que te convierta en único (*waḥīd*) de tu tiempo en tu consagración (*hamm*) a Él y en la *concentración de* tu aspiración *espiritual* (*himma*).

2. Realización (*taḥaqquq*): En su realidad esencial, el Único es Aquel que está caracterizado por la unidad (*waḥda*)[2] en todos los sentidos y que no acepta la multiplicidad[3] en sentido alguno. De tan importante cuestión han tratado los doctos ampliamente[4].

3. Adopción (*tajalluq*): *Dice el Profeta según el hadiz*: "Cuando haya un califa y un segundo *pretendiente usurpador* se alce contra él *en pugna por el poder*, matad al último de ellos"[5], pues conviene que el siervo esté predispuesto con una total orientación (*tawaŷŷuh kullī*) hacia el lado de la divina Realidad (*ŷānib al-Ḥaqq*) —Enaltecido sea— y hacia el revestimiento, en la medida de lo posible (*al-wasʿ al-imkānī*), con las divinas cualidades (*ajlāq ilāhiyya*), de modo que se le conceda alcanzar el rango de Polo *espiritual* (*rutbat al-quṭubiyya*) para ser único *Eje* del tiempo (*wāḥid al-zamān*) en su momento, sin

---

1. El término *wāḥid* significa tanto 'único' como 'uno', ya que también designa al número uno, la unidad aritmética. Ibn ʿArabī, siguiendo aquí la lista de Walīd que no lo menciona, no ha incluido aquí el comentario al nombre *al-Aḥad* que, según requiera el contexto, puede traducirse también por 'Uno' o 'Único'. Gazālī considera ambos nombres intercambiables (*Maqṣad*, p. 36). En la ontología akbarí se distingue entre *aḥadiyya* —la 'Unidad indiferenciada' o 'Grado del Único'— y *wāḥidiyya* —la 'Unidad diferenciada' o 'Función de la Unidad (del Uno)'—.

2. En el sentido de 'singularidad'.

3. Es decir, que no es susceptible de división alguna, que es indivisible.

4. Sobre las especulaciones relativas a esta cuestión, v. Gimaret, *Noms*, cap. X, pp. 191-200.

5. Lit. "Cuando se rinda homenaje [o bien 'cuando se reconozca'] a dos califas...". V. Muslim, *Imāra* 61. Cf. *Concordante*, II, p. 70. Desde la perspectiva del ser humano en tanto que microcosmos, entiéndase que el alma no puede ser gobernada y guiada por dos voluntades.

que nadie comparta con él tal condición, ya que es necesario que en todo tiempo haya alguien incomparable y sin par (*wāḥid*) *ocupando* esta estación[6], la cual es alcanzada por merecimiento (*maqām muktasib*).

______

6. Es decir, desempeñando la función de Eje espiritual —*Axis mundi*— de su tiempo.

(68) *Al-Ṣamad*

EL SOPORTE (UNIVERSAL)
INDEPENDIENTE E IMPENETRABLE,
EL INDIVISO, EL AMPARADOR,
EL CONFORTADOR, EL CONSOLADOR[1]

1. Dependencia (*taʿalluq*): Tienes necesidad de Él —Glorificado sea— para que ponga en tu mano el alivio y consuelo (*faraŷ*) *necesario* para que seas refugio (*malŷā*) *que ampare* a todo cuanto, procedente del Verdadero (*al-Ḥaqq*) —Enaltecido sea— o procedente de la creación (*jalq*), llegue a ti[2] *en busca de él*, y para que estés en tu *actual* estado de composición (*ḥāl tarkīb*)[3] en el mismo estado de pureza en que te encontrabas con anterioridad a tu acontecer en la existencia (*wuŷūd*).

---

1. Otros significados se han dado a este nombre, cuya interpretación es particularmente rica en diversidad. J. Cortés, en su traducción del Corán, lo traduce por 'el Eterno' y comenta: "Hápax de significación incierta; o. i. 'el Compacto', 'el Denso', 'el Indiviso', quizá con connotación antitrinitaria", pues, en efecto, el nombre figura en la aleya 112, en la cual se declara la doctrina de la unicidad de Dios. El texto íntegro de esta breve pero importantísima azora dice así: "Di: '¡El es Dios, Uno, / Dios, el Eterno. / No ha engendrado, ni ha sido engendrado. / No tiene par [Lit. 'Nadie es su igual]'" (C. 112:1-4). Trad. Cortés (véanse sus provechosas notas). También puede traducirse: "Di: 'El, Dios, es Uno, Dios, el Soporte [o. i. el Indiviso] (*al-Ṣamad*) /.../ No tiene igual alguno'".

2. El término *wārid*, part. act., significa 'que llega (al abrevadero), que se acerca, aparece o sobreviene'. De ahí su significación técnica 'inspiración súbita' que sobreviene al corazón. La expresión empleada aquí (*li kulli wārid*) mantiene una sugestiva ambivalencia. En el orden espiritual, significa 'a toda inspiración súbita que sobrevenga en tu interior', lo cual corresponde a la faz de la divina Realidad (*al-Ḥaqq*). En el orden creatural significa 'a todo el que llegue a ti', es decir, 'a todo ser humano (u otra criatura) que venga a ti en busca de consuelo'. Así pues, en el interior, se requiere solaz para ser capaz de dar cabida a las inspiraciones que, por así decirlo, necesitan de la receptividad del corazón. Por otra parte, en el exterior, el espiritual precisa de la facultad del consuelo para dar alivio a quienes se acercan a él buscando refugio de sus temores. V., con respecto al término *wārid*, Chittick, *SPK*, p. 266; Ḥakīm, *Muʿŷam*, p. 1202. En la traducción he optado por mantener esta ambigüedad.

3. Es decir, en tanto que criatura sujeta —transitoriamente— al estado de composición propio de los cuerpos elementales.

2. Realización (*taḥaqquq*): El Amparador (*al-Ṣamad*) es, en su realidad esencial, aquel en quien se busca amparo y se confía en todos los asuntos, tanto en los más sutiles como en los más relevantes, en los conocidos y en los desconocidos.

3. Adopción (*tajalluq*): Cuando *por su merecimiento* adquiere el ser humano (*insān*)[4] en su revestimiento (*tajalluq*) el carácter divino (*al-juluq al-ilāhī*) y, calificándose con las más nobles cualidades (*makārim al-ajlāq*), se convierte en el lugar de la mirada de Dios desde el cosmos (*min al-ʿālam*)[5], entonces buscan refugio en él las almas (*nafūs*) todas al verificar en él el logro (*ḥuṣūl*) de sus *propios* fines (*agrāḍ*) y de su *misma* voluntad (*irāda*)[6] tanto en lo superior como en lo inferior, tanto en el plano de la divina Realidad (*ḥaqq*) como en el plano humano creatural (*jalq*). No obstante, no es propio de su condición que sea *notoriamente* reconocido (*maʿlūm*)[7] en el mundo de la composición *elemental* (*ʿālam al-tarkīb*).

Dice Dios en el Corán: "¡Haced a Allāh un préstamo generoso (*qarḍ ḥasan*)!" (C. 73:20) *y* "… así pues, adórame y haz la oración ritual para rememorarme" (C. 20:14)[8].

---

4. Este término se aplica también a la pupila, llamada 'el hombre del ojo' (*insān al-ʿayn*), probablemente porque en ella se refleja quien la mira. Esto está relacionado con el hecho de que el hombre sea —como a continuación se dice— lit. 'el lugar (*mawḍiʿ*) de la mirada del Verdadero (*naẓar al-Ḥaqq*) desde el cosmos', es decir, que el hombre (*insān*) es la pupila (*insān*) por la cual Dios, la Verdadera Realidad, contempla el cosmos. Alusión al hadiz citado en el apartado 4-3.

5. Expresiones afines pueden encontrarse, p. ej., en *Contemplaciones*, pp. 52 y 67.

6. En última instancia, todos los seres humanos tienen —según se desprende del texto— una misma voluntad, la de llegar a revestirse con las divinas cualidades y alcanzar la dicha que tal revestimiento entraña.

7. O bien, que ésta sea notoria. Es decir, que la condición espiritual de quien se ha revestido con las cualidades del nombre *al-Ṣamad* no es reconocida de modo manifiesto por quien no está dotado de perspicacia espiritual y visión interior.

8. La aleya completa dice: "Yo soy, ciertamente, Dios. No hay más Dios que Yo. ¡Sírveme, pues, y haz la azalá para recordarme!" (C. 20:14). Trad. Cortés. Gazālī comenta en el capítulo que dentro de su obra *Iḥyāʾ ʿulūm al-dīn* dedica al ayuno ritual que el objetivo que con él se procura "consiste en caracterizarse por ciertos caracteres de Allāh —poderoso y majestuoso—, tales como el atributo de *ṣamadiyya* o de Sostén universal independiente e impenetrable, y en imitar a los ángeles alejándose de las pasiones en la medida en que la naturaleza lo permite", (según la traducción francesa de M. Gloton, cf. Al-Gazālī, *Les Secrets du Jeûne et du Pèlerinage*, Ed. Tawhid, Lyon, 1993, p. 117.

Ésta es la presencia (*ḥaḍra*) de la manifestación de los efectos de los Nombres (*āṯār al-asmā'*)[9].

---

9. Es decir, el nombre *al-Ṣamad* o el revestimiento con sus rasgos es la presencia, el dominio en el cual tiene lugar la manifestación externa (*ẓuhūr*) de los efectos que los Nombres producen al manifestarse, pues el Siervo del Eterno Soporte Universal (*ʿAbd al-Ṣamad*) sirve de soporte de manifestación de los Nombres, cuyos efectos acoge y ampara en tanto que refugio, revistiéndose de sus cualidades. Al no especificarse otra cosa, se da a entender que se trata de todos los nombres implícitamente comprendidos por el nombre Allāh en tanto que *summa res*, ya que en la azora citada *supra*, tras "Él es Allāh, Uno" —lo cual se refiere a Su Unidad esencial trascendental— dice: "Allāh, el Soporte (*al-Ṣamad*)", es decir, el Soporte de la manifestación de los efectos de los Nombres, si se interpreta que esta aleya se refiere a la Unicidad que integra la multiplicidad. Así puede explicarse también la ilación entre el comentario precedente y las dos aleyas citadas a colación. Parece aludir el autor a la posibilidad de que este 'préstamo generoso' y la 'adoración' a Dios que aquí se mencionan consistan en el hecho de que el siervo se 'presta' a 'servir' a Dios revistiéndose de Sus cualidades, siendo el lugar de Su mirada y rememorando a Dios en tanto que lugar teofánico del divino consuelo, en donde se acogen y muestran los efectos de los nombres.

(69) *Al-Qādir*

EL CAPACITADOR, EL LIBRE, EL CAPAZ
EL TODOPODEROSO

1. Dependencia (*ta'alluq*): Tienes necesidad de Él —Glorificado sea— para que te provea de la capacidad de realizar (*tamakkun*) cuantos actos (*af'āl*) Allāh —Enaltecido sea— te ha ordenado *ejecutar*.

2. Realización (*taḥaqquq*): El Libremente Todopoderoso (*al-Qādir*) es Aquel que, cuando quiere, hace *lo que quiere* sin que exista impedimento (*māni'*) alguno *que pueda impedirlo*, ni impulso (*dāfi'*) *ajeno que le fuerce a ello*.

3. Adopción (*tajalluq*): Cuando la mano (*yad*) del siervo es la mano del Verdadero (*al- Ḥaqq*)[1] —Enaltecido sea—, *tal poder* es entonces la capacidad de autodominio (*tamakkun*) resultante del revestimiento *con los rasgos de este nombre, según Su Palabra*: "Los que te juran fidelidad, la juran, en realidad, a Allāh. La mano de Allāh está sobre sus manos"[2]. *También* dice Allāh —Enaltecido sea—: "Y cuando Yo le amo, soy entonces el oído con que escucha y en donde escucha [...], la mano (*yad*) con que prende (*baṭš*)"[3].

---

1. Alusión al hadiz citado más adelante. V. referencias en 4-3.

2. La aleya completa dice: "Los que te juran fidelidad, la juran, en realidad, a Dios. La mano de Dios está sobre sus manos. Si uno quebranta una promesa la quebranta, en realidad, en detrimento propio. Si, en cambio, es fiel a la alianza concertada con Dios, Él le dará una magnífica recompensa" (C. 48:10). Trad. Cortés. Se trata de una alusión coránica al juramento de fidelidad que, bajo un árbol, los creyentes hicieron a Muḥammad en Ḥudaybiyya, en el límite del territorio sagrado de La Meca y al norte de la ciudad, en marzo del año 628 d.C. Cf. Cortés, *El Corán*, pp. 588-589, notas 1 y 10.

3. Incesantemente cita Ibn 'Arabī este hadiz acerca de la proximidad lograda por medio de las obras adicionales no obligadas, en el cual dice el Señor por boca del Profeta: "...y el siervo no cesa de acercarse a Mí por medio de las obras supererogatorias (*nawāfil*) hasta que Yo le amo, y cuando Yo le amo, soy entonces el oído con que escucha, la vista con que ve, la mano con que prende y el pie con que camina. Si Me pide, le doy con creces; si en Mí busca refugio, Yo le amparo. Ante nada de lo que hago vacilo con tanto reparo como tengo, por Mi renuencia a causarle daño, con el alma del creyente que aborrece la muerte". V. *supra* 4-3.

Y quien prende (*baṭš*) —*o emprende*— con verdad (*bi-ḥaqq*)[4] *siendo Dios su mano*, no tiene obstáculo (*māniʿ*) alguno *que pueda impedir su acción*, ni presión *ajena* (*dāfiʿ*) *que a ella le impulse. Dice Dios*: "Soplaste en ellos y se convirtieron en pájaros con Mi permiso" (C. 5:110)[5]. Y no se requiere como condición en este nombre *por parte de quien se reviste con sus cualidades* la existenciación del acto (*īŷād al-fiʿl*), sino sólo la capacidad de realizarlo (*tamakkun*) cuando quisiere, sin que nada pueda impedirlo.

---

4. Prender 'por verdad' o 'con derecho' (*ḥaqq*) significa prender cuando Dios (*al-Ḥaqq*) es la mano del siervo, de modo que es Dios quien en realidad prende. V. a este respecto C. 8:17.

5. V. *supra* 10-3.

(70) *Al-Muqtadir*

EL OMNIPOTENTE, EL DETERMINADOR

1. Dependencia (*ta'alluq*): Tienes necesidad de Él —Glorificado sea— para *que te conceda que puedas* ocuparte plenamente de lo que se te ha ordenado cumplir.

2. Realización (*tahaqquq*): Lo específicamente propio del Determinador (*al-Muqtadir*) es la circunstancia de la existenciación (*hālat al-īŷād*)[1] de los seres generados (*mukawwanāt*) *por el divino imperativo creador*[2], por lo cual se distingue de *al-Qādir*, el Libre Hacedor, así como *lo propio* del adquisidor (*muktasib*)[3] es la condición de la adquisición (*kasb*).

3. Adopción (*tajalluq*): Es propio de la condición de quien se reviste de este nombre (*mutajalliq*) que su acción acontezca[4] —según hemos mencionado— sin que nada pueda detener el poder de resolución (*tamakkun*) que el nombre 'el Todopoderoso' (*al-Qādir*) le confiere. Así pues, es *también* parte de su condición en *la adopción de los rasgos de* este nombre que la acción se manifieste[5], necesariamente, en el modo propio de *su* realidad esencial (*min ŷihat al-haqīqa*). Por tanto, si se le aplica *este nombre al siervo* sin que tenga lugar la manifestación externa de la acción (*zuhūr al-fi'l*) *propia de tal nombre*, tal atribución es entonces metafórica (*maŷāz*).

---

1. Según B: "la transferencia de *la facultad* de la existenciación (*ihālat al-īŷād*) a los seres creados...".

2. Este término —part. pas.—, como los términos *akwān* o *kā'ināt* —part. act.—, también de raíz *k-w-n*, se refiere a los seres engendrados en el cosmos. Estos términos denotan que se trata de seres existentes en el mundo de la generación (*kawn*) y el hecho de que han cobrado existencia efectiva como resultado de la orden divina *kun*, "¡sé!".

3. Part. act. de la misma estructura morfológica —forma VIII— que el nombre *al-Muqtadir*. La forma VIII tiene aquí el significado de realizar la acción para/por sí mismo.

4. Lit. 'Es parte de la condición de este nombre, en quien se reviste de él, la existencia de la acción (*wuŷūd al-fi'l*) según...'.

5. Lit. 'la exteriorización de la acción' (*zuhūr al-fi'l*).

(71-72) *Al-Muqaddim - Al-Muʾajjir*

EL ADELANTADOR Y EL RETARDADOR
EL ANTICIPADOR Y EL RETRASADOR
EL ANTEPONEDOR Y EL POSTERGADOR
EL APROXIMADOR Y EL ALEJADOR

1. Dependencia (*taʿalluq*): Tienes necesidad de ambos para que Él[1] te sitúe entre los adelantados *que tienen precedencia* (*sābiqūn*), los allegados (*muqarrabūn*), y te guarde de quedar retrasado (*taʾajjur*) en este concurso por la prioridad (*musābaqa*)[2] y en el acercamiento (*taqrīb*) *a Él.*

2. Realización (*taḥaqquq*): El Adelantador-Retardador (*al-Muqaddim al-Muʾajjir*)[3] es el que se adelanta o hace que otro se adelante hacia algo en particular, y el que se retarda o retarda a otro con respecto a algo.

---

1. Aquí parece claro que el sujeto de la acción no es el nombre —los nombres en este caso— del cual tiene necesidad el siervo en un *taʿalluq* particular, sino que es Dios, en su condición omnímoda, el que provee, brinda, otorga, etc., según la relación del siervo hacia cada uno de Sus nombres.

2. El término *musābaqa* significa lit. ʿcarreraʾ, ʿrivalidadʾ. Esta idea de competición espiritual —que sólo puede concebirse desprovista de cualquier aspecto de competitividad— no resulta extraña a la imaginería islámica: A al-Ḥasan, hijo del célebre Abū l-Ḥasan al-Baṣrī (v. *EI²*, *sub voce*) atribuye Gazālī esta frase: "Verdaderamente, Allāh ha hecho del mes de Ramadán un hipódromo para sus criaturas, las cuales rivalizan en él en presteza para obedecerle" (según traducción de M. Gloton, cf. al- Gazālī, *Les Secrets du Jeûne...*, Lyon, 1993, p. 115).

Es interesante notar que la palabra *taqrīb* empleada a continuación significa también ʿgalopeʾ.

Veamos otro ejemplo de interpretación de un término con referencia al contexto hípico. El término *muṣallī*, que usualmente designa en lenguaje religioso a quien realiza la azalá, es decir, el ʿoranteʾ, es interpretado por Ibn ʿArabī, dentro de un marco hípico simbólico, como ʿel segundo caballo que sigue de cerca al primero en la carreraʾ, v. *Le Livre d'Enseignement...*, trad. Vâlsan, pp. 52-53.

Desde luego, esta imaginería ecuestre ha de entenderse en su contexto específico, la concepción sufí de la caballería espiritual (v. *Muʿŷam*, pp. 871-73).

3. El autor pudiera haber optado por referirse primero a un nombre y luego a otro (como en 73/74-2 *infra*), pero ha preferido tratarlos como uno sólo con dos aspectos.

3. Adopción (*tajalluq*): Cuando el ser humano hace preceder a aquel *o aquello* cuya anteposición (*taqdīm*) le ha ordenado el Verdadero (*al-Ḥaqq*), ya se trate de sí mismo o de otro, es entonces 'el Anteponedor' (*al-Muqaddim*).

Cuando *por el contrario* retrasa o posterga a aquel *o aquello* cuya postergación (*ta'jīr*) le ha ordenado el Verdadero, es entonces 'el Retardador' (*al-Mu'ajjir*)[4].

---

4. En ambos casos, pudiendo haber recurrido a la expresión 'es entonces adelantador/retardador' sin artículo, ha preferido Ibn 'Arabī emplear esta expresión con artículo determinado, con lo cual se aplica el nombre al ser humano directamente, aunque haya que sobrentender implícitamente 'el Adelantador/Retardador *en adopción de los rasgos del nombre*'.

(73-74) *Al-Awwal - Al-Āŷir*

EL PRIMERO Y EL ÚLTIMO

1. Dependencia (*taʿalluq*): Tienes necesidad de Él —Glorificado sea— para que haga de ti el primero en adelantarse hacia las prácticas religiosas *prescritas* y el último en dejarlas cuando están delimitadas en espacio, tiempo o estructura, como la entrada a la mezquita [lit. 'lugar de prosternación'] o la salida de ella y el adelantar la oración o retrasarla.

2. Realización (*taḥaqquq*): El Primero del que aquí se trata es Aquel cuya Existencia (*wuŷūd*) no tiene principio *que la inaugure* (*muftataḥ*), y el Último es aquel cuya Existencia no tiene fin *que la concluya* (*nihāya*).

No hay ser existente (*mawŷūd*) alguno que se describa con dos opuestos (*ḍidd*) *coincidentes* en un único sentido (*waŷh wāḥid*) salvo la divina Realidad (*al-Ḥaqq*) —Enaltecido sea—. Se preguntó a Abū Saʿīd al-Ŷarrāz[1]: "¿Por medio de qué has conocido a Allāh —Enaltecido sea—?". Respondió: "Por Su reunión de los dos opuestos"[2]. Y a continuación recitó *la aleya*: "Él es el Primero y el Último, el Exterior y el Interior" (C. 57:3).

3. Adopción (*tajalluq*): *Dice el hadiz*: "Quien se conoce a sí mismo [o conoce su propia alma] (*nafs*), conoce a su Señor (*rabb*)"[3]. Ver-

---

1. Ibn ʿArabī cita con frecuencia estas palabras del célebre maestro sufí Abū Saʿīd al-Ŷarrāz (m. 286 h./899 d. C.), a quien tiene en altísima estima y nombra entre otros ilustres malamíes (o 'malamatíes') en el cap. 309 de *Fut.*, dedicado a la estación de los malamíes (*manzil al-malāmiyya*). Cf. *Fut.*, III, p. 34, línea 10. V. también *IC*, p. 272, nota 1, y M. Gurāb, *Šarḥ kalimāt...*, p. 193. Esta misma sentencia se cita en *Fut.* (OY) III: 142, 164; VII: 44; XI: 153; XII: 7, y en *Fut.* III, p. 316; IV, pp. 282 y 325 (cf. *SPK*, p. 391, nota 19); y en Ibn ʿArabī, *L'interprète des désirs*, intr. y trad. de M. Gloton con el texto íntegro de *Tarŷumān al-ašwāq y Ḏajāʾir al-aʿlāq*, Albin Michel, París, 1996, 20/22 y 39/7.

2. Es decir, 'por Su síntesis de los opuestos', 'por el hecho de que reúne los contrarios' (*ŷamʿ al-ḍiddayn*). Sobre esta *coincidentia oppositorum*, v. Corbin, *Imaginación*, p. 220 (más referencias en índice).

3. A la versión que de este hadiz con tanta frecuencia cita Ibn ʿArabī, añade el copista del ms. C la partícula *fa-qad* que el Šayj expresa y cuidadosamente evita al citarlo. En el resto de los mss. Se omite esta partícula. Bien pudiera el copista haberla

daderamente al siervo corresponde la prioridad (*awwaliyya*) en el conocimiento (*ma'rifa*) ya que él es el indicador (*dalīl*), y al Verdadero corresponde, *en este sentido*, la ultimidad (*ājiriyya*), ya que es lo significado (*madlūl*)[4]. *En sentido inverso*, al Verdadero (*al-Ḥaqq*) corresponde la prioridad en la existencia (*wuŷūd*), puesto que es el Existenciador (*al-Mūŷid*), y al siervo corresponde la ultimidad, puesto que es lo existente-existenciado (*mawŷūd*), de modo que *el siervo que se conoce a sí mismo es también* el primero y el último[5].

---

añadido, por propio impulso y con carácter de hipercorrección, pues el ms. C parece propenso a las añadiduras, como refleja el hecho de que en numerosas ocasiones complete parcial o totalmente las citas coránicas que los otros mss. citan más brevemente.

Sobre el empleo de esta partícula en el mencionado hadiz y sus implicaciones, consúltese la introducción de M. Chodkiewicz a su traducción del tratado de Balyānī, *Épitre sur l'Unicité Absolue*, París, 1982.

Hadiz citado por el autor, entre otros pasajes, en *Fut.* I: 518; II: 191, 237, 246, 264; V: 109, 130, 293, 353; VI: 127; VII: 28, 38, 92, 143, 265, 335, 425; VIII: 726; IX: 353, 490; X: 252, 377; XI: 457; XII: 6, 441; XIII: 439, 600; XIV: 273, 394, 471.

Sobre este tema v. el apartado "Worshiping God and Self", Chittick, *SPK*, pp. 341 y ss., y v. Dom Sylvester Houédard, "Notes on the More Than Human Saying 'Unless You Know Yourself You Cannot Know God'", *JMIAS*, XI, pp. 1-10.

Más referencias sobre este hadiz en *Fut.* II (ed. O. Yahya), p. 514 (82).

4. El término *dalīl*, 'guía, señal, prueba, indicador, demostración, nomenclátor' se emplea aquí en contraposición al término *madlūl*, part. pas. de la misma raíz. En el plano del conocimiento, el alma (*nafs*) del siervo es pues el indicador (*dalīl*) de 'lo indicado' (*madlūl*): la divina Realidad (*al-Ḥaqq*).

5. En el cap. XII de *Mašāhid* se lee: "Dios me hizo contemplar la luz de la Unidad al aparecer la estrella de la servidumbre y me dijo: 'La Unidad está unida a la servidumbre por el vínculo que une [las letras de] *lām-alif'* (v. *Contemplaciones*, XII, p. 109, nota 1). Luego me dijo: Yo soy el origen y tú la derivación. Luego me dijo: El origen eres tú, la derivación soy Yo'".

En cuanto a la existencia (*wuŷūd*), Dios es la raíz/origen (*aṣl*) y el siervo la rama/derivación (*far'*), según el comentario de Ibn Sawdakīn a este texto. Al invertir las letras del *lām-alif* tenemos el artículo determinado *alif lām* —sin nexo gráfico entre ambos signos, pues el *alif* no se une a las letras posteriores—, e. d., la determinación, simbólicamente relacionada con la existenciación.

Con relación al conocimiento (*ma'rifa*) —según el mismo comentarista— se invierten los términos, pues no puedes llegar al conocimiento de Dios hasta que te conoces a ti mismo, ya que el conocimiento del siervo es el origen del cual deriva el conocimiento de Dios. Cf. *Contemplaciones*, XII, p. 109, notas 2-3 y XI, nota 1.

(75-76) *Al-Ẓāhir - Al-Bāṭin*

EL MANIFIESTO Y EL OCULTO
EL EXTERIOR Y EL INTERIOR
EL PERCEPTIBLE Y EL IMPERCEPTIBLE

1. Dependencia (*taʿalluq*): Tienes necesidad de Él —Glorificado sea— para que te manifieste en las moradas (*mawāṭin*) que tiene por buenas y te vele en las moradas que no aprueba.

2. Realización (*taḥaqquq*): El es el Manifiesto (*al-Ẓāhir)* por Sus efectos (*āṯār*) y Sus actos (*afʿāl*) y el Oculto (*al-Bāṭin*) por Su Esencia; es el Exterior (*al-Ẓāhir*) en *la función de* Su divinidad (*ulūhiyya*) y el Interior (*al-Bāṭin*) en Su realidad esencial (*ḥaqīqa*).

3. Adopción (*tajalluq*): *El siervo que se reviste de sus cualidades es* el exteriormente manifiesto (*al-ẓāhir*) por los actos loables (*afʿāl ḥamīda*) *que* para su Señor (*rabb*) *realiza* y es el interiormente no-manifestado (*al-bāṭin*) con respecto a los atributos cuya manifestación en él sería reprobable (*ṣifāt maḏmūma*).

El Real (*al-Ḥaqq*) —Glorificado sea— no está oculto de Sí mismo. El es Manifiesto para Su *propia* Esencia.

En cuanto a los seres existentes (*mawŷūdāt*), *cabe preguntarse si* son descritos como ocultos (*bāṭin*) en el estado de no-ser (*ʿadam*)[1] *previo a su existencia en acto* o si *en tal estado latente* son visibles (*mašhūda*)[2] para Él —Glorificado sea—, según la doctrina de quien postula que *los existentes* tienen entidades inmutables (*aʿyān ṯābita*) en el estado de inexistencia (*ʿadam*)[3], o según la doctrina de quien afirma que la existencia no es causa (*ʿilla*) para la visión, o según la doctrina de quien postula que la ciencia informa su objeto de conocimiento[4].

---

1. Entiéndase, si Dios se refiere a su condición de 'ocultos' en los textos revelados o si, por el contrario, se refiere a ellos como entes 'manifiestos'.

2. Lit. 'presenciales'.

3. Tal es la postura del Šayj y de los pensadores akbaríes.

4. Lit. 'que el conocimiento da forma a lo cognoscible', es decir, que el saber precede a su objeto, lo cual se opone a la doctrina akbarí según la cual "la ciencia depende de su objeto", lit. 'el saber (*ʿilm*) sigue a lo cognoscible (*maʿlūm*)'. V. *SPK*, p. 298. V.

S. Ḥakīm, *Muʿŷam*, ''ayn ṯābita', pp. 831-839, especialmente notas 4-7. En este apartado está implícita la polémica sobre la realidad de la ciencia divina. V. Asín Palacios, *Abenhazam de Córdoba*, III, Ed. Turner, Madrid, 1984, pp. 177-192.

(77) *Al-Barr*

EL BIENHECHOR, EL BONDADOSO
EL BUENO, EL PIADOSO
EL BENÉFICO, EL PÍO, EL BENEFICENTE
EL BENEFACTOR

1. Dependencia (*taʿalluq*): Tienes necesidad de Él —Glorificado sea— para que te sitúe entre quienes perfeccionan[1] su servicio de adoración (*ʿibāda*) según la segunda vía[2].

2. Realización (*taḥaqquq*): El Beneficente (*al-Muḥsin*)[3] es quien agracia con *la gracia de* la contemplación (*mušāhada*). Y la existenciación (*īŷād*) de las entidades *de los posibles*[4] —la cual no tiene lugar sin contemplación (*mušāhada*)[5]— es un aspecto máximo de la beneficencia (*iḥsān*). Esto corrobora la afirmación del que postula que "las cosas tienen, en su estado de inexistencia (*ʿadam*) entidades inmutables (*aʿyān ṯābita*)".

3. Adopción (*tajalluq*): Aquel cuya beneficencia (*iḥsān*) es general y comprende tanto al que está necesitado (*muḥtāŷ*) como al que no, tanto en el orden de lo sensible como en el de lo inteligible, ya sea

---

1. El verbo *aḥsana* significa aquí 'realizar bien, conocer a fondo', pero también 'beneficiar, hacer el bien (a alguien)'. Véanse más adelante el correspondiente nombre de acción *iḥsān* y el part. act. *muḥsin* de la misma forma.

2. La expresión *al-waŷh al-ṯānī*, 'segundo modo' o 'segunda faz', parece referirse a la vía de la realización de obras supererogatorias añadidas al cumplimiento de las obligatorias (*farḍ*), y lo cual constituiría entonces 'la primera vía'. Ambos aspectos de la servidumbre se mencionan en el *tajalluq*. Dos hadices han de tenerse presentes para vislumbrar posibles alusiones: el de la proximidad por las obras (v. 4-3) y el relativo al *iḥsān* (v. 21-2). En un sentido esotérico, la segunda vía podría consistir en el modo de servidumbre propio de la cercanía. Cuando ama a Su siervo Dios se torna su oído, su vista, etc. Según una segunda lectura —propuesta por Ibn ʿArabī (v. *supra* 21-2, nota 3)— del hadiz del *iḥsān*: "cuando tú no eres, *entonces* Le ves", es decir, Le ves siendo Él la vista con que Le ves o se ve a Sí mismo.

3. El autor considera el término *muḥsin* como sinónimo de *barr* en este contexto.

4. Es decir, quien les concede el favor de cobrar visión-visibilidad y existencia.

5. Según el citado hadiz. V. 21-2.

en respuesta a una petición (*ṭalab*) o sin previa petición, *es llamado Bienhechor*[6].

Si *su acto de beneficencia* responde a una *previa* solicitud (*ṭalab*), entonces al beneficente (*muḥsin*) corresponden *de hecho* dos obras de beneficencia (*iḥsān*): la consistente en prestar atención a la demanda o acogida de la solicitud (*qubūl al-su'āl*) y la que consiste en facilitar aquello que se solicita (*mas'ūl*) *de él*.

Se solicita del siervo el cumplimiento de los deberes prescritos (*farḍ*)[7]. *Por su parte*, el siervo se agracia (*mun'im*) a sí mismo con *la realización voluntaria* de obras supererogatorias (*nawāfil*)[8]. Y en esto consiste pues su participación (*ḥaẓẓ*) de este nombre.

---

6. Este párrafo puede referirse tanto al siervo como al Señor. El *iḥsān*, según se desprende de este apartado, puede ser de Dios con las entidades, de Dios con el siervo, del siervo con otros siervos o criaturas o consigo mismo —en todos estos casos puede traducirse como beneficencia— y también del siervo hacia Dios —en cuyo caso es preferible traducir el término *iḥsān* por '*perfecto* cumplimiento (de una obra *de adoración*)'.

7. Es decir, de los preceptos obligatorios de la ley islámica: las cinco oraciones, el ayuno del mes de Ramadán, el azaque, etc. Entiéndase que al atender la solicitud divina y responder a ella con el cumplimiento de lo requerido, el siervo realiza los dos aspectos de la beneficencia que el autor acaba de explicar. El término empleado en esta frase es el part. pas. *muṭālab*, de la misma raíz que *ṭalab*. Lit. 'El siervo es requerido...'.

8. Este caso de *iḥsān* corresponde a la beneficencia sin previa solicitud, pues el siervo realiza estas obras por propio impulso. Aquí se emplea el part. act.: 'el siervo es agraciador (*mun'im*) de sí mismo'. Esto parece corresponder a lo que el autor ha denominado antes 'segunda vía'.

(78) *Al-Tawwāb*

EL REMISORIO, EL INDULGENTE
EL QUE ACEPTA EL ARREPENTIMIENTO
EL QUE ACOGE A LOS CONTRITOS
EL QUE HACE VOLVER *AL HOMBRE A LA CONVERSIÓN*
EL QUE NO CESA DE RETORNAR

1. Dependencia (*taʿalluq*): Tienes necesidad de Él en cualquier estado (*ḥāl*) *en que te halles*[1].

2. Realización (*taḥaqquq*): El Que no cesa de *hacer* retornar (*al-Tawwāb*) es el que hace volver (*raŷŷāʿ*) desde cada estado a otro *nuevo* estado, o bien, al cese (*tark*)[2] que es no-ser (*ʿadam*).

3. Adopción (*tajalluq*): El que *incesantemente* retorna (*tawwāb*), de entre los siervos, es aquel que en todo estado renuncia a sí mismo y a cualquier otra cosa volviéndose hacia su Señor[3].

---

1. Pues todo retornará a Dios, todas las cosas serán devueltas a Él. Cf. C. 35:4 y 11:123.

2. Es decir, a dejar *de ser*, a la desaparición u omisión del dominio de la existencia en acto.

3. También puede traducirse, de modo más literal, 'que vuelve desde sí mismo... hacia su Señor'. Esta vuelta hacia el Señor es lo que se entiende aquí por arrepentimiento.

(79) *Al-Muntaqim*

EL VENGADOR, EL CASTIGADOR
EL INTRANSIGENTE

1. Dependencia (*ta'alluq*): Tienes necesidad de Él —Glorificado sea— para que te guarde de Sus represalias (*niqam*) incluso aunque éstas pudieran resultar deleitosas (*mustaladda*)[1].

2. Realización (*tahaqquq*): El Vengador es el que castiga la transgresión (*danb*) sin dispensarla ni condescender.

3. Adopción (*tajalluq*): *Consiste en* la aplicación de las sanciones estatuidas (*hudūd*) para los siervos, según lo prescrito por la revelación, de modo general, lo cual afecta tanto al fiel creyente (*mu'min*) como al incrédulo (*kāfir*).

---

1. Lit. 'aunque se encuentren placenteras'. Tras una apariencia de gozo puede esconderse un divino castigo, lo cual forma parte del divino ardid (*makr*).

(80) *Al ʿAfū*

EL ABSOLVEDOR, EL INDULGENTE
EL DISPENSADOR
EL CONDESCENDIENTE
EL TRANSIGENTE

1. Dependencia (*taʿalluq*): Tienes necesidad de Él —Glorificado sea— para que te absuelva, pues Él es Indulgente (*ʿafū*) y ama la indulgencia (*ʿafw*)[1].

2. Realización (*taḥaqquq*): El Absolvedor (*al-ʿAfū*) es aquel cuya beneficencia predomina sobre la represalia[2].

3. Adopción (*tajalluq*): Consiste en eso mismo, pero necesariamente de modo condicionado por la magnitud de las transgresiones, no como beneficencia incondicional por principio (*iḥsān mubtadaʾ*).

Éste es de los nombres *que incluyen* opuestos (*aḍdād*)[3]. *Ha dicho Dios*: "Quien presente una buena obra recibirá diez veces más. Y quien presente una mala obra será retribuido con sólo una pena semejante [...]" (C. 6:160) y puede darse el caso de que, por efecto de este nombre u otros afines[4], *no se le tenga en cuenta y* no sea castigado por ella.

---

1. Paráfrasis del hadiz que dice "Él es Bello y ama la belleza". El nombre de acción *ʿafw* significa 'borrar, hacer desaparecer, omitir'. Así pues, dentro de la categoría de los nombres de perdón, al-ʿAfū es específicamente 'el que borra' las faltas.

2. Lit. 'cuya beneficencia (*iḥsān*) es mucha y cuya represalia (*muʾājaḏa*) es poca'.

3. Se refiere en particular, según parece desprenderse de *Šarḥ*, nº 82 y nº 45, al nombre al-Ŷalīl u otros afines que, como él, implican aspectos contrarios —y complementarios— de similaridad e incomparabilidad.

4. Lit. 'este nombre y sus hermanas', es decir, los nombres de perdón. Sobre los nombres que denotan indulgencia, v. Gimaret, *Noms*, pp. 408-422.

(81) *Al-Ra'ūf*

EL BENEVOLENTE, EL BENÉVOLO
EL MANSO, EL PIADOSO
EL CLEMENTE, EL COMPASIVO

1. Dependencia (*ta'alluq*): Tienes necesidad de Él —Glorificado sea— para que ponga en tu corazón piedad (*ra'fa*)[1] y misericordia (*raḥma*) hacia ti mismo y hacia lo demás.

2. Realización (*taḥaqquq*): Aunque la piedad (*ra'fa*) es, en un sentido, semejante a la compasión (*raḥma*), tiene además el sentido de 'justo cumplimiento' (*iṣlāḥ*).

3. Adopción (*tajalluq*): Cuando el siervo somete a su alma al cumplimiento de las acciones correctas (*maṣāliḥ*) que de él se requieren, aunque en el momento sean penosas, entonces es benévolo y piadoso con ella[2]. Por ello ha dicho el Altísimo: "Por respeto a la ley de Dios, que la compasión hacia ellos dos no os detenga" (C. 24:2)[3] *en el momento de aplicar el castigo estatuido*, es decir, *que no te embargue* la conmiseración (*šafaqa*) natural *hacia los inculpados*, la cual te llevaría a anular (*ta'ṭīl*) o a reducir (*naqṣ*)[4] *sin fundamento* la sanción prescrita (*ḥadd*) *para ellos*[5].

---

1. También con los sentidos de 'mansedumbre' y 'benevolencia'.

2. O bien, 'manso y piadoso con ellas'. Es piadoso con su propia alma (*nafs*) al sujetarla al cumplimiento de lo que ha de conducirla a la dicha perdurable, y también es compasivo con tales acciones al acatar las prescripciones de la revelación haciendo posible que se manifiesten, cumplan su función y surtan el efecto por el cual han sido prescritas.

3. El pasaje se refiere al castigo prescrito para los adúlteros.

4. El término *naqṣ* significa también 'falta de piedad'. No respetar una prescripción legal —incluso aunque su aplicación resulte dura— implicaría una falta de piedad con respecto a ella. Se es manso y compasivo (*ra'ūf*) en la obediencia, no en el dejamiento.

5. Entiéndase que se recomienda la piedad siempre que no contravenga los preceptos de la revelación. En el apartado 80-3 se ha visto que también la indulgencia está necesariamente condicionada por la magnitud de las transgresiones. Esta magnitud no se aprecia o juzga emocional o arbitrariamente, sino en razón de las disposiciones de la Ley revelada.

(82) *Mālik al-mulk*

EL POSEEDOR DEL REINO
EL AMO DE LA SOBERANÍA ABSOLUTA
EL EMPERADOR, EL DUEÑO Y SEÑOR DE LA REALEZA

1. Dependencia (*ta'alluq*): Tienes necesidad de Él —Glorificado sea— para que, dada tu condición de siervo (*'ubūdiyya*), concentre tu atención[1] en Su condición señorial (*rubūbiyya*) permitiendo que la retires de cuanto ha puesto en posesión tuya.

2. Realización (*taḥaqquq*): El Poseedor del Reino (*Mālik al-mulk*) es, esencialmente, aquel con relación a cuya *absoluta* soberanía (*mulk*) cualquier *posibilidad de* emancipación o autonomía es inconcebible; aquel sobre cuya autoridad soberana (*mulk*) no puede en ningún sentido levantarse argumento (*ḥuŷŷa*) alguno contra Él, ya que esto implicaría que el Poseedor (*al-Mālik*) estaría sujeto[2] a tal argumento *y el Altísimo ha dicho al respecto*: "Di: 'Es Allāh el que posee el argumento (*ḥuŷŷa*) definitivo'" (C. 6:149)[3].

3. Adopción (*tajalluq*): Si el siervo llega a tener dominio de sí mismo (*nafs*) por su Señor (*rabb*)[4], no levanta sobre su alma (*nafs*)[5]

---

1. Lit. 'te ocupe'.

2. Lit. 'de modo que el Poseedor/Dominador se tornaría en poseído/dominado (*mamlūk*) por aquel argumento'.

Ningún argumento, por elocuente que resulte, puede restringir la absoluta libertad del Dueño y Señor de todas las cosas. Esto puede aplicarse tanto a los juicios éticos personales acerca del Reino como a las tentativas filosóficas de "someter" y reducir la existencia a términos racionales que por sí solos serían, desde la perspectiva del sufismo, incapaces de aprehenderla.

3. La aleya completa dice así: "Di: 'Es Dios el que posee el argumento definitivo y, si hubiera querido, os habría dirigido a todos'" (C. 6:149). Trad. Cortés.

4. Esta expresión significa tanto 'para satisfacer a su Señor', es decir, autodominio en la disciplina que su Señor le impone, como 'por medio de su Señor', es decir, gracias a la fuerza e inspiración que le brinda. También puede entenderse en el sentido de que el siervo se torna lugar epifánico en que su Señor ejerce Su dominio. En realidad 'autodominio' y 'obediencia', por lo que al siervo se refiere, son en cierto modo coincidentes.

5. Por el paralelismo de las expresiones, se desprende del texto que, por analogía, el alma (*nafs*) es el dominio (*mulk*) del siervo y, con relación a éste, es como el Reino (*mulk*) respecto al Rey Soberano.

ningún argumento en su contra y ésta no se arroga la autonomía (*ḥurriyya*) respecto a él[6] en ningún momento —dado que la cosa no se separa de sí misma—, pues en esa medida corresponde que sea auténticamente Poseedor del reino (*Mālik al-mulk*).

____

6. O bien, 'y *el siervo* no se arroga la autonomía con respecto a Él'.

(83) *Ḏū l-ŷalāl wa-l-ikrām*

POSESOR DE LA MAJESTAD Y DEL HONOR
DIGNO DE (TODO) HONOR Y (TODA) VENERACIÓN
DUEÑO Y SEÑOR DE LA MAJESTAD Y LA GENEROSIDAD[1]

1. Dependencia (*taʿalluq*): Tienes necesidad de Él —Glorificado sea— para que haga de ti lugar *epifánico* (*maḥall*) en que se Lo exalte y venere[2].

2. Realización (*taḥaqquq*): Tal es la grandiosidad (*ʿaẓama*) del Señor de la Gloria (*Ḏū l-ŷalāl*)[3] que impide y trasciende *toda posibilidad de* que Su realidad esencial (*ḥaqīqa*) pueda ser aprehendida, y tal es Su Generosidad (*ikrām*) que se revela ante Sus siervos de modo que éstos puedan verLo *en Su teofanía* como contemplan el sol en un mediodía despejado, cuando no hay por debajo de él nube alguna que lo oculte[4].

---

1. Salvo en el ms. E que lo omite y en la copia F que lo anota al margen, aparece aquí el siguiente comentario: "Así *se dice* en la lengua de Ḥimyar". Parece más bien un añadido aclaratorio, pues —aparte del preámbulo al nombre Allāh— es el único caso en todo el tratado en que un comentario precede al apartado del *taʿalluq* y no se inserta dentro de uno de las tres secciones fijas. Más adelante se refiere el autor a la lengua de Ṭayyiʾ. Tenga presente el lector que la lengua árabe es en cierto modo una coiné literaria compuesta de léxico y registros de diferentes variantes dialectales. Sobre la lengua de Ḥimyar y sobre la lengua de Ṭayyiʾ, mencionada más abajo, v. *EI²*, *sub voce*.

2. Lit. 'para Su exaltación (*taʿẓīm*) y Su veneración (*takrīn*)'.

3. O más literalmente 'El Posesor de la Majestad'.

4. Asimila Ibn ʿArabī a la Gloria y la Generosidad, respectivamente, los aspectos de la Incomparabilidad y de la Similaridad divinas, correspondientes también a los nombres el Interior y el Exterior.

Aquí hace alusión a otro fragmento del Hadiz de la Transformación —cuyas fuentes se han citado p. 5 n. 12—, empleando términos de las dos versiones de Muslim, *Īmān* 81, hadices 299 —del que aquí se traduce— y 302:

"Un grupo de coetáneos del Enviado le dijeron: '¡Oh Enviado de Allāh! ¿Acaso veremos a nuestro Señor el Día de la Resurrección?' El replicó: [...] '¿Tenéis alguna dificultad para ver el sol [al mediodía (así en 302)] cuando no hay nubes debajo de él?'. 'No, Enviado de Allāh', dijeron. 'Pues ciertamente así mismo Le veréis', respondió [...]".

Este nombre significa 'Aquel de quien son atributo (*ṣifa*) la Majestad (*ŷalāl*) y la Honra (*ikrām*)'[5], si se entiende la partícula *ḏū*[6] con significado *de pronombre relativo* '(el) que' (*allaḏī*), según se emplea en la lengua de Ṭayyiˀ [...][7].

3. Adopción (*tajalluq*): *Consiste en* lograr que estos dos atributos se actualicen en ti (*taḥṣīl*) de modo que, *por una parte*, llegues a ser majestuoso (*ŷalīl*) en los dos sentidos *del término* —el de estar (1) dotado de majestad (*ḏū ŷalāl*) en el modo que corresponde a tu realidad esencial (*ḥaqīqa*) y a tu condición de siervo (*ʿubūdiyya*)[8], teniendo en cuenta que, en tanto que siervo, eres *ontológicamente* pobre e indigente, y el de estar (2) dotado de grandeza (*ḏū ʿaẓama*) *conferida* por tu Señor que ha hecho de ti la finalidad (*maqṣūd*) *de la creación* y ha vinculado el conocimiento esencial (*maʿrifa*) de ti mismo (*nafs*) con el conocimiento de Él[9], de tal modo que la indicación significante (*dalīl*) se ha engrandecido en razón de la grandiosidad (*ʿuẓm*) de lo significado (*madlūl*)—, y llegues, *por otra parte*, a estar dotado de *profunda* reverencia (*ḏū ikrām*) *hacia Él* —también por medio de Él, enaltecido sea— ya que te ha mandado que honres Sus Nombres, Su Palabra y Su Esencia, declarando su trascendente incomparabilidad (*tanzīh*) respecto a cuanto no es correcto atribuirles y respecto a todo aquello que, como resultado del contacto con las impurezas (*wuṣūl al-naŷāsāt*) relacionadas con disposiciones legales o con entidades concretas, pudiera adscribirse a lo que de ellos está escrito —*es decir, a los signos con que los Nombres o el discurso divino*

---

5. Para que se entienda lo que sigue cabe precisar que, leído al pie de la letra, según la explicación que sigue, el texto dice: 'El que *es* la Majestad y la Honra'.

6. En principio el significado de esta partícula, traducida usualmente por 'dotado de' o expresión equivalente, resulta obvio para cualquier araboparlante, lo cual da más relieve a la intención de esta aclaración. No obstante, llama la atención que el autor tenga en cuenta registros dialectales a la hora de analizar el significado de un nombre. Esto suscita una pregunta: ¿considera el autor plausible aplicar significados propios de otras variantes dialectales del árabe, coetáneas a la revelación, en la exégesis coránica?

7. Añade aquí el texto un ejemplo de este uso dialectal de *ḏū* como pronombre relativo en la expresión: "un pozo que (*ḏū*) se ha cavado y que (*ḏū*) se ha construido de mampostería". Cabe señalar que uno de los patronímicos del autor es al-Ṭāˀī, *nisba* de los Ṭayyiˀ (cf. Fleisch, *Traité*, p. 438).

8. Es decir, a la realización de tu servidumbre.

9. V. *supra* 73-3.

se escriben— en tanto que es *sólo* referencia (*dalāla*)[10] de ellos, *así como te ha mandado* que honres, de entre *los seres de* Su creación, a aquellos a quienes te ha ordenado que veneres como deber *hacia Él* y, *en tanto que delegado*, en representación (*nadb*) *Suya*.

De este modo serás 'Dueño de majestad y reverencia' (*d̲ū l-ŷalāl wa-l-ikrām*) en la medida de tu capacidad (*qadr*), tal como sucede en el caso de cualquier otro nombre cuyos caracteres hayas adoptado.

---

10. Sobre este término v. Ŷurŷānī, *Taʿrīfāt*, trad. Gloton, def. 741-742. En el caso de los nombres divinos, como se ha mencionado en la introducción, los nombres cuya escritura conocemos no son en realidad sino los nombres de los Nombres. De este pasaje se desprende que todo cuanto está inscrito (*marqūm*) en las aleyas de los textos o en los signos de la existencia manifiesta es sólo, en tanto que escritura, referencia a los verdaderos Nombres, indicación del Discurso divino primordial.

(84) *Al-Wālī*

EL GOBERNADOR
EL ABOGADO PROTECTOR

1. Dependencia (*ta'alluq*): Tienes necesidad de Él —Glorificado sea— para *que te conceda* hacer justicia (*'adl*) y otorgar cumplido favor (*faḍl*) a quienquiera que en una *determinada* situación se ponga bajo tu tutela (*wilāya*)[1].

2. Realización (*taḥaqquq*): El Gobernador es Quien se ocupa de gobernar todas las situaciones (*umūr*) de la creación (*jalq*), sin que ningún otro se ocupe de ello en Su creación. "Cada día Él está ocupado en algo" (C. 55:29)[2]. En este nombre —*por la condición propia del gobierno*— está implícito el recurso al servicio (*isti'māl*) de todos los nombres que están relacionados con lo creado (*kawn*).

3. Adopción (*tajalluq*): El gobernador (*al-wālī*) de entre los siervos es aquel a quien el Verdadero —Enaltecido sea— ha conferido el gobierno de su propia situación y de la situación de otros, de modo que les concede cumplidamente su favor ocupándose, tanto con respecto a ellos como a sí mismo, del ejercicio de la justicia (*'adl*). Siendo así, *el siervo* está revestido de los caracteres de este nombre, mas en caso de que fuera injusto y se desviara, aunque de hecho sea gobernador, no está entonces revestido[3] *de los rasgos de este nombre*, lo

---

1. Lit. 'a quien confié su caso (*amr*) a tu gobierno'. Sobre la distinción entre *walāya* —estado y condición del *walī*, el amigo— y *wilāya* —la función del *wālī*, el gobernador—, y sobre la diferencia entre los nombres *walī* —con forma de doble sentido activo y pasivo— y *walī*, part. act. de la misma raíz, v. el decisivo ensayo de M. Chodkiewicz, *Sceau*, pp. 34-39.

2. Es decir, en una nueva situación (*ša'n*) de la creación que, según la doctrina akbarí —a propósito de la cual el Šayj cita con frecuencia, como referente escriturario, esta misma aleya—, es incesantemente renovada. La función exclusiva de *al-Wālī* en la creación (*jalq*) consiste en ocuparse de la tutela y el gobierno de todas las cosas.

Así traduce Cortés esta aleya: "Los que están en los cielos y en la tierra Le imploran. Siempre está ocupado en algo" (C. 55:29).

3. Esta distinción, aunque pueda parecer obvia, es sumamente reveladora, pues corresponde a la distinción entre la apariencia de un atributo —en este caso, la au-

cual es aplicable a cualquier otro nombre, ya que el fin de la adopción *de los rasgos* (*garaḍ al-tajalluq*) de estos nombres consiste en que éstos se te atribuyan según se atribuyen al Verdadero (*al-Ḥaqq*), pero del modo que conviene a tu condición.

———

toridad mundanal aparente, el hecho de que un hombre desempeñe una función de autoridad, la cual, en realidad, es siempre conferida por Dios— y realidad subyacente —el hecho, en este mismo caso, de que el hombre en cuestión esté o no esté verdaderamente investido de autoridad real, es decir, de que haga justicia con la autoridad que se la ha conferido o de que, por el contrario, usurpe la autoridad para oprimir.

(85) *Al-Muta'ālī*

EL ALTÍSIMO, EL SUBLIME
EL EXALTADO, EL ENALTECIDO

1. Dependencia (*ta'alluq*): Tienes necesidad de Él —Glorificado sea— para que te provea de humildad (*tawāḍu'*), pues "a quien es humilde ante Él, elévalo Allāh"[1].

2. Realización (*taḥaqquq*): El Sublime Enaltecido es aquel que, cuando tú Le atribuyes alguna cosa de cuantas requieren la declaración de Su trascendente incomparabilidad (*tanzīh*), siendo ésta verdadera (*ḥaqq*), Él se eleva *más allá de tal atribución* hacia otra cosa *por encima de ella* que tu saber (*'ilm*) no puede alcanzar.

Si esto es así *en el caso de una verdad*, ¿cómo será entonces la situación cuando Le atribuyes lo que no es adecuado atribuirle sin que *tal cosa* responda a la realidad del Altísimo (*al-'Alī*)?

¡Exaltado y Enaltecido sea Dios muy por encima de cuanto proclaman los injustos (*ẓālimūn*)![2]

3. Adopción (*tajalluq*): El Enaltecido de entre los siervos es aquel que, cuando se manifiesta en él un atributo loable, sin detenerse en él, asciende hacia lo que está por encima de él, sabiendo que junto a su Señor hay algo más alto que aquello, y así *tiende* siempre *hacia algo más elevado, según Su Palabra*: "Y di: '¡Señor, aumenta mi saber (*'ilm*)!'"[3], *por indicación de la cual el mismo Profeta* ha pedido y procurado por encima de lo que ya había alcanzado.

---

1. El hadiz se recoge con las palabras "Nadie es humilde ante Allāh sin que Allāh le eleve" en las siguientes fuentes: Muslim, *Birr*, 89; Tirmiḏī, *Birr*, 82; Dārimī, *Zakāt*, 35; Ṭabarānī, *Ṣadaqa*, 12. La cita de Ibn 'Arabī constituye una variante que se repite en varias ocasiones. V. *Fut.* II: 166 y p. 514 (81); XI: 92.

2. Alusión a C. 17:43, cuyo texto íntegro dice: "¡Gloría a Él! ¡Está por encima de lo que dicen!". Trad. Cortés.

3. La aleya completa dice: "¡Exaltado sea Dios, el Rey verdadero! ¡No te precipites en la Recitación antes de que te sea revelada por entero! Y di: '¡Señor! ¡Aumenta mi ciencia!'" (C. 20:114). Trad. Cortés.
Como se desprende del texto de la aleya, el fragmento citado va dirigido en primer término al Profeta y, por extensión, a todo creyente. Ibn 'Arabī quiere significar aquí que si el mismo Profeta, siendo el más sabio de los hombres, ha de pedir a Dios que aumente su ciencia, con más razón ha de procurar todo creyente conocer más y ascender hacia lo que está por encima de su saber actual.

(86) *Al-Muqsiṭ*

EL EQUITATIVO, EL JUEZ EQUITATIVO

1. Dependencia (*taʿalluq*): Tienes necesidad de Él —Glorificado sea— para que haga de ti uno de quienes son equitativos en sus resoluciones (*aḥkām*).

2. Realización (*taḥaqquq*): El Juez Equitativo es el que pide justicia para quien ha sido objeto de una injusticia (*maẓlūm*)[1] a quien ha cometido tal injusticia (*ẓālim*) hacia sí mismo o hacia otro, a no ser que *quien ha sido objeto de injusticia* perdone la falta cometida (*maẓlūm*)[2], y los nombres de perdón (*ʿafw*), *por cuyo efecto esto puede hacerse*, son muchos.

3. Adopción (*tajalluq*): Con el mismo sentido *que la realización*.

---

1. O bien, 'por la injusticia cometida'.

2. Se ha traducido el pasaje teniendo en consideración el comentario de Gazālī a este mismo nombre, donde se emplean formulaciones análogas (v. en particular la construcción *li-l-maẓlūm min al-ẓālim*) y se cita una tradición en la cual Dios pide justicia al que ha causado perjuicio y, a continuación, muestra al perjudicado la bendición que acompaña al perdón. Cf. *Maqṣad*, pp. 153-5, y trad. inglesa, *The Ninety-nine Beautiful Names of God*, trad. y notas de D. B. Burrell y N. Daher, The Islamic Texts Society, Cambridge, 1992, pp. 140-142 y nota 94.

(87) *Al-Ŷāmiʿ*

EL REUNIDOR, EL TOTALIZADOR
EL CONGREGADOR
EL INTEGRADOR, LA SUMA

1. Dependencia (*taʿalluq*): Tienes necesidad de Él —Glorificado sea— para que te reúna *de nuevo* con Él, de modo que dejes de ser un siervo fugitivo (*ābiq*) y errante (*šārid*)[1].

2. Realización (*taḥaqquq*): El Reunidor es, en su realidad esencial, el que reúne en Su Esencia *la totalidad de* los Sublimes Atributos y de los Bellísimos Nombres, *reintegrando lo múltiple* con la atribución de la Unidad *trascendental* (*waḥda*) que a Él corresponde en todos los sentidos.

El Congregador (*al-Ŷāmiʿ*) es, así mismo, aquel cuya reunión (*ŷamʿ*), cuando congrega, nadie más que Él puede disgregar (*tafrīq*).

Ciertamente Allāh es "el que reunirá a *toda* la humanidad para un día indubitable"[2], "el día en que Allāh congregue a los

---

1. Lit. 'ya que eres un siervo...'. Sobre el termino *šārid*, que también puede significar 'escapado', 'peregrino', 'extraño', 'desterrado' y 'perplejo' (*DAE*), véanse las observaciones de Mª J. Viguera en su introducción a un tratado de fisiognómica de Ibn ʿArabī (cap. 148 de *Futūḥāt Makkiyya*), en *Dos cartillas de fisiognómica*, Editora Nacional, Madrid, 1977, donde lo traduce por 'marginado' (p. 15) —en el sentido de quien se automargina—, equiparándolo con las nociones de *mutawaḥḥid*, 'solitario' de Avempace, o de *garīb*, 'expatriado' o 'extranjero' de los textos sufíes (*ibid.*, pp. 56-57, nota 2). Dice Ibn ʿArabī: "...no ocurre esta ciencia [fisiognómica] sino entre marginados" (*ibid.*, p. 31). Adecuada traducción —que también apunta la autora (*ibid.*, p. 57)—, sería el término 'extravagante' si se toma en sentido etimológico.

Se dice *ābiq*, 'fugitivo', de un esclavo escapado. El siervo, en su dispersión, ha partido de la morada de la servidumbre y yerra, alejado de la divina Unidad, en el dominio de la multiplicidad, donde es un extraño (*šārid*), un peregrino distanciado de su tierra original, la Presencia de la Unidad, adonde ansía volver para reunirse con su Amado —en el caso de los amigos de Dios (*awliyāʾ*)— o de la cual huye en busca de emancipación —en el caso de los extraviados—.

2. Lit. 'el Congregador de la humanidad' (*ŷāmiʿ al-nās*). Dice la aleya completa: "¡Señor! Tú eres quien va a reunir a los hombres para un día indubitable. Dios no falta a Su promesa" (C. 3:9). Trad. Cortés.

enviados"[3]. *Dice —Enaltecido sea—*: "Ésa es una reunión (*ḥašr*) fácil para Nosotros"[4].

3. Adopción (*tajalluq*): Quien de entre los siervos se reviste de este nombre (*mutajalliq*) es el que adopta la suma de los caracteres divinos (*ajlāq ilāhiyya*) que su saber (*ʿilm*) alcanza, reúne *con integridad* las nobles virtudes de carácter (*makārim al-ajlāq*) y congrega a los siervos de Dios en *la práctica de* la obediencia en Su servicio —Enaltecido sea—.

---

3. "El día que Dios congregue a los enviados y diga: '¿Qué es lo que se os ha respondido?', dirán: 'No sabemos. Tú eres Quien conoce a fondo las cosas ocultas'" (C. 5:109). Trad. Cortés.

4. "El día que la tierra se abra despidiéndolos [a los muertos], rápidos... Esa es una reunión fácil para Nosotros" (C. 50:44). Trad. Cortés.

(88-89) *Al-Ganī - Al-Mugnī*

EL RICO Y EL ENRIQUECEDOR[1]

1. Dependencia (*ta'alluq*): Tienes necesidad de Él —Glorificado sea— para que te ocupe *completamente* en Él[2] haciendo que te despreocupes de pedirle (*su'āl*) *cosa alguna, de modo que estés absorto en Él por Él mismo*, no para que te de.

También tienes necesidad de Él, cuando te hace volver a ti mismo[3], para *que te confiera la habilidad* de infundir en otros parte de aquello que de estos dos nombres Él te ha otorgado, de modo que te enriquezcas y enriquezcas *a los demás*.

2. Realización (*taḥaqquq*): El Rico es Quien es independiente y autosuficiente (*ganī*) por Sí mismo y no por otro; y el Enriquecedor es el que enriquece a otro haciendo que éste no tenga necesidad alguna que le ocupe *distrayéndole de* Él[4], pues sabiendo que todo lo necesario está en Su mano, no tiene ninguna necesidad particular.

3. Adopción (*tajalluq*): Cuando el siervo alcanza la suficiencia (*ginà*) por Su Señor, de modo que Su rememoración (*dikr*) le ocupa enteramente apartándolo, por su grandiosidad y majestad, de cualquier solicitud (*mas'ala*) y, al estar ausente de sí mismo por *absorción en* Su Señor, no le viene pensamiento (*jāṭir*) de necesidad alguna, es entonces rico (*ganī*). Y si, *por otra parte*, por su esmero en cuidar de su educación y desarrollo (*tarbiya*) y por el influjo y transmisión de su energía espiritual (*himma*), propicia que otro adquiera la cualidad (*waṣf*) que él mismo tiene, es entonces 'enriquecedor' (*mugnī*).

---

1. El nombre *al-Ganī* puede traducirse también como 'el Independiente', 'el Autosuficiente'. Es común que estos dos nombres, como en los tratados de Gazālī o Rāzī, se comenten conjuntamente. Ambos podrían traducirse como uno solo: 'El Rico Enriquecedor'.

2. En la práctica de la oración y la rememoración (*dikr*).

3. Es decir, al volver en sí después del arrobamiento místico, al salir del trance de una ascensión espiritual tras una experiencia unitiva, o bien, al volver al 'yo personal' después de la aniquilación en la Ipseidad divina, es decir, al sí mismo desde el Sí mismo.

4. O bien, según los mss. C, F e I (v. texto ár. 88, nota 7): "...haciendo que éste, al estar plenamente ocupado con Él (*li-šugli-hi bi-Hi*), no tenga necesidad alguna *por la que pedirle...*".

(90) *Al-Māniʿ*

EL DEFENSOR, EL PREVISOR
EL IMPEDIDOR, EL CONTENEDOR[1]

1. Dependencia (*taʿalluq*): Tienes necesidad de Él —Glorificado sea— para que te provea *de la capacidad necesaria para* defender Su religión y protegerla de cuanto conduce a su corrupción (*ifsād*).

2. Realización (*taḥaqquq*): Todos los *seres* posibles (*mumkināt*), por su propia esencia, se orientan hacia la existencia cuando están en estado latente de no-ser (*ʿadam*) y hacia el no-ser cuando están en estado de existencia actual (*wuŷūd*).

Pues bien, el que retiene (*manaʿa*) *a los posibles en su estado* impidiendo su existenciación (*īŷād*) o su retorno al no-ser (*iʿdām*), es el Contenedor (*al-Māniʿ*), si bien este término se aplica más frecuentemente al que impide (*manaʿa*) el acontecer de las iniquidades y de aquello que es causa de corrupción (*mafsada*).

3. Adopción (*tajalluq*): Quien se protege (*manaʿa*) a sí mismo con la protección (*ḥimà*) de Allāh —Enaltecido sea— y se guarda (*manaʿa*)[2] de hacer lo que Dios no aprueba evitando (*manaʿa*) así mismo que otros lo hagan, es entonces el defensor (*al-māniʿ*) en cuanto adopción[3], mas no *es defensor* quien impide (*manaʿa*) las cosas provechosas oponiéndose a ellas indiscriminadamente, pues tal actitud es mezquindad (*bujl*). Todo el que, de entre la gente de esta vía, impide (*manaʿa*) algo útil, lo hace exclusivamente cuando ha percibido, por su perspicacia *espiritual*[4], que su evitación es causa de mayor provecho.

---

1. Como *manaʿa* en árabe, el verbo 'defender' tiene también en castellano antiguo las acepciones de 'prohibir' e 'impedir'.

2. Lit. 'se impide a sí mismo...'.

3. Es decir, en tanto que está revestido de los rasgos de este nombre. Volvemos a encontrar la distinción expresada en 84-3: la adopción de los rasgos de un nombre implica la capacidad de discriminación.

4. Lit. 'pues es sagaz (*ḥakīm*)'. V. *supra* 47-3. La sabiduría aparece por tanto como requisito de la restricción, la cual, sin discriminación, es ruindad.

(91-92) *Al-Ḍārr - Al-Nāfiʿ*

EL PERJUDICADOR Y EL BENEFACTOR
EL CONTRARIADOR Y EL PROPICIADOR
EL DAÑADOR Y EL BENEFICIADOR

1. Dependencia (*taʿalluq*): Tienes necesidad de Él —Glorificado sea— (1) para apartar (*dafʿ*) de ti todo lo que pueda perjudicarte y (2) para que te conceda cuanto sea benéfico para ti, ya sea en el dominio de tu religiosidad (*dīn*), en tu vida secular (*dunyā*) o en tu vida postrera (*ājira*), tanto en el orden inteligible como en el sensible.

2. Realización (*taḥaqquq*): El Perjudicador (*al-Ḍārr*) es el que dispone el daño (*muʿṭī l-ḍarar*) —especialmente el que implica dolor (*alam*)— y sus causas secundarias (*asbāb*), tanto si su causa es placentera (*mustaladḏ*) como si no lo es.

El Benefactor (*al-Nāfiʿ*) es el que propicia el provecho (*nafʿ*) —*especialmente* el que implica gozo— y sus causas, ya sea la causa dolorosa o no lo sea.

Todo ello tanto en el plano sensible como en el inteligible.

3. Adopción (*tajalluq*): El contrariador (*al-ḍārr*) de entre los siervos rectos (*ṣāliḥūn*) de Dios es el que constriñe y obliga (*aḍarra*) *a sí mismo o a otros*, por causa de Allāh —Enaltecido sea—, a inclinarse hacia el lado (*ŷanāb*) de Allāh, el Altísimo.

El benefactor (*al-nāfiʿ*) es el que beneficia (*nafaʿa*) a los siervos de Dios —Enaltecido sea— y a todo el que pueda obtener provecho, en *todo* lo posible de cuanto no contraviene ninguna interdicción estatuida por la revelación (*ḥadd mašrūʿ*), ya sea en el plano de lo sensible o de lo inteligible.

(93) *Al-Nūr*

LA LUZ, EL ILUMINADOR
EL AHUYENTADOR
EL DISIPADOR *DE LA OSCURIDAD*
EL ALEJADOR, EL REHUIDOR[1]

1. Dependencia (*taʿalluq*): Tienes necesidad de Él —Glorificado sea— para que ponga en ti *una* luz (*nūr*) que sirva de guía[2].

2. Realización (*taḥaqquq*): El Rehuidor (*al-Nūr*) es el que, por Su esencia, tiene reparo y aversión (*nafara*)[3] a que se Le atribuya aquello que Su esencia no requiere y que no es apropiado ni digno de Él. Por ello ha dicho *en el Corán*: "Allāh no perdona que se Le asocie"[4], estableciendo que la asociación (*širk*) es la más grave de las faltas.

---

1. Ibn ʿArabī da aquí por supuesta y conocida la acepción de 'Luz' (que hace visible y manifiesta la existencia) y concentra su comentario en su original e insólita interpretación de *nūr* como 'apartamiento' o 'separación protectora'. Este comentario no ha surgido por mero ejercicio de asociación y 'prospección' lingüística sino que es fruto de la reflexión acerca del significado de la oración que a continuación cita el autor (v. *infra* 93-3). En esta plegaria del Profeta, la Luz está asociada en efecto a una función protectora: la de separar al siervo de toda oscuridad externa o interna. Al considerar este aspecto del término *nūr*, Ibn ʿArabī encuentra el fundamento de esta significación en la propia 'etimología' de la palabra, recuperando una acepción relativamente inusual. Sirva este ejemplo para ilustrar, una vez más, el hecho de que las explicaciones o asociaciones del Šayj —en ocasiones aparentemente enrevesadas— están en general motivadas por un referente escriturario o tradicional y no por una voluntad de oscurecimiento. Otras interpretaciones del nombre *Nūr* ('guía', 'manifiesto', 'exento de defecto'), implícitas en este comentario, se recogen en el ensayo de Gimaret, pero la acepción propuesta por Ibn ʿArabī no consta en ninguna otra obra consultada. Cf. Gimaret, *Noms*, pp. 372-74. V. *Šarḥ*, nº 93, donde el Šayj apunta los significados 'Manifiesto' y 'Disipador de la oscuridad'.

2. O bien, 'para que haga de ti luz, de modo que por medio de ti se muestre el camino'.

3. O bien, 'el que [la] rehúsa y huye [de la atribución...]'.

4. La aleya íntegra dice así: "Dios no perdona que se Le asocie. Pero perdona lo menos grave a quién Él quiere. Quien asocia a Dios está profundamente extraviado" (C. 4:116). Trad. Cortés. V. también C. 4:48 donde se repite exactamente la misma frase aquí citada.

En la lengua árabe, *nūr* significa *también* 'alejarse' (*nufūr*)[5] y de ahí, dado que rehuye o disipa la oscuridad (*ẓulma*), recibió la luz (*nūr*) esta denominación. Dícese *por ejemplo*: "Se alejó (*nāra*) la gacela huyendo (*nafara*) del cazador"[6].

Por otra parte, dado que las cosas se muestran tanto a los ojos (*a'yun*) de la vista externa (*baṣar*) como a los de la percepción interior (*baṣīra*) por medio de la luz (*nūr*) y dado que Su existencia —Exaltado sea— es el origen de la manifestación de las cosas en sus entidades (*a'yān*), Él se llamó a Sí mismo Luz (*nūr*) por *esta* conexión analógica (*tawṣīl*).

3. Adopción (*tajalluq*): Aquel de quien todas las cosas se alejan (*nafara*) temiendo por sí mismas, con temor (*jawf*) de ser devueltas al no-ser (*'adam*), la ceguedad (*'amà*) o el desvanecimiento (*gušy*)[7], aquel de quien se huye (*nufira*) —*decimos*— es el más merecedor del nombre 'ahuyentador' (*nūr*).

Oraba *el Enviado de Dios* —sean sobre él la bendición y la paz— diciendo: "¡Señor nuestro! ¡Haz que todo en mí sea disipador *de la oscuridad!*"[8], y *Allāh, preservándole de todo error*, le hizo modelo de impecabilidad (*ma'ṣūm*) cuyo ejemplo ha de seguirse y tomarse como guía.

---

5. En este sentido, el término *nūr* designa el hecho de alejarse, apartarse de algo o rehuirlo. La raíz *n-w-r* en formas I o IV significa en efecto tanto 'lucir' como 'huir'. En el *Qāmūs* se indica que esta acepción de *nūr* viene de la forma original *nuwur*, que pierde por eufonía la segunda 'u'; y también que el verbo *nāra nawr/niwār* significa *nafara* (Fīrūzābādī, *Qāmūs al-muḥīṭ*, I, p. 115, 1. 16). Ni el *Qāmūs*, ni Lane, *Lexicon*, XIII, pp. 2864-65, ni Ibn Manẓūr, *Lisān al-'arab*, VII, pp. 82-85 y 99-105, recogen esta frase como ejemplo bajo las raíces *n-w-r* o *n-f-r*.

6. Cita el autor esta frase como ejemplo lingüístico para ilustrar con una expresión de la lengua la acepción adicional que propone. En los mss. figura en forma IV, pero para mayor claridad la he cambiado por la forma primera, menos infrecuente. El verbo *anāra*, forma IV de raíz *n-w-r*, significa en efecto 'fugarse' y también significa 'aparecer', lo cual relaciona además el ejemplo con la frase siguiente, pues podría traducirse 'apareció la gacela [es decir, se dejó ver] al huir del cazador'.

7. Término que también significa 'privación' de la vista o del sentido y alude al hecho de estar algo cubierto por una envoltura (*gišā'*).

8. Cita del final del hadiz que contiene la conocida 'súplica de luz'. Ibn 'Arabī cita esta misma frase —aunque sin incluir *kullī*— en *Fut.* IV: 472, 475; VIII: 567; IX: 219, 284, 515; XII: 451; XIII: 113 (incluyendo *kull*), 588, 661; XIV: 51; etc. Esta exclamación, traducida en el texto con el significado sugerido por el Šayj, se traduciría en otro contexto: "¡Convierte en luz todo mi ser!", "¡Hazme todo luz!", o bien, "¡Pon luz —*como separación protectora*— (*nūr*) en todo mi ser!"

(94) *Al-Hādī*

EL GUÍA, EL ORIENTADOR

1. Dependencia (*taʿalluq*): Tienes necesidad de Él —Glorificado sea— para que te brinde la Dirección (*hidāya*) procedente de Él[1] en aquello que hasta Él conduce y en lo cual reside tu felicidad *perdurable (saʿāda)*.

2. Realización (*taḥaqquq*): La Dirección (*hudà*)[2] es la evidencia *distintiva (bayān)*[3], y el Guía (*al-Hādī*) es el que aclara y distingue el camino de la Dicha (*ṭarīq al-saʿāda*) del camino de la desdicha (*ṭarīq al-šaqāwa*) y la vía de los beneficios de la vía de los perjuicios[4], ya sea con relación a las ciencias (*ʿulūm*), a las obras (*aʿmāl*) o a los estados (*aḥwāl*)[5].

3. Adopción (*tajalluq*): El que, de entre los siervos, comunica *a otros* lo que sobre estos caminos (*ṭuruq*) ha indicado y declarado el Verdadero[6], es entonces su Guía (*hādī*) *no por la suya propia, sino* por la *misma* lengua del Verdadero (*lisān al-Ḥaqq*) *según Su Palabra*: "[...]

---

1. Lit. 'de junto a Él' (*min ʿinda-Hu*).

2. Es decir, la Guía divina que muestra la senda recta hacia la salvación.

3. Con este término se designa también al Corán, 'aclaración' y 'demostración' por antonomasia. Sobre los 55 nombres del Corán recogidos en el propio texto coránico, según la lista elaborada por Abū l-Maʿālī Šayḏala en su *K. al-Burhān* —citada por al-Suyūṭī—, v. S. Ḥakīm, *Muʿ ŷam*, pp. 906-908.

4. La orientación consiste, pues, en la distinción clarificadora entre la vía de la utilidad y del provecho y la vía opuesta de la futilidad y de la pérdida. El camino recto está así ligado al discernimiento de las cualidades de las cosas, el cual ha de fundarse necesariamente en los criterios que se desprenden de la revelación profética que es tanto reunión, suma y síntesis (*qurʾān: ŷamʿ, iŷmāl*) como diferenciación, distinción y análisis (*furqān: tafriqa, tafṣīl*), lo cual constituye la verdadera aclaración (*bayān = furqān*). Cf. *Muʿ ŷam*, p. 905.

5. Es característica del sufismo, frente a una religiosidad meramente formal despojada de experiencia acerca de los grados y las etapas del desarrollo interior, la importancia que, junto al conocimiento teórico de las ciencias tradicionales y a la práctica de las obras rituales, se concede al conocimiento vivencial de los estados espirituales en sus diversas modalidades, ya sean transitorios (*aḥwāl*) o permanentes (*maqāmāt*). Cf. Asín, *IC*, p. 109.

6. Lit. 'la aclaración del Verdadero (*bayān al-Ḥaqq*)', ya sea en las aleyas de la revelación o en los signos de la creación.

concédele protección para que escuche la Palabra de Allāh"[7]. *Y también según el hadiz:* "Ha dicho Allāh con la lengua[8] de Su siervo *en la azalá*: 'Allāh escucha a quien Le alaba'". Y esto ha sido transmitido en una relación auténtica (*jabar ṣaḥīḥ*)[9].

---

7. Dice la aleya completa: "Si uno de los asociadores te [dirigido a Muḥammad] pide protección, concédesela, para que oiga la Palabra de Dios [el mensaje coránico]. Luego, facilítale la llegada a un lugar en que esté seguro. Es que son gente que no sabe" (C. 9:6). Trad. Cortés.

8. Lit. 'sobre la lengua'. V. nota *infra*.

9. V. *Concordance*, II, p. 536. El que efectúa la oración ritual, antes de la prosternación, dice la mencionada fórmula. Según interpretación habitual de Ibn ʿArabī, Dios "se atribuye la dicción *de esta fórmula* a Sí mismo y no al siervo *orante*, y por ello no ha dicho 'por la lengua (*bi-lisān*) de Su siervo' *sino 'sobre la lengua* (*ʿalà lisān*) *de Su siervo'*" (*Fut.* X: 263, p. 271). Sobre el tema de la oración teofánica, v. H. Corbin, *Imaginación*, en especial el cap. III, "Oración del hombre y oración de Dios", pp. 285-313.

Hadiz citado en *Fut.* III: 182; IV: 171, 387; VI: 88, 219, 310, 425, 674; VIII: 702; IX: 128, 382, 435; X: 53 (donde se cita también C. 9:6), 263, 301; XI: 379 y XII: 257.

(95) *Al-Badīʿ*

EL INNOVADOR, EL INVENTOR
EL INCOMPARABLE

1. Dependencia (*taʿalluq*): Tienes necesidad de Él —Glorificado sea— para que te exalte por encima de toda comparación (*mumāṯala*) con tus congéneres, en cuanto a la elevación que a tu morada espiritual ante Dios —Enaltecido sea— corresponda.

2. Realización (*taḥaqquq*): *El nombre* al-Badīʿ puede significar 'el Incomparable', es decir, el que no tiene semejante (*miṯl*) *que pueda parangonarse a Él*, o bien, 'el Inventor', 'el Innovador', es decir, el que crea inventando (*mubdiʿ*) alguna cosa de la que previamente no se tenía conocimiento (*ʿilm*).

3. Adopción (*tajalluq*): *La adopción* de lo que de este nombre brinda la felicidad *perdurable* (*saʿāda*) *está relacionada con el hadiz*: "Quien establece una buena tradición (*sunna*)[1], recibirá su correspondiente retribución (*aŷr*) más lo equivalente a la retribución de quien la ponga en práctica"[2]. *También está relacionada con este nombre la aleya en que se dice*: "...y un monacato (*rahbāniyya*) que fue instaurado por ellos (*ibtadaʿū-hā*) [los cristianos] *sin que se lo prescribiéramos Nosotros*..." (C. 57:27)[3] —es decir, que ellos lo fundaron

---

1. Es decir, 'quien sigue e instaura una buena conducta'. Se deduce del contexto que Ibn ʿArabī no interpreta el término *sunna* en el texto como 'tradición profética', sino como 'uso o principio personal'. V. 59-3.

2. Lit. 'y la retribución de quien la realice'. Hadiz recogido en Bujārī, *Ṣaḥīḥ* 97:15; Muslim, *Ṣaḥīḥ* 12:70, 48/95; Tirmiḏī, *Sunan* 39:15; Nasāʾī, *Sunan* 23:24; Ibn Māŷah, *Sunan, Muqaddima* 14:15; Dārimī, *Sunan, Muqaddima* 43; Ibn Ḥanbal, *Musnad* 2:504, etc. Para más referencias v. *Fut.* III: 363, p. 405. El Šayj cita con frecuencia este hadiz. V., p. ej., *Fut.* IV: 384; VI: 142-43; VIII: 414, 557; IX: 457; XII: 402; XIII: 37, 545; XIII: 37 (también en conexión con la aleya 57:27 que se refiere a la *rahbāniyya*) y 545; XIV: 464.

3. El texto íntegro de la aleya dice así: "Tras ellos, mandamos a Nuestros otros enviados, así como a Jesús, hijo de María, a quien dimos el *Evangelio*. Pusimos en los corazones de quienes le siguieron mansedumbre (*raʾfa*), misericordia (*raḥma*) y monacato (*rahbāniyya*). Este último fue instaurado por ellos [los cristianos] —no se lo prescribimos Nosotros— sólo por deseo de satisfacer a Dios, pero no lo observa-

(*anša'ū*) como institución (*ibtidā'*) suya[4]— "...pero no lo observaron con el debido cuidado (*ri'āya*)"[5] —*y en estas palabras hay una actitud favorable en principio hacia la institución del monacato*— a pesar de que no procedía de la inspiración *profética* revelada (*waḥy munazzal*) y convenida por disposición divina.

---

ron como debían. Remuneraremos a quienes de ellos creyeron, pero muchos de ellos fueron unos perversos" (C. 57:27). Trad. Cortés.

Se entiende, según esta primera lectura, que el monacato es de institución divina. Pero según una segunda interpretación que también apunta J. Cortés a pie de página, "'pusimos' tendría como complemento directo 'mansedumbre' y 'misericordia', pero no 'monacato' y éste sería, pues, de institución humana". Esta segunda lectura es la que aquí conviene tener en cuenta —quizá por ello cita Ibn 'Arabī este fragmento aisladamente— y a ella responde nuestra traducción. En esta aleya se percibe de hecho una actitud de aprobación hacia la instauración del monacato como tal, pues éste era en principio susceptible de haber sido observado correctamente. Lo que en la aleya se censura es el proceder particular de los perversos que —según se entiende— lo desvirtuaron.

Ibn 'Arabī cita el hadiz anterior y esta aleya como fundamento escriturario de la licitud de la institución humana —siempre, se sobrentiende, que ésta no contravenga los preceptos de la revelación—. Esto no implica, no obstante, que el autor aconseje o apruebe la innovación (*bid'*) en materia religiosa cuando ésta supone una corrupción de las tradiciones proféticas.

4. Es decir, como innovación. Sobre las innovaciones, v. las obras de Muḥammad b. Waḍḍāḥ al-Qurṭubī, *Kitāb al-bida'* (*Tratado contra las innovaciones*), ed., trad., estudio e índices por Mª Isabel Fierro, Madrid, 1988; y de Abū Bakr al-Ṭurṭūšī, *K. al-ḥawādīṯ wa-l-bida'* (*El libro de las novedades y las innovaciones*), estudio y trad. de Mª Isabel Fierro, Madrid, 1993.

5. Fragmento de la misma aleya citada en la nota anterior.

(96) *Al-Bāqī*

EL SUBSISTENTE, EL PERDURABLE
EL ETERNO, EL PERMANENTE
EL CONSTANTE

1. Dependencia (*taʿalluq*): Tienes necesidad de Él —Glorifica-do sea— para que te incluya entre aquellos cuyos estados (*ḥālāt*) se mantienen *permanentemente* en aquellas cosas que son causa de la felicidad (*saʿāda*) y de inmunidad (*naŷāʿ*) a toda adversidad[1].

2. Realización (*taḥaqquq*): En su realidad esencial, el Subsisten-te es aquel que subsiste por Sí mismo y a quien no puede atribuirse la inexistencia (*ʿadam*) *en modo alguno.*

3. Adopción (*tajalluq*): El permanente (*al-bāqī*) de entre los sier-vos es quien constantemente permanece en su condición de siervo (*ʿubūdiyya*) con Dios —Enaltecido sea—, íntegramente[2], sin entro-meterse y confundirse con ningún aspecto de la condición señorial (*rubūbiyya*), pues así como el Verdadero (*al-Ḥaqq*) permanece (*bāqī*) en Su señorío (*rubūbiyya*) y no procede que se Le considere siervo, así mismo conviene que el siervo sea constante (*bāqī*) en *la plena asunción de* su servidumbre, interiorizando la vivencia de tal estado dentro de sí, y no procede que sea señor (*rabb*) en modo alguno, bajo ningún concepto[3].

---

1. En definitiva, para que te haga constante en la realización —interna y exter-na— de Sus prescripciones, en cuyo cumplimiento residen las causas secundarias (*asbāb*) de la dicha y la inmunidad.

2. Lit. 'con pureza de esencia'.

3. Éste es uno de los temas capitales del pensamiento akbarí. Siervo y Señor permanecen en sus respectivas condiciones ontológicas sin confusión. No obstante, el sutil tratamiento que da Ibn ʿArabī a la cuestión de la relación entre ambas con-diciones no permite una aproximación reductiva. V., p. ej., *Fut.* I, p. 2, donde se lee el verso: "El Señor es una realidad (*ḥaqq*) y el siervo es una realidad (*ḥaqq*). ¡Si saber pudiera cuál de los dos es el que está sujeto a las prescripciones legales!". Sobre las nociones akbaríes de 'siervo' y 'señor', v. S. Ḥakīm, *Muŷam*, pp. 506-513 y 765-778, y M. Chodkiewicz, *Océan...*, pp. 150-160.

Dijo uno de los *conocedores*: "El gnóstico (*'ārif*) tiene la faz ennegrecida[4] tanto en este bajo mundo como en la vida postrera"[5]. Esto se menciona en el *Libro de la albura y la negrura*[6], y la faz (*waŷh*) significa aquí la realidad última (*ḥaqīqa*), la esencia (*ḏāt*), la entidad (*'ayn*) *de la persona*.

---

4. La expresión 'tiene la faz ennegrecida' (*musawwad al-waŷh*) está asociada a otra acepción de la misma raíz —verbo *sāda*— por la cual significa también, en sentido figurado, 'estar sometido'. La frase quiere pues decir que, por su infranqueable e ineludible condición de siervo, el gnóstico, conocedor directo de las realidades místicas y amigo de Dios, está necesariamente sometido a su Señor tanto en esta vida como en la otra, pues el conocimiento no anula la servidumbre sino que, por el contrario, implica su más alta y completa realización. V. nota *infra*.

5. El autor vuelve a citar esta frase en *Fut.* III: 126, donde cuenta que "cuando a uno de los hombres *de la Vía* se le preguntó acerca del atributo *distintivo* del gnóstico (*'ārif*), respondió: "*El gnóstico* tiene el rostro ennegrecido tanto en el mundo como en la Morada Postrera". Aunque esto se refiere a los estados que hemos mencionado (*a saber, que la condición espiritual de estos hombres pasa desapercibida entre la gente y que tales hombres no violan lo ilícito ni en secreto ni en público*), con la expresión 'la negritud del rostro' quiere significar *esta sentencia* 'la completa dedicación de todos sus instantes, tanto en el mundo como en la Morada Postrera, a las teofanías que el Verdadero le manifiesta'. A nuestro parecer, el ser humano no ve en el espejo del Verdadero (*mir'āt al-Ḥaqq*), cuando *la divina Realidad* se epifaniza ante él, sino a sí mismo y su propia morada (*maqām*). Siendo como es un ser engendrado y dado que lo engendrado (*kawn*) es oscuridad (*ẓulma*) a la luz del Verdadero, no puede por tanto el ser humano contemplar otra cosa que su oscuridad (*sawād*). Y el rostro de una cosa es su realidad (*ḥaqīqa*) y su esencia (*ḏāt*)" (p. 154).

En el *Kitāb al-'Abādila* de Ibn 'Arabī se lee: "Y el *hombre* perfecto (*kāmil*) es negro de rostro en el mundo y en la Morada Postrera por su constancia en incesante contemplación". Ms. Šehid Ali Paša 2862, fol. 11b (cf. O. Yahya, *Fut.* II: 126, p. 155).

También dice el Šayj al respecto en un pasaje de su obra *Taŷalliyāt ilāhiyya*: "Son desconocidos (*maŷhūlūn*) en el mundo y en la Última Morada. Son en ambos mundos los de rostro oscurecido por la intensidad de la proximidad y por el abandono [lit. 'derribo' de las formalidades (*takalluf*)]" (nº 83 ed. O. Yahya / nº 82 ed. Hyderabad).

Más referencias en Ibn 'Arabī, *K. al-Taŷalliŷāt al-ilāhiyya* (*wa-kitāb kašf al-gāyāt*), ed. O. Yahya, *AL-MACHRIQ*, Beirut, 1966-67, nº 433 (*K. Kašf al-gāyāt*), nota 827 (v. *supra* 42-3), donde se incluye también referencia a este tratado (*Kašf al-ma'nà...*) sin que, por otra parte, se precise nada acerca de la obra *Kitāb al-bayāḍ wa-l-sawād*.

6. El autor de esta obra ha sido hasta ahora ignorado por los estudiosos. Brockelmann no menciona este *Kitāb al-bayāḍ wa-l-sawād* en los índices de *GAL, S-III*. Ibn 'Arabī cita también este título en un pasaje de *Fut.*: "El autor del *Libro de la albura y la negrura* (*ṣāḥib al-Bayāḍ wa-l-sawād*) relata en su obra que cierto hombre de espíritu ha dicho: 'El gnóstico tiene la faz ennegrecida...'" (cf. *Fut.* III, p. 372, 1. 26). Afortunadamente, el nombre del autor de esta obra desconocida aparece en una nota añadida al fol. 21a de la copia del *Kitāb al-'Abādila* en el ms. Yusuf Aga 4859 (Biblioteca de Konya): se trata del imām Abū l-Ḥasan 'Alī b. al-Ḥasan al-Kirmānī.

(97) *Al-Wāriṯ*

EL HEREDERO
EL QUE DA EN HERENCIA

1. Dependencia (*taʿalluq*): Tienes necesidad de Él —Glorificado sea— para que conceda que te conformes y adaptes, en tu proceder, a seguir el ejemplo modélico (*sunna*) de Su Profeta —Dios lo bendiga y salve—[1].

2. Realización (*taḥaqquq*): El Heredero es aquel a quien son devueltas *todas* las posesiones tras haberse retirado de ellas las manos de sus propietarios con *el advenimiento de* la muerte, tanto si aquel a quien se despoja de ellas está junto al Heredero como si no. *Y esto según Su Palabra*: "Nosotros heredaremos la tierra y a quien hay sobre ella [e.d., sus moradores]. Y a Nosotros serán devueltos" (C. 19:40).

---

1. En el Islam, en general, la conducta del creyente debe adecuarse a los usos del profeta Muḥammad, modelo máximo de *tajalluq*, en quien se manifiestan en completa armonía las cualidades de los Nombres. Estos usos y tradiciones relativos a todos los aspectos de la vida constituyen la *Sunna*, la Tradicĭón recogida en los hadices que han transmitido los tradicionistas.

En el sufismo se plantea así mismo la cuestión de la herencia espiritual por la cual el heredero de un profeta actualiza la condición espiritual propia de la modalidad profética que éste representa y la gnosis que de ella dimana. V., p. ej., Chodkiewicz, *Sceau*, pp. 215-16.

El heredero no es pues el simple imitador, sino quien efectivamente se reviste de los rasgos propios de la modalidad espiritual en cuestión, representada por un profeta en particular. Un *walī* (amigo de Dios) puede ser heredero (*wāriṯ*) de la santidades 'crística' (*ʿisawiyya*), abrahámica, mosaica, mahomética o davídica u otros modos de "amistad espiritual" (*walāya*). En todo *walī* predomina uno u otro tipo de espiritualidad, la cual le caracteriza sin excluir a las demás. Se considera que, por su carácter omnímodo, al reunir 'la totalidad de las *palabras*', la espiritualidad mahomética es la más completa.

En la vida de Ibn ʿArabī, por ejemplo, la condición de discípulo crístico —llama a Jesús su "primer maestro"— precede a la realización de su condición de heredero mahomético. Cf. Addas, *Quête*, pp. 58-59, 72-73 y 105-106. Sobre la distinción entre el heredero espiritual y el sabio transmisor, v. Suʿād Ḥakīm, *Ibn ʿArabī wa-mawlid lūga ŷadīda*, Beirut, 1991, pp. 35-57.

3. Adopción (*tajalluq*): El heredero de entre los siervos es aquel que hereda de los profetas sus ciencias, sus obras y sus estados[2] después de que éstos hayan vuelto hacia su Hacedor.

Ha dicho el Enviado —Dios lo bendiga y salve—: "Los sabios (*'ulamā'*) son los herederos de los profetas"[3]. *Y Allāh —Enaltecido sea— ha dicho*: "Este es el Jardín que os he dado como heredad" (C. 7:43); "Éste es el Jardín que daremos en herencia a aquellos de Nuestros siervos que hayan temido (*taqī*) a Dios" (C. 19:63); *y ha dicho el Profeta de* las moradas de los incrédulos (*maqāmāt al-kuffār*): "cuando entren en el Fuego y no puedan salir de él..."[4]; *y ha dicho Allāh* acerca de *los que se aferran a* este bajo mundo: "Esos son los que han trocado la Dirección por el extravío" (C. 2:175)[5]. Y *según Su Palabra* el justo (*ṣāliḥ*) ha heredado la obediencia (*ṭā'a*) de la tierra: "Dijeron: '¡Acudimos obedientes! (*ṭā'i'ūn*)'" (C. 41:11)[6]; "La tierra es de Dios y

---

2. La condición de heredero incluye, pues, tres legados: conocimiento, realización práctica y, por último, estados y carismas espirituales. La condición de heredero sólo es completa si consta de estos tres aspectos. Por ello se distingue el heredero del sabio exotérico que no tiene experiencia directa de los estados.

3. Sobre este hadiz v. las referencias de *Fut.* II (OY), p. 505. El Šayj trata ampliamente acerca de esta cuestión en la introducción a *Mašāhid al-asrār*, ed. H. Taher, "Sainthood and Prophecy", *ALIF*, nº 5, 1985, El Cairo, pp. 7-38. Al tratarse de un tema delicado por lo que respecta a los teólogos exotéricos del *kalām*, Ibn 'Arabī ha considerado necesario reunir aquí un buen número de referencias escriturarias en las cuales se apoya la idea sufí de la "herencia espiritual". Hadiz citado en *Fut.* II: 564; III: 322; IV: 117; V: 522; XI: 381; XIII: 543 y XIV: 327.

4. Presumo que se trata de parte del texto de un hadiz, pero no lo he localizado.

5. "Ésos son los que han trocado la Dirección por el extravío, el perdón por el castigo. ¿Cómo pueden permanecer imperturbables ante el Fuego?" (C. 2:175). Trad. Cortés. V. también C. 2:16 donde se repite exactamente la frase citada.

6. Aleya (citada *supra* en 61-2) en que cielo y tierra manifiestan su obediencia hacia el Señor del universo. Sobre el simbolismo de la tierra, v. el ensayo de H. Corbin, *Corps spirituel et terre céleste*, París, 1979, especialmente los capítulos "La Terre qui fut créé du surplus de l'argile d'Adam [et qui est la Terre de la Vraie Réalité]" (pp. 164-172) —donde traduce el autor parte del cap. VIII de *Fut.*— y "En quel sens le corps du croyant fidèle est la Terre de son paradis" (pp. 250-266), —donde traduce pasajes de la obra en persa *K. Iršād al-'awāmm* del Šayj Muḥammad Karīm Jān Kirmānī (m. 1870/1288), de la escuela šayjí—. V. *Cuerpo espiritual*.

Por ello hay una relación directa entre el temor de Dios por parte del siervo (*taqwà*) —al cual se refieren las aleyas 19:63 y 7:128 aquí citadas— y la herencia del Jardín original (*awraṭtumū-hā*, 7:43, está en tiempo perfectivo) —cuerpo arquetípico dado en herencia desde su origen—, la Tierra de Dios que heredará el hombre como cuerpo espiritual.

se la da en herencia a quien Él quiere de entre Sus siervos. Él *buen* fin es para los que temen (*muttaqūn*) *a Dios*" (C. 7:128)[7].

---

7. "Moisés dijo a su pueblo: '¡Implorad la ayuda de Dios y tened paciencia! La tierra es de Dios y se la da en herencia a quien Él quiere de Sus siervos. El [buen] fin es para los que temen a Dios'" (C. 7:128). Trad. Cortés.

(98) *Al-Rašīd*

EL DIRECTOR, EL CONDUCTOR
EL ENCAMINADOR

1. Dependencia (*ta'alluq*): Tienes necesidad de Él —Glorificado sea— para que te conduzca por *el camino recto* (*aršada*) hacia aquello en que reside tu felicidad *perdurable* (*sa'āda*).

2. Realización (*taḥaqquq*): *El Conductor* es el Mentor (*muršid*) *que te orienta rectamente* hacia los fines *más* elevados (*ma'ālī l-umūr*)[1]. Ha dicho Dios —Enaltecido sea—: "Antes dimos a Abraham su rectitud (*rušd*)"[2].

3. Adopción (*tajalluq*): El orientador (*rašid*) de entre los siervos es el que previamente ya ha conocido las cuestiones *elevadas* (*umūr*) y las ha realizado y verificado, de tal modo que, *como resultado de su conocimiento*, hace lo que conviene hacer, cuando es conveniente y según convenga hacerlo, y evita lo que conviene dejar, cuando y como conviene.

---

1. Es decir, hacia los sublimes objetos.

2. El texto completo de la aleya dice así: "Antes, dimos a Abraham, a quien conocíamos, la rectitud" (C. 21:51). Trad. Cortés.

(99) *Al-Ṣabūr*

EL PACIENTE, EL CONSTANTE
EL PERSEVERANTE

1. Dependencia (*taʿalluq*): Tienes necesidad de Él —Glorificado sea— para que no cese de otorgarte Su gracioso don (*niʿma*) de salud y prosperidad (*ʿāfiya*) en tu religiosidad (*dīn*), en tu *vida en este* mundo y en tu vida postrera.

2. Realización (*taḥaqquq*): El Paciente, nombre *morfológicamente* intensivo, es el que, aun siendo muy molestado, se contiene *a sí mismo* absteniéndose por su mansedumbre, aunque tenga capacidad para tomarla, de cualquier *posible* represalia.

Dios ha dicho: "A los que molestan a Allāh y a Su Enviado..."[1], de modo que por Su mansedumbre (*ḥulm*) a pesar de Su poder —Enaltecido sea— para hacerlo, se abstiene de tomar represalia de sus agravios en el acto.

3. Adopción (*tajalluq*): El paciente (*al-ṣabūr*) de entre los siervos es quien, ante la nocividad o agresividad (*aḏāya*) de *otros* hombres (*jalq*) hacia él, se contiene a sí mismo absteniéndose (*ḥabasa nafsahu ʿan*) de cualquier represalia hacia ellos y de la venganza por el castigo —si fuera capaz de tal cosa—, o bien absteniéndose de maldecirles o desearles mal alguno —*si no lo fuera*— rogando por el contrario *en estos términos*: "¡Señor nuestro! ¡Perdona a los míos, pues son ignorantes!". En esto consiste, pues, la adopción *de este nombre*.

En un sentido distinto al de la adopción, el perseverante (*al-ṣabūr*) es quien persevera en las fatigas de las obras de adoración (*ʿibādāt*), tales como la completa realización de la ablución (*wuḍūʾ*) tras todo lo que causa estado de impureza ritual (*makārih*)[2] o como el sufri-

---

1. El texto completo de la aleya aclara el sentido del pasaje: "A los que molestan a Dios y a Su Enviado, Dios les ha maldecido en la vida de acá y en la otra y les ha preparado un castigo humillante" (C. 33:57). Trad. Cortés.

2. Entre las cosas que causan un estado de impureza ritual, tras las cuales se requiere por tanto la ablución, se cuentan el contacto con la sangre, la eliminación de orina, el contacto sexual... Otras cosas, como la eyaculación, requieren un completo baño purificador, la ablución mayor o *igtisāl*. Ibn ʿArabī dedica a las cuestiones relati-

miento provocado por la hostilidad de los enemigos de *la causa de Dios* —Enaltecido sea— y el enfrentamiento (*muḥāraba*) con ellos, tanto en el exterior como en el interior.

"Y Allāh dice la Verdad (*ḥaqq*) y guía por el Camino" (C. 33:4)[3].

vas a la pureza (*ṭahāra*) el extenso cap. 68 de *Fut.* (I, pp. 329-386), traducido al inglés por Eric Winkel, *Mysteries of Purity*, Notre Dame, Indiana, 1995.

3. Esta sentencia coránica es una de las más recurrentes en la obra de Ibn ʿArabī que la cita con significativa frecuencia —por ejemplo, casi cien veces en el capítulo 558 de *Fut.*— para concluir apartados o capítulos de sus obras o, como en este caso, para dar fin a un tratado completo. Ya he hablado acerca de algunos significados de esta frase (cf. "On the Divine Love of Beauty", *JMIAS*, XVIII, p. 19 y nota 20), señalando el carácter inclusivo y totalizador de sus términos.

Dice la aleya: "Dios no ha puesto dos corazones en el pecho de ningún hombre. [...] Ni ha hecho que vuestros hijos adoptivos sean vuestros propios hijos. Eso es lo que vuestras bocas dicen. Dios, empero, dice la verdad y conduce por el Camino" (C. 33:4). Trad. Cortés.

Se contrapone la palabra humana que incluye la falsedad a la Palabra divina en que ésta no tiene cabida. Con estas palabras finales, Ibn ʿArabī parece indicar que su discurso, en tanto que exégesis inspirada de la Palabra divina, está fundado en la Verdad y es guía fidedigna del Camino espiritual, y que el lector, en última instancia, ha de dejarse guiar de la Palabra divina, de la que él es sólo intérprete.

III. CONCLUSIÓN

Se ha cumplido y completado el propósito (*garaḍ*) del dictado (*imlāʾ*) sobre esta disciplina (*fann*). Nos hemos limitado en este tratado a *comentar* los nombres cuya explicación incluyó Abū Ḥāmid al-Gazālī —que Dios lo tenga en Su misericordia— en su obra *al-Maqṣad al-asnà*, y "la alabanza es de Allāh, Señor de los mundos" (C. 1:2).

Y *el dictado de este tratado* tuvo lugar en la *zāwiya* del Imām Abū Ḥāmid [al-Gazālī], situada en la parte norte de la mezquita aljama de Damasco (*šimālī ŷāmiʿ Dimašq*), en el mes de Ramadán del año 621 de la Hégira[1], en respuesta a la solicitud (*isʿāf*) de quien nos pidió que tratáramos la cuestión, nuestro compañero (*ṣāḥib*) el alfaquí e imām Šaraf al-Dīn Abū Muḥammad ʿAbd al-Wāḥid b. Abū Bakr b. Sulaymān al-Ḥamawī —que Dios ilumine su visión interior (*baṣīra*) y nos ayude a alcanzar aquello a lo que aspiramos—.

Que Dios bendiga y salve a nuestro señor Muḥammad, Sello de los profetas (*jātm al-nabiyyīn*) y a su linaje y a sus compañeros todos.

---

1. Es decir, entre el 16-IX-1224 y el 15-X-1224 d.C., fecha de la última redacción conocida del tratado. V. en la Introducción, el apartado IV. 3, pp. 24-26.

COMENTARIO A LOS
MÁS BELLOS NOMBRES DIVINOS

شرح الأسماء الحسنى

(Šarḥ al-Asmā' al-Ḥusnà)

INTRODUCCIÓN

En esta segunda parte —a la cual se remite en otros apartados con el término *Šarḥ*—, se presenta la traducción íntegra de un texto del cap. 558 de *Futūḥāt* sobre los Nombres de Dios[1]. En este sucinto comentario, Ibn ʿArabī sigue básicamente la lista tradicional de los 99 Nombres transmitida por Walīd b. Muslim al-Dimašqī, según la versión de Tirmiḏī[2], pero no ajustándose a ella estrictamente, como en el caso de *Kašf al-maʿnà*, sino insertando algunos nombres más que no figuran en ella (*al-Rabb, al-Gāfir, al-Ŷawād, al-Sajī, al-ʿĀlim, al-ʿĀllām*), suprimiendo otros (*Mālik al-mulk, Ḏū l-ŷalāl wa-l-ikrām*), agrupando en pares asociados nombres que se cuentan independientemente en la lista de Walīd (*al-Muʿizz al-Muḏill, al-Qawī al-Matīn, al-Wāḥid al-Aḥad, al-Muqaddim al-Muʾajjir, al-Awwal al-Ājir, al-Ẓāhir al-Bāṭin, al-Ḍārr al-Nāfiʿ*), o bien cambiando su posición respecto al orden más habitual (*al-Wālī, al-Mutaʿālī, al-Badīʿ, al-Māniʿ*), a menudo para agrupar nombres sucesivos de la misma raíz o análogo significado (tal es el caso de *al-Gafūr* y *al-Karīm*). Especialmente relevantes —como variante a la lista de Walīd— resultan las secuencias de los nombres de raíces *g-f-r* y *ʿ-l-m* y la agrupación de los nombres relacionados con la noción de 'don divino' (*al-Wahhāb, al-Karīm, al-Ŷawād, al-Sajī, al-Razzāq*).

Si en los siete pares de nombres asociados se contara cada par como un solo nombre tendríamos 96 nombres y, si se contaran los dos nombres de cada par separadamente, 103 en total. El cómputo general se resuelve si se cuenta cada una de las dos secuencias de tres nombres de raíz *g-f-r* y *ʿ-l-m* como un único nombre. El resultado total, contando los nombres asociados en pares independientemen-

---

1. Cf. *Fut.*, IV, pp. 322-326. Puede también consultarse la ed. de M. Maḥmūd al-Gurāb, *al-Fiqh ʿinda l-Šayj al-Akbar...*, Damasco, 1981, pp. 102-109, tomada directamente de la anterior, aunque con errores y omisiones, la cual, de hecho, no aporta más que la puntuación —que facilita la lectura— y el entrecomillado de hadices y citas coránicas —cosa que omite en varios apartados (v., p. ej., nº 48 y nº 54) y, en ocasiones, equivoca (v. *al-Ḥakīm*, p. 105)— sin referencia alguna, pues no tiene anotaciones. Este texto se ha cotejado también con el manuscrito autógrafo de *Fut.* conservado en el Türk Islam Eserleri Müzesi (Evkaf Musesi 1877), libro 33, ff. 119a-127a, a cuya numeración remito en ocasiones.

2. Cf. Gimaret, *Noms*, pp. 73-77.

te, es entonces de 99 (103 – 4 = 99), y éste es el método que —en conformidad con la tradición de los 99 nombres— se ha seguido aquí para la numeración[3].

En esta aportación akbarí se pone de manifiesto el celo de Ibn ʿArabī por diferenciar los matices de los rasgos que caracterizan cada nombre. Aunque desde la perspectiva de la Unidad esencial todos los nombres designan un mismo 'nombrado', desde la perspectiva de la diversidad no hay dos sinónimos idénticos.

A las traducciones de los nombres pueden añadirse en muchos casos adjetivos, adverbios, sufijos o prefijos que expresen superioridad, perfección, excelencia, etc., tales como Super-, Omni-, el superlativo -ísimo, supra-, Todo..., Más..., Infinitamente..., Muy..., Perfectamente..., Auto..., etc. También puede expresarse el significado de un Nombre con sintagmas o frases verbales complejas de carácter explicativo, pero aquí se ha optado por buscar nombres simples que se aproximen lo más posible al contenido semántico y a la forma gramatical del nombre árabe original.

Diversas acepciones de un nombre requieren varias traducciones castellanas. Aunque se añaden otras que amplían la comprensión de su significado, se ha procurado que las variantes de traducción de un nombre se ajusten a la explicación dada por Ibn ʿArabī en este texto, a lo largo del cual el Šayj al-Akbar responde a una misma cuestión subyacente, implícita en la propia estructura de la respuesta.

A la doble pregunta tácita "¿cuáles son Sus Nombres y por qué tiene —e. d. qué significa con relación a Él— cada uno de estos Nombres?", Ibn ʿArabī responde: "El es *tal nombre* por *tal y cual cosa*". Generalmente introduce la explicación con expresiones afines como 'por', 'porque', 'en cuanto a', 'con relación a' (*bi-*, *li-*, *bi-kawni-Hi*, *min ḥaytu*, *bi-nisba*...), etc., aunque en ocasiones sigue al nombre una definición directa. Así que esta fórmula omitida "¿Por qué Se llama [nombre]? Se llama [nombre] porque..." podría —con ciertas variantes— anteponerse a cada explicación. Las traducciones propuestas se han añadido en negrita tras la transcripción de los términos árabes. Otras posibilidades pueden consultarse en los correspondientes capítulos de *Kašf al-maʿnà*.

---

3. La numeración no coincide con la de *Kašf*. La correspondencia ha de hallarse pues consultando el índice alfabético de correspondencias.

ORDEN DE LOS NOMBRES

(1) *Allāh*   (2) *al-Raḥmān*   (3) *al-Raḥīm*   (4) *al-Rabb*   (5) *al-Malik* (6) *al-Quddūs* (7) *al-Salām* (8) *al-Mu'min* (9) *al-Muhaymin* (10) *al-ʿAzīz* (11) *al-Ŷabbār* (12) *al-Mutakabbir* (13) *al-Jāliq* (14) *al-Bāri'* (15) *al-Muṣawwir* (16.1) *al-Gaffār* (16.2) *al-Gāfir* (16.3) *al-Gafūr* (17) *al-Qahhār* (18) *al-Wahhāb* (19) *al-Karīm* (20) *al-Ŷawād* (21) *al-Saŷī* (22) *al-Razzāq* (23) *al-Fattāḥ* (24.1) *al-ʿAlīm* (24.2) *al-ʿĀlim* (24.3) *al-ʿAllām* (25) *al-Qābiḍ* (26) *al-Bāsiṭ* (27) *al-Rāfiʿ* (28) *al-Jāfiḍ* (29-30) *al-Muʿizz al-Muḏill* (31) *al-Samīʿ* (32) *al-Baṣīr* (33) *al-Ḥakam* (34) *al-ʿAdl* (35) *al-Laṭīf* (36) *al-Jabīr* (37) *al-Ḥalīm* (38) *al-ʿAẓīm* (39) *al-Šakūr* (40) *al-ʿAlī* (41) *al-Kabīr* (42) *al-Ḥafīẓ* (43) *al-Muqīt* (44) *al-Ḥasīb* (45) *al-Ŷalīl* (46) *al-Raqīb* (47) *al-Muŷīb* (48) *al-Wāsiʿ* (49) *al-Ḥakīm* (50) *al-Wadūd* (51) *al-Maŷīd* (52) *al-Bāʿiṯ* (53) *al-Šahīd* (54) *al-Ḥaqq* (55) *al-Wakīl* (56-57) *al-Qawī al-Matīn* (58) *al-Walī* (59) *al-Ḥamīd* (60) *al-Muḥṣī* (61) *al-Mubdi'* (62) *al-Muʿīd* (63) *al-Muḥyī* (64) *al-Mumīt* (65) *al-Ḥayy* (66) *al-Qayyūm* (67) *al-Wāyid* (67-68) *al-Wāḥid al-Aḥad* (70) *al-Ṣamad* (71) *al-Qādir* (72) *al-Muqtadir* (73-74) *al-Muqaddim al-Mu'ajjir* (75-76) *al-Awwal al-Ājir* (77-78) *al-Ẓāhir al-Bāṭin* (79) *al-Barr* (80) *al-Tawwāb* (81) *al-Muntaqim* (82) *al-ʿAfū* (83) *al-Ra'ūf* (84) *al-Wālī* (85) *al-Mutaʿālī* (86) *al-Muqsiṭ* (87) *al-Ŷāmiʿ* (88) *al-Ganī* (89) *al-Mugnī* (90) *al-Badīʿ* (91-92) *al-Ḍārr al-Nāfiʿ* (93) *al-Nūr* (94) *al-Hādī* (95) *al-Māniʿ* (96) *al-Bāqī* (97) *al-Wāriṯ* (98) *al-Rašīd* (99) *al-Ṣabūr*.

TRADUCCIÓN

En el Nombre de Dios,
el Omnicompasivo, el Misericordioso

(1) Él es ***Allāh*** —ensalzado y exaltado sea— por cuanto se refiere a Su Ipseidad (*huwiyya*) y a Su Esencia (*ḏāt*).

(2) *al-Raḥmān*, el **Omnicompasivo**, por la universalidad de Su omnímoda gracia (*raḥma*) que todas las cosas comprende.

(3) *al-Raḥīm*, el **Misericordioso**, en virtud de aquello a lo cual Se obliga en favor de Sus siervos contritos [119b][1].

(4) *al-Rabb*, el **Señor**, por los bienes que ha existenciado para Su creatura (*jalq*).

(5) *al-Malik*, el **Rey**, con relación a Su soberanía sobre los cielos y la tierra, en tanto que Dueño (*malīk*) y Señor (*rabb*) de todas las cosas.

(6) *al-Quddūs*, el **Santísimo**, por Su Palabra: "Y no han valorado a Allāh en Su verdadero valor" (C. 39:67)[2], y por Su transcendencia (*tanzīh*) respecto a todo cuanto se Le atribuye.

(7) *al-Salām*, la **Paz**, la **Salud**, por Su incolumidad respecto a todo lo que se refiere a Él, de cuanto es execrable que Sus siervos Le adscriban.

(8) *al-Mu'min*, el **Fiel**, el **Salvaguarda**, con relación a lo que Sus siervos declaran fidedigno[3], y por la salvaguardia (*amān*) que les otorga cuando cumplen Su pacto *primordial* (*ʿahd*).

---

1. He añadido entre corchetes la numeración que corresponde al ms. autógrafo de *Fut.* cuyo texto se reproduce en edición facsímil reducida a continuación de la edición crítica de *Kašf* en la 1ª edición de esta obra (ERM, 1997).

2. V. *infra* la nota sobre esta aleya en nº 25, a cuyo texto alude también lo que sigue.

3. O bien, 'porque es verídico con Sus siervos'.

(9) *al-Muhaymin*, el **Celador**, el **Amparador** de Sus siervos en la totalidad de los estados en que se encuentren, ya sean favorables o adversos[4].

(10) *al-ʿAzīz*, el **Poderoso**, el **Triunfador**, por Su victoria sobre quien trata de vencerLe o enfrentarse a Él, ya que es invencible e incombatible, y por la imposibilidad de oponerse a Él, dada la elevación de su santidad.

(11) *al-Ŷabbār*, el **Avasallador**, el **Constrictor**, por aquello a lo que compele a Sus siervos tanto en sus necesarias obligaciones como en la elección *de su albedrío*, pues ellos están en Su puño.

(12) *al-Mutakabbir*, el **Altivo**, por lo que ocurre a las almas débiles como resultado de Su descenso (*nuzūl*) a ellas, *cuando desciende* ocultando sus sutiles bondades a quien pretende aproximarse *a Él* por medio de la definición y la cantidad, *recurriendo a referencias tales como* palmo (*šibr*), codo, braza, premura (*harwala*), deferencia[5], contento, admiración, risa y cosas semejantes a éstas[6].

(13) *al-Jāliq*, el **Creador**, por la predeterminación (*taqdīr*)[7] y la existenciación (*īŷād*) *de cuanto existe*.

(14) *al-Bāri'*, el **Productor**, por las creaturas[8] que ha existenciado a partir de los elementos.

(15) *al-Muṣawwir*, el **Modelador**, el **Formador**, el **Artífice**, por las formas que revela en el Polvo *primordial* (*habā'*) y por las formas de la teofanía (*taŷallī*) que revela a los ojos de aquellos ante quienes

---

4. Lit. 'ya sean a su favor o en contra de ellos'. Expresión referida especialmente a la cualidad de los estados con relación a su valor en la Balanza donde se pesarán las obras.

5. El texto dice *tabšīš* en lugar de *tabaššuš*. Sobre esta noción v. Maḥmūd Gurāb, *al-Fiqh ʿinda l-Šayj al-Akbar*, p. 129.

6. Sobre estos términos, todos ellos referidos a Dios en diversos hadices o pasajes coránicos, v. los comentarios de Ibn ʿArabī recopilados por Maḥmūd Gurāb, *Ibid.*, pp. 126-134. Se refiere aquí el autor a la actitud de los antropomorfistas.

7. V. Chittick, *SPK*, p. 389, nota 16. La predeterminación consiste en establecer y predefinir los estados de las cosas antes de que cobren existencia. Cf. S. Ḥakīm, *Muʿŷam*, pp. 426-27.

8. Los seres elementales engendrados por composición de los cuatro elementos (*muwalladāt-al-arkān*).

se epifaniza[9] y que a Sí mismo atribuye, tanto las que se ignoran como las que se conocen, tanto las que son comprensibles y como las que son inabarcables.

(16.1) *al-Gaffār*, el **Velador**, por aquellos, de entre Sus siervos, a quienes protege[10] y vela.

(16.2) *al-Gāfir*, el **Dispensador**, porque a Él se refiere la afable facilidad (*yasīr*) [120a].

(16.3) *al-Gafūr*, el **Perdonador**, el **Que cubre**, por los velos (*sutūr*) que deja caer, tanto *por medio* de seres *compuestos* engendrados (*akwān*) como de lo no engendrado (*gayr akwān*).

(17) *al-Qahhār*, el **Opresor**, el **Dominador** de quien por ignorancia disputa con Él y no se arrepiente.

(18) *al-Wahhāb*, el **Magnánimo**, el **Dador**, por los dones con que graciosamente ha favorecido *a Sus siervos* para agraciar*les*, no como remuneración, ni con el objeto de ser agradecido o recordado por ello.

(19) *al-Karīm*, el **Generoso**, el que concede a Sus siervos lo que Le han pedido.

(20) *al-Ŷawād*, el **Próvido**, el que da antes de la solicitud para que Le agradezcan, de modo que —*en retribución a su agradecimiento*— aumente *la provisión*, y Le rememoren, de manera que les retribuya *por ello acordándose de ellos*.

(21) *al-Saŷī*, el **Cumplidor**, el **Pagador**, porque otorga a cada cosa su creación (*jalq*) y cumple con su derecho (*ḥaqq*).

(22) *al-Razzāq*, el **Proveedor**, el **Provisor**, el **Sustentador**, por las provisiones y el sustento que brinda a cuantos requieren alimen-

---

9. Aquí el pronombre, en masc. pl., parece referirse no obstante a las 'formas' (fem. pl.), en tal caso, 'formas humanas' a imagen, entiéndase, de la forma divina (v. el hadiz relativo a la 'forma' en *Kašf*, 4-3 y 9-3). El Formador es el que 'abre' o 'ilumina', es decir, el que hace aflorar las formas en la Materia Prima y revela las formas teofánicas a [lit. 'en'] los ojos de quien —según otra lectura— se revela ante tales formas *humanas*, es decir, en Sus propios ojos. V. el hadiz citado en *Kašf*, 4-3 y 69-3, según el cual Él es el ojo con que el siervo al que ama ve.

Hay una alusión implícita al Hadiz de la Transformación, comentado en la introducción de *Kašf*.

10. Con la idea implícita de protegerles cubriéndoles con una cortina.

to, ya sean minerales, vegetales, animales o seres humanos, independientemente de cuál sea su condición, ya sean creyentes o incrédulos.

(23) *al-Fattāḥ*, el **Revelador**, el **Que abre**, porque abre las puertas de las bendiciones, del castigo y de la pena.

(24.1) *al-ʿAlīm*[11], el **Sapientísimo**, el **Omnisciente**, por la abundancia de Sus conocimientos[12];

(24.2) *al-ʿĀlim*, el **Conocedor**, el **Sabedor** de Su propia Unidad esencial (*aḥadiyya*);

(24.3) *al-ʿAllām*, el **Omnisapiente**, el **Omniscio**, el **Conocedor** de lo oculto (*al-gayb*)[13], lo cual es un vínculo específico privativo (*taʿalluq jāṣṣ*) *de este nombre. El invisible reino de* lo oculto es infinito, mientras que el reino de lo manifiesto (*šahāda*) es finito, ya que la existencia (*wuŷūd*), según el parecer de algunos pensadores especulativos, es la causa del testimonio presencial (*šuhūd*) y de la visión (*ruʾya*). Sea como fuere, el mundo del testimonio (*šahāda*) tiene un carácter particular (*juṣāṣ*). Así pues, quien postula que la causa de la visión es la predisposición (*istiʿdād*) de lo visible, el objeto de la visión (*marʾī*), *tenga en cuenta que* no puede contemplarse (*mašhūd*) sino la *divina* Realidad (*al-Ḥaqq*), los posibles existenciados y los que aún no han sido existenciados, y aparte queda lo imposible (*muḥāl*) que, en tanto que conocimiento omiso no manifestado, no entra en el dominio de la visión y del testimonio.

(25) *al-Qābiḍ*, el **Ceñidor**, el **Perceptor**, así llamado (1)por hallarse las cosas en Su puño (*qabḍa*) *según Su Palabra*: "...y la tierra toda

---

11. El esquema morfológico *faʿīl* es ambivalente y puede tener tanto un sentido activo correspondiente al expresado por el part. act. *faʿil* (v. *infra* 'ʿālim') como un sentido pasivo, correspondiente a la forma *mafʿūl*. Como pone de manifiesto M. Chodkiewicz: "De cette ambivalence des Noms divins en *faʿīl* mentionnés dans le Coran, Ibn ʿArabī tirera d'ailleurs des conséquences doctrinales majeures en montrant que, par example, *al-ʿĀlim* (...) désigne Dieu en tant qu'Il est à la fois *al-ʿālim* (Celui qui sait) et *al-maʿlūm* (Celui qui est su): le seul Connaissant et le seul Connu en toute chose connue" (*Océan*, p. 37). Cf. *Fut.* III, p. 300. V. *infra*, nº 59 (*al-Ḥamīd*). El tercer nombre de la raíz, *al-ʿAllām*, es forma intensiva.

12. Lit. 'por la abundancia de las cosas sabidas por Él' o, forzando la lectura, 'de Él' (*kaṯrat maʿlūmāti-Hi*).

13. V. C. 59:22.

entera será Su puño *el Día de la Resurrección*" (C. 39:67)[14], y porque "la limosna (*ṣadaqa*) va a la mano del Compasivo (*yad al-Raḥmān*) *antes de llegar a la mano del mendicante*"[15], de modo que *el Perceptor* la recoge.

(26) *al-Bāsiṭ*, el **Abastecedor**, el **Munificente**, por cuanto sustento abastece —cuya provisión no conlleva iniquidad— que es la consabida cantidad predeterminada (*qadr maʿlūm*)[16], pues Él —Enaltecido sea— toma y retiene de ella [120b] lo que quiere, por lo que de prueba *y estímulo* (*ibtilāʾ*) implica y por el beneficio (*maṣlaḥa*) implícito *de tal retención*, y provee de ella lo que quiere, por lo que de prueba y utilidad *tal provisión* contiene.

(27) *al-Rāfiʿ*, el **Exaltador**, porque está en Su mano —Enaltecido sea— la Balanza cuya justa medida (*qisṭ*) alza y hace descender: *el Exaltador* eleva para otorgar soberanía, exaltar y enriquecer a quien Él quiere.

(28) *al-Jāfiḍ*, el **Humillador**, el **Degradador**, porque destituye y aparta la soberanía de quien quiere, abate a quien quiere y empobrece a quien quiere; en Su mano está el Bien (*jayr*) —que es la Balanza— y cumplidamente satisface los derechos de los merecedores, lo cual en esta circunstancia no deriva del proceder operativo del don gratuito (*muʿāmalat al-imtinān*), sino del cumplimiento y pago de lo debido (*istīfāʾ al-ḥuqūq*), que es un aspecto parcial de la gracia general (*imtinān*) cuyo alcance es más universal.

(29-30) *al-Muʿizz al-Muḍill*, el **Ennoblecedor** y **Envilecedor**, el **Honrador** y **Humillador**, pues ennoblece *a Su siervo* con la obediencia (*ṭāʿa*) a Él y *le* envilece con la oposición (*mujālafa*) a Él. En este mundo (*dunyā*) honra con la riqueza que da a aquel a quien la da, con lo que de certeza (*yaqīn*) a los Suyos otorga y con la autoridad (*riʾāsa*), el gobierno (*wilāya*) y la capacidad de disposición (*taḥakkum*) con que agracia *a sus siervos* en el cosmos (*ʿālam*) en la ejecución de la palabra y del poder. *Y llámase al-Muḍill* por aquello con lo cual humilla a los tiranos opresores y a los soberbios, y por aquello con lo cual humilla en la vida mundana a algunos de los creyentes (*muʾminūn*)

---

14. La aleya completa dice: "No han valorado a Allāh debidamente. El día de la Resurrección, contendrá toda la tierra en Su puño, los cielos estarán plegados en Su diestra. ¡Gloria a Él! Está por encima de lo que Le asocian". Trad. Cortés. V. *supra* nº 6.

15. V. la nota a este mismo hadiz en *Kašf*, 21-2.

16. V. *infra* nº 86.

para honrarles *después* en la Última Vida (*ājira*) y con lo cual rebaja también a aquellos a quienes, por su fe y su obediencia, hace herederos de la modestia y de la humildad (*ḏilla*) en este mundo[17].

(31) *al-Samīʿ*, el **Oidor**, el **Omnioyente** que escucha las súplicas de Sus siervos cuando Le invocan y ruegan en sus necesidades, de modo que *necesariamente* les responde en virtud de Su nombre el Oyente, pues Él mismo —Enaltecido sea—, al referirse a la escucha, aludió *a la obligación de responder, sancionando a quienes, en realidad, no escuchan*, con estas palabras: "No seáis como los que dicen 'Hemos escuchado' y no escuchan" (C. 8:21)[18]. Sabido es que, *en el contexto al que se refieren estas palabras*, aunque sí habían oído la llamada de Dios (*daʿwat al-Ḥaqq*) con sus oídos, no obstante, no respondieron a la convocatoria[19]. Así es como el Verdadero, en tanto que Oyente, trata con Sus siervos recíprocamente[20].

(32) *al-Baṣīr*, el **Veedor**, el **Omnividente**, es el que ve todo lo concerniente a Sus siervos, según manifestó cuando dijo a Moisés y Aarón: "Yo estoy con vosotros, escuchando y viendo" (C. 20:46), y *antes* les dijo: "¡No temáis!"[21] [121a], ya que Su vista (*baṣar*) confiere la salvaguardia (*amān*) *al siervo cuando le mira*, pues éste es el significado de *al-Baṣīr*, y no sólo que lo contempla y ve sin más: Ya lo asista o desampare, tanto si se cuida de él con solicitud como si *en apariencia* le descuida y abandona, Él está viendo *al siervo* en su realidad esencial (*ḥaqīqa*).

---

17. Se refiere aquí a la perfecta realización de la servidumbre (*ʿubūdiyya*), morada espiritual propia de los "herederos". Alude el Šayj a una sentencia que cita en varios pasajes: "Abū Yazīd, quien se cuenta entre la Gente de la Develación, refirió que en una de sus visiones Dios le dijo: 'Acércate a Mí por medio de aquello que Yo no tengo: humildad (*ḏilla*) y pobreza'". *Fut.* III, p. 316. Sobre otras referencias a comentarios de Ibn ʿArabī acerca de esta sentencia, v. Chittick, *SPK.* p. 387, nota 11.

18. J. Cortés traduce: "No hagáis como los que dicen: '¡Ya hemos oído!', sin haber oído".

19. O bien, 'exhortación'. De este texto se desprende que, tal como el autor la entiende —basándose en el pasaje coránico—, la verdadera escucha integra también la consiguiente respuesta, sin la cual no es escucha completa.

20. Ibn ʿArabī emplea aquí la forma de reciprocidad de la raíz *ʿ-m-l* para significar que la escucha y la respuesta son mutuas: si el siervo responde, Dios responde.

21. Parte de la misma aleya: "Dijo: '¡No temáis! Yo estoy con vosotros, oyendo y viendo'" (C. 20:46). Trad. Cortés.

(33) *al-Ḥakam*, el **Juez**, el **Árbitro**, por las sentencias con que dispone y distingue entre los siervos en el Día de la Resurrección (*yawm al-qiyāma*), y por cuantas disposiciones prescritas *en la revelación* (*aḥkām mašrū'a*) y cuantas confidencias instituidas como ley ha revelado al mundo; todo ello es parte del nombre *al-Ḥakam*.

(34) *al-'Adl*, el **Justo**, el **Equitativo**, porque decide según la justa verdad (*ḥaqq*) y por haber establecido la religión monoteísta *primigenia* (*al-milla al-ḥanīfiyya*)[22]. Según Su Palabra "dijo [el Enviado]: '¡Señor mío, decide según la justa verdad (*ḥaqq*)!'" (C. 21:112)[23], con lo cual toma partido por Él[24] ya que, *por otro lado*, ha establecido una disposición con relación al deseo pasional (*hawà*) en virtud de la cual quienquiera que se deje llevar por éste se extravía de la Senda de Allāh.

(35) *al-Laṭīf*, el **Sutil**, el **Bondadoso**, el **Benevolente** con sus siervos, a quienes hace llegar la curación (*'āfiya*) *cuando están enfermos* por medio de remedios *que en ocasiones son* desagradables. No hay nada más velado, a título de ejemplo, que el sutil principio curativo contenido en aquellos remedios que, siendo dolorosos, producen sin embargo salud (*šifā'*) y descanso. No hay huella alguna *de su efecto benéfico* en el momento de emplear el remedio (*dawā'*) ya que, aunque sepamos que su empleo produce la sanación, no podemos sentir, debido a su sutileza (*laṭāfa*), ese imperceptible principio sanador. *Esto con relación al aspecto de la sutileza.*

Por otra parte, al aspecto de Su benevolencia (*lutf*) corresponde Su 'oculta presencia efectiva' (*sarayān*) en los actos de *todos* los seres existentes (*mawŷūdāt*), a la cual se refiere Su Palabra: "Allāh os

---

22. Emplea aquí el Šayj el término *ḥanīfiyya* aludiendo a "la religión de Abraham, que fue *ḥanīf* no asociador" (C. 2:135). Dice otra aleya: "¡Profesa la Religión como *ḥanīf* según la naturaleza primigenia (*fiṭra*) que Dios ha puesto en los hombres! [...]" (C. 30:30). Para consultar otras ocurrencias coránicas del término —doce en total—, v. Cortés, *El Corán*, p. 768.

23. Cambio en traducción la expresión *qul*, 'di', que aparece tanto en el ms. autógrafo como en ambas ediciones citadas *supra*, por *qāla* 'dijo', según el texto coránico: "Dice [lit. 'dijo' Muḥammad]: '¡Señor, decide según justicia! Nuestro Señor es el Compasivo, Aquel Cuya ayuda se implora contra lo que contáis [de Dios]'" (C. 21:112). Trad. Cortés.

24. O bien, lit. 'lo cual es una inclinación (*mayl*) hacia ella'. La ambigüedad del pronombre permite ambas lecturas. En definitiva, la justa verdad (*ḥaqq*) es Él, el Verdadero (*al-Ḥaqq*).

ha creado a vosotros y [ha creado todo] cuanto hacéis" (C. 37:96)[25]. Nosotros, sin embargo, no vemos las obras sino como obras de las criaturas mismas, aunque sepamos que *en realidad* el autor (*ʿāmil*), el único agente que realiza tales obras, es sólo Allāh, lo cual, si no fuera por Su benevolente gracia (*luṭf*) *que por cortesía lo vela*, podría presenciarse.

(36) *al-Jabīr*, el **Sagaz conocedor**, el **Informado**, el **Examinador**, por lo que sabe de Sus siervos por experiencia al ponerles a prueba. A esta prueba experiencial (*ijtibār*) se refiere Su Palabra: "*Hemos de probaros* de modo que sepamos" (C. 47:31)[26]. De esta manera comprueba si Le atribuimos el acontecer del saber (*ḥudūṯ al-ʿilm*) o no[27]. Observa también esta otra gentileza (*luṭf*) divina: *por la analogía entre ambas cortesías* Allāh ha unido el nombre *al-Jabīr* al nombre *al-Laṭīf* diciendo *en el Corán*: "el Sutil, el Informado (*al-Laṭīf al-Jabīr*)" (C. 6:103)[28].

(37) *al-Ḥalīm*, el **Clemente**, el **Indulgente**, el **Manso**, es el que concede un plazo *con indulgencia y mansedumbre* (*amhala*), sin ser descuidado o negligente (*mā ahmala*) ni apresurarse a castigar a quien obra mal por ignorancia, aunque éste tenga capacidad para saber *acerca de su error* [121b] y pueda preguntar y observar para aprender.

(38) *al-ʿAẓīm*, el **Inconmensurable**, *que está* en los corazones de los gnósticos[29], aquellos que verdaderamente Le conocen.

---

25. Dice el pasaje: "¿Servís lo que vosotros mismos habéis esculpido, / mientras que Dios os ha creado, a vosotros y lo que hacéis?" (C. 37:95-96). E.d., 'los ídolos, obra de vuestra manos', o bien, 'a vosotros y vuestra obras'. Trad. Cortés. Aleya citada en *Kašf*, 7-3.

26. V. *Kašf*, 32-2.

27. E.d., si reconocemos en el acaecer del conocimiento un ejercicio cognitivo de Dios, o bien nos atribuimos a nosotros mismos la facultad y el acto de conocer, usurpando así la atribución del divino saber (*ʿilm*), atributo del cual, en tanto que siervos ontológicamente indigentes, los creyentes sólo pueden considerarse investidos, nunca dueños.

28. Así también en C. 67:14 y, sin artículo, en C. 22:63, 31:16 y 33:34. Vemos que la contigüidad de dos términos coránicos es, según los criterios hermenéuticos del Šayj, razón suficiente para considerar que entre ambos hay alguna suerte de vínculo especial, ya que en la Palabra revelada todo ha de ser necesariamente significativo y consciente.

29. O también, 'el que es Grandioso en los corazones de los conocedores'. V. el hadiz citado en *Kašf*, 5-3.

(39) *al-Šakūr*, el **Agradecido**, el **Reconocido**, por la petición (*ṭalab*) a Sus siervos de que incrementen (*ziyāda*) de entre sus obras aquellas por las cuales Él les agradece y se acuerda de ellos[30], permaneciendo, con obediencia a Él, dentro de los límites, los derechos, los mandatos y las prohibiciones que Él ha prescrito *en la Ley revelada*. Al decir "Si sois agradecidos, os daré más [de Mi gracia]" (C. 14:7)[31], establece un trato de reciprocidad con Sus siervos, por lo cual les pide, en virtud de Su nombre el 'Agradecido' (*al-Šakūr*), que se esfuercen por realizar aquello que Él les agradecerá.

(40) *al-ʿAlī*, el **Altísimo**, el **Excelso**, el **Sublime**, tanto en Su ocupación (*šaʾn*)[32] como en Su Esencia (*ḏāt*), respecto a todo cuanto se relaciona con las características (*simāt*) de la contingencia (*ḥudūṯ*) y los atributos de los accidentes (*muḥdaṯāt*).

(41) *al-Kabīr*, el **Grandísimo**, el **Magnífico**, el **Supremo, Superior** a los *ídolos* que los asociadores (*mušrikūn*) habían erigido como dioses (*āliha*).

Por ello dijo *Abraham*, el Íntimo (*al-Jalīl*) *de Allāh*, —en el pasaje en que muestra a su pueblo la prueba fehaciente (*ḥuŷŷa*)[33]— que Allāh, según su verídica afirmación, es el que *realmente* había quebrado los ídolos (*aṣnām*), adoptados como dioses *por los idólatras*, hasta hacerlos pedazos (*ŷuḏāḏ*), a pesar de la pretensión de sus adoradores *que, según otro pasaje, se excusaban* diciendo: "No los adoramos sino para que nos aproximen a Allāh en grado" (C. 39:3)[34], con lo cual *los mismos asociadores* Le atribuyeron de hecho la supremacía (*kubr*) —Enaltecido sea— sobre sus dioses.

---

30. Alusión a la aleya "¡Acordaos de Mí, que Yo Me acordaré de vosotros! ¡Dadme las gracias y no Me seáis desagradecidos!" (C. 2:152). Trad. Cortés. La rememoración (*ḏikr*) tiene por tanto un carácter de reciprocidad.

31. Citada en *Kašf*, 36-2. La forma verbal de la expresión 'os daré con creces' es de la misma raíz (*z-y-d*) del término *ziyāda*, 'incremento', antes empleado.

32. El término *šaʾn* remite a un versículo coránico, frecuentemente citado por Ibn ʿArabī con relación a la idea de la permanente renovación de la creación a cada instante, en el cual se dice que "cada día Él tiene una [nueva] ocupación (*šaʾn*)" (C. 55:29).

33. Para una mejor comprensión de este comentario es aconsejable la previa lectura del pasaje C. 21:51-73.

34. Aleya citada íntegramente en *Kašf*, 2-2.

Así pues, Abraham —con él sea la paz— dijo: "¡No! El Superior (*kabīr*) a ellos es quien lo ha hecho" (C. 21:63)[35]. En este punto hay una pausa (*waqf*)[36] y luego sigue diciendo: "¡Preguntadles al respecto, si es que son capaces de hablar!". Si hubieran tenido la capacidad de hablar, habrían reconocido su condición de siervos manifestando que Dios es el Grande, el Altísimo, el Inconmensurable.

(42) *al-Ḥafīẓ*, el **Conservador**, el **Preservador**, porque es omnicomprensivo y rodea[37] todas las cosas para preservar su existencia; pues las cosas son susceptibles de ser o no ser[38]. A aquel a quien Él —Exaltado sea— quiere existenciar y a quien *Sus nombres* dan existencia, Él se la preserva, y a quien no quiere que exista y quiere que quede en la inexistencia (*ʿadam*), le preserva la inexistencia, de modo que, en tanto que la preserve, no puede existir de manera efectiva, y puede suceder que la preserve por siempre o bien hasta un plazo determinado.

(43) *al-Muqīt*, el **Alimentador**, el **Determinador**, el **Proveedor**, por los alimentos que determina y asigna en la tierra y por las cosas que inspira (*awḥà*) en el cielo, pues Él —Exaltado sea— da [122a] el

---

35. Es decir, quien ha destruido los ídolos. Tras referirse a la destrucción de los ídolos (*aṣnām*) por parte de Abraham que "los hizo pedazos (*ŷuḏāḏ*)" (C. 21:58) dice el pasaje citado: "Dijeron: '¡Abraham! ¿Has hecho tú eso con nuestros dioses?' / '¡No!' dijo. 'El mayor de ellos (*kabīru-hum*) es quien lo ha hecho. ¡Preguntádselo, si es que son capaces de hablar!'" (C. 21:62-63). Trad. Cortés. Obsérvese que la interpretación que Ibn ʿArabī hace de esta aleya en este contexto difiere de la habitual. No considera el Šayj que la respuesta de Abraham sea un engaño y se refiera al ídolo grande mencionado en C. 21:58, como refleja la traducción de Cortés, sino que entiende que Abraham proclama la verdad, la doctrina correcta (*iʿtiqād ṣaḥīḥ*), al manifestar que verdaderamente ha sido Dios, el Grande, el Superior (*kabīr*) a los ídolos, y no él —en tanto que mero instrumento— quien los ha hecho pedazos.

36. Precisa el Šayj que en este punto hay una pausa para señalar la conveniencia de su lectura: el texto dice luego 'preguntadles', con pronombre plural, y no 'preguntadle', lo cual indica que se refiere a los ídolos rotos y no al que había quedado indemne.

37. Esta comprensividad (*iḥāṭa*), la idea de cerco que abarca y contiene todas las cosas, se representa mediante un círculo que encierra todas las esferas.

38. En el sentido de que pueden cobrar existencia (*wuŷūd*) o permanecer en estado latente en la inexistencia (*ʿadam*).

alimento (*qūt*) a todo lo sustentado[39] en conformidad con la medida predeterminada[40].

(44) *al-Ḥasīb*, el **Contador** (1), el **Suficiente** (2), pues (1) enumera las gracias (*ni'am*) que te brinda para hacerte ver Su favor y Su bondad (*minna*) contigo cuando de ello reniegas con ingratitud y, sin embargo, por Su benevolencia y generosidad, no toma represalia contigo; y (2) porque Él te basta y es Suficiente (*kāfī*) para ti con respecto a todo. No hay más dios que Él, el Omnisciente, el Juicioso (*al-'Alī al-Ḥakīm*)[41].

(45) *al-Ŷalīl*, el **Majestuoso**, porque es inaccesible y no pueden percibirLe ni la vista (*baṣar*), ni la visión interior (*baṣīra*). Él está elevado *en este sentido*, mas *por otra parte* desciende —puesto que está entre Sus siervos "dondequiera que ellos estén" (C. 58:7)— del modo que a Su gloria (*ŷalāl*) corresponde. Hasta tal punto *es esto cierto* que *según el hadiz* llega a decir en Su descendimiento (*nuzūl*): "Estaba enfermo y no Me visitaste, estaba hambriento y no Me alimentaste, tenía sed y no Me diste de beber"[42], y se revela a Sí mismo entre Sus siervos en la situación (*manzila*) de Sus propios siervos, *poniéndose en el lugar del enfermo, el hambriento y el sediento*, lo cual corresponde a la propiedad (*ḥukm*) de este nombre divino.

(46) *al-Raqīb*, (1) el **Guardián**, el **Vigilante**, (2) el **Observador**, el **Controlador**, (1) por la *permanente* ocupación de preservar Su creación (*jalq*)[43] que a Sí mismo se ha impuesto, lo cual no resulta una carga para Él en absoluto; y (2) porque hace saber a Sus siervos que, dado que Él les observa, ellos han de tener reparo y pudor de Él, de modo que no les vea en aquello que les ha vedado y no les pierda *de vista* en aquello que les ha mandado.

---

39. Lit. 'da el alimento de todo el que se alimenta (*mutaqawwit*)', ya sea el de los cuerpos o el de los corazones —que da título a la célebre obra de Abū Ṭālib al-Makkī, *Qūt al-qulūb* (El Alimento de los corazones)—, relacionado con la inspiración celeste.

40. Alusión a C. 15:21. V. *supra* nº 26 e *infra* nº 86.

41. Ambos nombres aparecen emparejados en el Corán en más de veinte ocasiones.

42. Sobre este hadiz, v. *Kašf*, 42-2 (*al-Ŷalīl*), nota 5. Esto corresponde al aspecto de Belleza del nombre 'el Majestuoso', en el cual está implícito su opuesto, el nombre 'el Hermoso'.

43. O bien, 'cuidar del hombre'.

(47) *al-Muŷīb*, el **Satisfaciente**, el **Complaciente**, el **Respondedor**, es Aquel a quien, en virtud de Su proximidad y de Su escucha[44], se dirige la invocación de Sus siervos, según *se desprende de* lo que ha comunicado acerca de Sí —*según Su Palabra*: "Cuando Mis siervos te pregunten por Mí, [di que] estoy cerca y respondo (*uŷību*) a la llamada del que ora cuando Me invoca" (C. 2:186)[45]—, al describirSe a Sí mismo como Hablante (*Mutakallim*), dado que el 'Respondedor' es quien tiene la capacidad de la respuesta (*iŷāba*), la cual consiste en atender el llamado (*talbiya*)[46].

(48) *al-Wāsiʿ*, el **Inmenso**, el **Vasto**, el **Omnicomprensivo**, el **Abarcador**, el **Liberal** que da con largueza[47], por cuanto despliega de Su gracia (*raḥma*) *omnímoda* que todo lo comprende, la cual ha sido creada (*majlūqa*), y en razón de la cual tiene compasión de todas las cosas y retira Su cólera (*gaḍab*) de Sus siervos. Observa con atención, pues hay un maravilloso secreto (*sirr*) *contenido* en Su Palabra: "Mi gracia (*raḥma*) comprende (*wasiʿat*) todas las cosas" (C. 7:156)[48] y en Su Palabra: "Todo [122b] es perecedero (*hālik*) salvo Su Faz" (C. 28:88)[49].

(49) *al-Ḥakīm*, el **Doctísimo**, el **Sapientísimo**, el **Prudente**, el **Juicioso**, el que dispone y ordena haciendo que cada cosa descienda y se manifieste según su propio rango (*manzila*), situándola en su co-

---

44. Allāh es Oyente (*samīʿ*) y está Cercano (*qarīb*). A ambos Nombres hacen alusión Sus atributos de cercanía y 'receptividad'. Con esta misma definición introduce Qūnawī su comentario al nombre *al-Muŷīb*. Cf. *Ḥaqāʾiq*, ms. Asir Efendi 431, fol. 73a.

45. Dice la aleya completa: "Cuando Mis siervos te pregunten por Mí, estoy cerca y escucho la oración del que ora cuando Me invoca. ¡Que Me escuchen y crean en Mí! Quizás, así, sean bien dirigidos" (C. 2:186). Trad. Cortés. La misma aleya se cita en *Kašf* 15 2 (*al-Muŷīb*).

46. El término *talbiya*, *maṣdar* o nombre de acción de la forma verbal *labbà*, significa "responder 'heme aquí (*labbayk*)', acudir al llamamiento, comparecer". El término alude a la plegaria islámica que comienza diciendo: "¡Señor mío, heme aquí ante ti (*labbayk*)!".

47. Lit. 'el que extiende el don (*aṭaʾ*)'. Se trata, por tanto, de otro de los nombres de 'don', con los significados de 'Liberal' y 'Enriquecedor'. Pero también significa 'el que contiene lo que despliega'.

48. Citada también en *Kašf*, 46-1 y nota 2.

49. Dice la aleya completa: "¡No invoques a otro dios junto con Dios! ¡No hay más dios que Él! ¡Todo perece, salvo Él [lit. 'salvo Su Faz (*waŷh*)']! ¡Suya es la decisión! ¡Y a Él seréis devueltos!" (C. 28:88). Trad. Cortés.

rrespondiente grado (*martaba*). Ha dicho —Enaltecido sea—: "Aquel a quien se da la sabiduría (*ḥikma*) ha recibido mucho bien (*jayr*)" (C. 2:269)[50], y ha dicho también refiriéndose a Sí mismo que en Su mano está el Bien (*jayr*)[51]. *El Profeta* —Dios lo bendiga y salve— dijo *a este respecto*: "Todo el Bien (*jayr*) está en Tus manos por entero", de modo que no resta aparte ningún otro bien *distinto que no esté en Sus manos*, mas "el daño (*šarr*) no procede de Ti"[52].

(50) *al-Wadūd*, el **Amoroso**, **El de amor constante**, el **Amigo afable** que mantiene *con constancia* Su amor a Sus siervos, sin que sus faltas de obediencia hagan mella en el precedente amor (*maḥabba*) hacia ellos, ya que *tales rebeldías* no les han sobrevenido sino por efecto de una disposición del *divino* Decreto (*qaḍāʾ*) y de la predestinación (*qadar sābiq*), mas no para producir la expulsión (*ṭard*) y el alejamiento *de la Presencia divina, pues ha dicho*: "para que Allāh perdone tus faltas precedentes y últimas" (C. 48:2)[53], de modo que el perdón (*magfira*) a los amados (*muḥabbūn*)[54] prevalece.

(51) *al-Maŷīd*, el **Noble**, el **Glorioso**, el **Honorable**, porque a Él pertenece la nobleza (*šaraf*) de todo cuanto puede calificarse con *el atributo* de la nobleza, pues la nobleza del universo reside en aquello que a Allāh remite, a saber, en que Él lo creó y lo realizó, de modo que su nobleza no es propia, no es noble por sí mismo dado que, en rea-

---

50. Dice la aleya completa: "Concede la sabiduría a quien Él quiere. Y quien recibe la sabiduría recibe mucho bien. Pero no se dejan amonestar sino los dotados de intelecto" (C. 2:269). Trad. Cortés. El término *ḥikma* tiene el mismo morfema radical que el nombre *al-Ḥakīm*.

51. Alusión a C. 3:26, en donde se dice: "En Tu mano está el bien".

52. Lit. 'no remite a Ti', 'no se remonta a Ti'. Explica Ibn ʿArabī que "el mundo de la creación y la composición requiere el mal (*šarr*) por su misma esencia; [...mientras que] el Mundo de la Orden es el *puro* Bien (*jayr*) en el cual no hay mal *en absoluto*". Cf. *Fut.* II, p. 575, lss. 25-26. Sobre estas nociones de bien y mal —entendido éste como ausencia de bien e inexistencia— v. también Chittick, *SPK*, "Good and Evil", pp. 290-91.

53. En traducción de J. Cortés, la aleya completa dice: "Para perdonarte tus primeros y tus últimos pecados, perfeccionar Su gracia en ti y dirigirte por una vía recta" (C. 48:2).

54. Especifica el Šayj en el texto que este término —que podría confundirse gráficamente con el part. act. 'amantes' (*muḥibbūn*), más común en esta forma— es aquí participio pasivo (*ism mafʿūl*). Probablemente usa el autor la forma cuarta en lugar del part. pas. de la primera (*maḥbūb*), más frecuente, como alusión al hadiz en que Dios dice: "Y el siervo no cesa de acercarse a Mí [...] hasta que Yo le amo y cuando Yo le amo..." (v. *Kašf*, 4-3 y 69-3), en el cual se emplea la forma cuarta.

lidad, el *verdaderamente* Noble (*šarīf*) es Aquél cuya nobleza es inherente a su propia esencia y sólo Allāh es pues noble por Sí mismo.

(52) *al-Bāʿiṯ*, el **Resucitador**, el **Expedidor**, el **Que envía**, en sentido universal (*ʿumūm*) o particular (*juṣūṣ*).

En sentido general (*ʿumūm*), porque "envía" los posibles de la inexistencia (*ʿadam*) a la existencia (*wuŷūd*), y es éste un envío (*baʿṯ*) que no consideran sino aquellos que postulan que los posibles (*mumkināt*) tienen entidades inmutables (*aʿyān ṯubūtiyya*), aunque quien lo afirme no ponga de manifiesto lo que aquí hemos indicado; y dado que el Ser (*wuŷūd*) es la misma entidad del Verdadero (*ʿayn al-Ḥaqq*)[55], *queda claro* que no los[56] ha enviado, *es decir, no ha enviado a los posibles de la existencia potencial a la efectiva* sino Allāh mismo, por medio de este nombre *al-Bāʿiṯ* en especial.

---

55. Es decir, la Existencia es idéntica al Verdadero; la Existencia-encuentro es la misma Realidad divina, Dios en tanto que Realidad. Para una correcta interpretación de esta formulación, que no ha de confundirse con la doctrina panteísta, v. W. Chittick, "La Unidad del Ser", *POSTDATA*, XV, verano 1995, pp. 30-41. S. H. Nasr aclara este punto en términos inequívocos: "La doctrina esencial del sufismo, especialmente en la interpretación de Muḥyī l-Dīn y su escuela, es la de la unidad trascendental del Ser (*waḥdat al-wuŷūd*), por la que muchos estudiosos modernos le han acusado de ser un panteísta, un panenteísta y un monista existencial y, más recientemente, de seguir lo que se denomina como misticismo natural. Sin embargo, todas estas acusaciones son falsas, ya que confunden las doctrinas metafísicas de Ibn ʿArabī con la filosofía, y no tienen en cuenta el hecho de que el camino de la gnosis no está escindido de la gracia y de la santidad. Las acusaciones de panteísmo contra los sufíes son doblemente falsas ya que, en primer lugar, el panteísmo es un sistema filosófico, mientras que Muḥyī l-Dīn y otros como él jamás declararon su adhesión a ningún tipo de 'sistema' y, en segundo lugar, porque el panteísmo implica una continuidad sustancial entre Dios y el Universo, mientras que el Šayj sería el primero en sostener la absoluta trascendencia de Dios sobre todas las categorías, incluida la de sustancia. Los críticos que acusan a los sufíes de panteísmo pasan por alto la diferencia fundamental entre la identificación *esencial* del orden manifestado con su Principio ontológico y su identidad y continuidad *sustancial*. Este último concepto resulta metafísicamente absurdo y contradice todo lo dicho por Muḥyī l-Dīn y otros sufíes respecto a la Esencia divina. [...] Es cierto que Dios mora en las cosas, pero el mundo no 'contiene' a Dios, y cualquier término que implique este último sentido no es apropiado para describir la doctrina de *waḥdat al-wuŷūd*". Cf. "Ibn ʿArabī y los sufíes", *POSTDATA*, XV, verano 1995, pp. 17-18.

56. Ibn ʿArabī concuerda con frecuencia un plural femenino (en este caso *mumkināt*), al cual correspondería un pronombre de referencia en singular femenino (*-hā*), con un pronombre en plural masculino (*-hum*) que alude a la condición vital y consciente, no puramente objetual, de lo denominado.

Luego está, en sentido particular (*juṣūṣ*), el envío de un estado a otro[57], como en el caso de la misión *profética* de los mensajeros (*baʿṯ al-rusul*), el envío desde el mundo al Istmo (*barzaj*), *es decir, desde este mundo hacia el mundo intermediario*, tanto en el *trance del sueño* como en *el tránsito* de la muerte, y desde el Istmo hacia la Resurrección (*qiyāma*). Todo envío a un *nuevo* estado (*ḥāl*) o *a otra nueva condición de* una entidad (*ʿayn*)[58] que se da en el universo depende del nombre *al-Bāʿiṯ*, que es uno de los nombres más extraordinarios con que el Real (*al-Ḥaqq*) Se ha llamado a Sí mismo para darse a conocer a Sus siervos.

(53) *al-Šahīd*, [123a] el **Testigo (universal)**, el **Que a Sí mismo Se presta testimonio** de que no hay divinidad sino Él y da testimonio, en favor de Sus siervos, de aquello en lo cual reside el Bien (*jayr*) y la Felicidad (*saʿāda*) para ellos, de cuanto han transmitido *Sus enviados* acerca de la obediencia a Dios y a Su enviado y de cuantos nobles rasgos de carácter (*makārim al-ajlāq*) han manifestado. Así mismo *es el Testigo que* en contra de ellos da testimonio de las transgresiones (*mujālafāt*), las desavenencias y los fútiles rasgos de carácter (*safsāf al-ajlāq*) en que han incurrido, para así hacerles ver la merced (*minna*) y la generosidad (*karam*) divinas en virtud de las cuales les dispensa, cubriendo y borrando sus faltas, de modo que finalmente, en su retorno (*maʾāl*) junto a Él alcanzan la gracia general (*šumūl al-raḥma*), cuya amplitud (*saʿa*) les acoge, ya que son parte de la totalidad de las cosas *que la divina compasión abraza*[59].

Estas cosas llamadas 'transgresión' (*mujālafa*), Allāh no las hace salir de la inexistencia (*ʿadam*) para hacerlas aflorar en la existencia (*wuŷūd*) sino por medio de Su gracia (*raḥma*), pues son creadas (*majlūqa*) de la gracia (*raḥma*) y el lugar (*maḥall*) en que se realizan es causa (*sabab*) de su existencia, ya que no se manifiestan por sí mismas sino únicamente por medio del transgresor (*mujālif*)[60]. Ya sabes, pues, que son creadas de la gracia y que, *como todas las cosas*,

---

57. Lit. 'el envío a los estados' (*al-baʿṯ fī l-aḥwāl*). Por ejemplo, como a continuación se explica, del estado de hombre común a la condición de enviado.

58. Es decir, su envío del estado latente a la existencia efectiva o viceversa.

59. En la edición de M. Gurāb, p. 106, se omite el resto del comentario a este nombre, tal vez porque el autor trata con audacia en estas líneas la polémica cuestión del origen y la naturaleza de las obras transgresivas (*mujālafāt*).

60. El *mujālif* es el lugar (*maḥall*) y la causa *secundaria* (*sabab*) de la manifestación de la transgresión (*mujālafa*).

celebran la alabanza[61] de su Creador (*Jāliq*). *Pues así como glorifican a su Creador, así también*, sabiendo que no tienen lugar por sí mismas, piden perdón[62] para el lugar (*maḥall*) en que —a fin de que la existencia de sus entidades (*'ayn*) se torne manifiesta— se actualizan.

(54) *al-Ḥaqq*, la **Verdad**, el **Ser**, el **Verdadero**, la *divina* **Realidad**, el **Real**, es el *verdadero* Ser (*wuŷūd*) "al que no alcanza lo falso (*bāṭil*)" —que es la inexistencia (*'adam*)[63]— "ni por entre Sus dos manos, ni por detrás (*jalf*) de Él" (C. 41:42)[64]. La expresión "por entre Sus dos manos (*min bayna yaday-Hi*)"[65] está relacionada con Su Pa-

---

61. Alusión a C. 17:44. V. *infra* nº 55 (*al-Wakīl*).

62. Las transgresiones, a fin de poder manifestarse, piden a Dios que perdone (*istigfār*) y 'cubra' (v. *supra*, en nº 16, los nombres de raíz *g-f-r*) al lugar en que se actualizan, es decir, al hombre por quien se realizan.

Según el autor, "...la desobediencia (*ma'ṣiya*), cuando en ella *el gnóstico* está presente con Allāh, está viva (*ḥayya*) y dotada de un divino espíritu (*rūḥ ilāhī*) que hasta el Día del Juicio pide *a Allāh* que le perdone *por haberla realizado*, y Allāh transforma lo que de ella era malo en bueno (*ḥasan*), así como sustituye su *correspondiente* castigo por recompensa". Cf. *Fut.* II, p. 652. Sobre esta perspectiva de la desobediencia y sobre la noción de 'inmunidad del lugar *de manifestación*' (*'iṣmat al-maḥall*), es decir, del Hombre, exento de toda culpa (v. C. 48:2, donde tal exención se refiere a Muḥammad), v. S. Ḥakīm, *Mu'ŷam*, pp. 806-811.

63. V. el comentario del Šayj al verso de Labīd que el Profeta celebraba (*Kašf*, 52-3, *al-Ḥaqq*, nota 4). Las nociones de *ḥaqq*, la 'verdad', y *bāṭil*, lo 'falso', se oponen recurrentemente en el Corán (v. C. 8:8, 13:17, etc.).

64. El pasaje, en traducción de J. Cortés, dice así: "Los que no creen en la Amonestación [el *Corán*] cuando ésta viene a ellos... Y eso que es una *Escritura* excelente, / completamente inaccesible a lo falso (*bāṭil*) [lit. 'lo falso no viene a ella ni por delante ni por detrás'], revelación procedente de uno Que es sabio, digno de alabanza" (C. 41:41-42). No obstante, en este contexto Ibn 'Arabī entiende, a diferencia de la interpretación usual, que la frase se refiere a Dios, a quien 'lo falso no Le viene ni por delante [lit. 'entre Sus manos'] ni por detrás de Él', y a continuación justifica su interpretación con dos referentes escriturarios que demuestran que las expresiones "Sus dos manos" y "detrás de Él" pueden referirse a Dios. En cualquier caso, en razón de la interpretación más habitual de este pasaje coránico —reflejada en la traducción de Cortés—, el nombre *al-Ḥaqq*, 'la Verdad', definido aquí como el *wuŷūd* "completamente inaccesible a lo falso", se refiere también de modo alusivo al Corán, a la *Escritura* de la Existencia. Cf. S. Ḥakīm, 'al-Qur'ān al-kabīr', *Mu'ŷam*, p. 908.

65. La expresión se ha traducido *al pie de la letra* para que se entienda el comentario, aunque en general se traduciría 'ni por delante de él', pues tal es su significado en el uso común de la lengua. Sirva este pasaje como un ejemplo más de la práctica akbarí de lectura, no ya literal, sino literalísima: interpretación *ultraliteral*, 'al pie de la letra'.

labra: "...ante lo que he creado con Mis dos manos" (C. 38:75)[66]; y la expresión "por detrás de Él (*min jalfi-Hi*)" remite al dicho del Enviado de Allāh —que Él lo bendiga y le salve—: "No hay detrás de Allāh (*warā' Allāh*) lugar al que apuntar"[67], dicho en el cual *literalmente* atribuye a Allāh un 'detrás' (*warā'*) que es lo que viene después, la parte de atrás (*jalf*). De modo que Él es Ser real (*wuŷūd ḥaqq*) que no procede de no-ser (*'adam*) y al que no sucede *el* no-ser, a diferencia de la creación (*jalq*) que procede de la inexistencia (*'adam*) y a la que sigue la inexistencia[68] de un modo imperceptible, pues la Existencia y la existenciación (*īŷād*) no se interrumpen, y no hay en el cosmos *nada propio* del cosmos, ya sea en este mundo o en la Morada Postrera, sino existencia (*wuŷūd*) y testimonio (*šuhūd*)[69] sin término [123b] o interrupción alguna, entidades (*a'yān*)[70] que se tornan manifiestas y se contemplan.

(55) *al-Wakīl*, el **Procurador**, el **Abogado**, el **Valedor**, a quien Sus siervos confían el cuidado de sus intereses (*maṣāliḥ*): en virtud de esta misma atención (*naẓar*) a sus necesidades, Él les ordena que empleen en dádivas (*infāq*) determinada proporción *de sus riquezas*. Después de que Le hayan tomado *y reconocido plenamente* como Valedor (*wakīl*), Él delega en ellos, encomendándoles *el cuidado de sus intereses*: en un sentido, los bienes (*amwāl*) Le pertenecen, mas les ha encargado —en tanto que vicerregentes— que se ocupen de ellos; en otro sentido, los bienes pertenecen *a los siervos*, de modo que son ellos quienes delegan en Él su custodia. Los bienes son de los siervos sólo en virtud del beneficio (*manfa'a*) que les deparan, mas son de Él pues, *como todas las cosas*, están inmersos en una *permanente* glorificación (*tasbīḥ*) en alabanza Suya[71]. Siendo así, quien alcanza a

---

66. Aleya citada en *Kašf*, 4-3 (v. nota 5).

67. V. *Concordance*, 'marmà'.

68. En la incesante renovación de la creación a cada instante. Lo que se dice de la creación (*jalq*) entiéndase también del hombre, la creatura (*jalq*) por excelencia.

69. El *wuŷūd* corresponde a Dios y el *šuhūd* corresponde al siervo. "God is present and finds Himself in all things, and man witnesses this presence and finding to the extent of his capacity. *Wuŷūd* as such belongs to the Nonmanifest, though its reverberations fill the cosmos. In contrast, *šuhūd* is the vision of self-disclosure and belongs to the manifest realm". Cf. Chittick, *SPK*, pp. 226-227.

70. Apréciese una vez más la interacción alusiva de dos significados del término *'ayn*: pl. *a'yān*, 'entidad'; pl. *'uyūn/a'yun*, 'ojo'.

71. Alusión a C. 17:44: "Le glorifican los siete cielos, la tierra y sus habitantes. No hay nada que no celebre Sus alabanzas, pero no comprendéis su glorificación

considerar la glorificación (*tasbīḥ*) afirma que Allāh no ha creado el cosmos sino para que se Le adore[72], mas quien dirige su atención al provecho (*manfaʿa*) considera que Allāh sólo ha creado el universo para que cada parte de él sea útil y beneficie a la otra[73].

El primer provecho (*manfaʿa*) mutuo corresponde a la existenciación (*īŷād*), pues *Allāh* ha existenciado los lugares (*maḥāll*) *de manifestación* para que puedan recibir el beneficio de la existencia cuantos existentes (*mawŷūḏāt*) no pueden existir *de modo efectivo* sino en un lugar *epifánico* (*maḥall*)[74], y ha existenciado aquello que no existe por sí mismo para que con ello se beneficie aquello que no puede prescindir del acontecer de los accidentes (*ḥawādiṯ*), ni estar libre de ellos[75]. Así pues, la existencia de cada uno de ambos depende de la *existencia* del otro[76], mas de un modo tal que no implica 'encadenamiento causal recíproco' (*dawr*)[77], lo cual imposibilitaría el acontecer (*wuqūʿ*).

(56-57) *al-Qawī al-Matīn*, el **Fuerte**, el **Firme**, es el que tiene la fuerza (*ḏū l-quwwa*) para *vencer* la resistencia (*ʿizza*)[78] de algunos o de todos los posibles en general, es decir, el hecho de que no aceptan los opuestos[79]. A esta fuerza (*quwwa*) se debe la creación del Mundo de la Imaginación (*ʿālam al-jayāl*), *creado* para que en él pudiera

---

(*tasbīḥ*). Él es benigno, indulgente". Trad. Cortés.

72. Lit. 'para adoración Suya (*li-ʿibādati-Hi*)'. Alusión a la aleya: "No he creado a los genios ya los hombres sino para que Me sirvan (*li-yaʿbudū-nī*)" (C. 51:56). Trad. Cortés. Es decir, para que el hombre, cumpliendo su función cognitiva, sirva al propósito del cosmos, que es —según el hadiz del Oculto Tesoro (v. *Muʿŷam*, p. 1266)— conocer a Dios, quien ha manifestado el cosmos por Su voluntad de darse a conocer.

73. La edición damascena de Maḥmūd Gurāb omite el resto del comentario a este nombre.

74. Es decir, para que puedan manifestarse los accidentes, las propiedades o efectos de los Nombres, que son los fenómenos o creaciones —cosas, entidades, formas— del cosmos, por los cuales los Nombres se tornan manifiestos. V. Chittick, *SPK*, p. 39.

75. Es decir, el lugar *epifánico* (*maḥall*) donde los accidentes se tornan manifiestos: el Hombre Universal.

76. Lit. 'de su compañero'.

77. V. la definición que del término *dawr* hace Ŷurŷānī, *Taʿrīfāt*, trad. Gloton, p. 200 (nº 744).

78. Lit. 'inaccesibilidad'.

79. Lit. 'la no recepción de los contrarios' (*ʿadam al-qubūl li-l-aḍdād*). Podríamos llamar a esta resistencia de los posibles *incontrariabilidad*, la tendencia a no acoger y aunar los contrarios, facultad por la cual algo no puede ser su opuesto.

manifestarse la síntesis de los contrarios (*al-ŷamʿ bayna l-aḍdād*), ya que la percepción sensible (*ḥiss*) o el intelecto (*ʿaql*) no permiten por sí solos la unión entre dos opuestos, mientras que la Imaginación, sin embargo, no impide tal combinación. Así pues, la autoridad (*sulṭān*) [124a] y la fuerza del Fuerte únicamente se ponen de manifiesto en la creación de la facultad imaginativa (*quwwa mutajayyila*) y del Mundo Imaginal[80], que es —en cuanto a significación (*dalāla*)— aproximado a la *divina* Realidad (*al-Ḥaqq*), pues el Verdadero (*al-Ḥaqq*) "es el Primero y el Último, el Manifiesto y el Oculto" (C. 57:3)[81]. Cuando preguntaron a Abū Saʿīd al-Jarrāz: "¿Por medio de qué has conocido a Allāh?". Respondió: "Por el hecho de que reúne los contrarios". Luego recitó la citada aleya.

Si todo esto no fuera *dicho* de una Única Entidad (*ʿayn wāḥid*), no habría provecho alguno *en estas palabras*, pues *de hecho* nadie niega *la diversidad de* las relaciones (*nisab*). Una misma persona puede tener múltiples relaciones, de modo que sea padre, hijo, tío materno o paterno, o cosas semejantes a éstas, pero tal persona sigue siendo ella misma y no otra.

Nada ha logrado verdaderamente hacerse con la Forma *divina* (*ṣūra*)[82] salvo la Imaginación (*jayāl*), lo cual es algo que nadie puede negar, pues quienquiera que sea encuentra *imaginación* en sí mismo y la contempla en sus sueños, viendo en ella como existente (*mawŷūd*) aquello cuya existencia es imposible.

"Allāh es el Sustentador (*al-Razzāq*), el Fuerte (*Ḏū l-quwwa*), el Firme (*al-Matīn*)" (C. 51:58).

---

80. Esta traducción, tomada del latín *Mundus imaginalis*, propuesta por H. Corbin para diferenciar el mundo objetivo de la Imaginación activa de lo meramente imaginario (v. *Imaginación*, p. 15), ha sido adoptada de modo prácticamente unánime tanto en las traducciones francesas e inglesas como, más recientemente, en las españolas. A continuación se señala que la expresión 'mundo imaginal' se aproxima a la significación de la Realidad que designa el nombre *al-Ḥaqq*.

81. V. *Kašf*, 73/74-2, donde también se citan esta aleya y la célebre frase de al-Jarrāz que a continuación se menciona. En su edición, sin indicación alguna, Maḥmūd Gurāb omite, desde este punto, el resto del comentario a este nombre. V. *Fut.* IV, p. 325, lss. 5-9.

82. Lit. 'tomar posesión de la Forma'. Es decir, nada ha logrado 'adquirir' la capacidad de aunar los opuestos, nada la posee salvo la Imaginación.

(58) *al-Walī*, el **Amigo protector**, el **Defensor victorioso**, el **Auxiliador** que asiste (*al-Nāṣir*) a quien Le asiste[83], pues Su victorioso auxilio (*naṣr*) es remuneración. *De hecho*, a quien cree *firmemente* en Él *atribuyéndoLe toda victoria* ya le ha asistido *y salvado*[84]. Así pues, el creyente (*muʾmin*) recibe el auxilio (*naṣr*) de Allāh *necesariamente* por vía de la obligatoriedad (*ṭarīq al-wuŷūb*)[85], según Su Palabra: "Era deber (*ḥaqq*) Nuestro auxiliar (*naṣr*) a los creyentes" (C. 30:47)[86], semejante a la obligatoriedad de la misericordia (*wuŷūb al-raḥma*) que igualmente a Sí mismo Se prescribe al decir, Enaltecido sea: "Vuestro Señor Se ha prescrito la misericordia (*raḥma*)..." con quien obra mal por ignorancia "...pero luego se arrepiente y enmienda..." (C. 6:54)[87].

¿Qué relación guarda esto con la amplitud (*ittisāʿ*) *de la gracia que todo lo abarca*? El auxilio (*naṣr*) de Allāh se asemeja a la misericordia obligatoria (*raḥmat al-wuŷūb*)[88], diferenciándose por tanto de la misericordia omnímoda del don de gracia (*raḥmat al-imtinān al-wāsiʿa*), pues no hemos visto en cuanto nos ha revelado —Enaltecido sea— *referencia alguna a* un auxilio incondicional (*nuṣra muṭlaqa*). Sólo hemos hallado *referencias al* auxilio restringido (*nuṣra muqayyada*), ya sea por *la condición de* la fe (*īmān*) —*por la cual auxilia*

---

83. El siervo "auxilia" a Dios obedeciendo con fe Sus preceptos y por el reconocimiento de que sólo Suya es la victoriosa asistencia, pues "[...] La victoria (*naṣr*) no viene sino de Dios..." (C. 3:126). "¿Le asocian dioses [...] que no pueden auxiliarles (*naṣr*) a ellos ni auxiliarse a sí mismos?" (C. 7:192). Trad. Cortés. V. *Kašf*, 56.

84. Con el auxilio y la victoria de la fe que le ha inspirado.

85. Dios Se ha impuesto a Sí mismo, según la aleya citada a continuación, la obligatoriedad (*wuŷūb*), el deber (*ḥaqq*) de auxiliar a Sus fieles creyentes (*muʾminūn*). Como en el caso anterior, sin indicación alguna, Maḥmūd Ġurāb omite en su edición, desde este punto, el resto del comentario a este nombre. V. *Fut.* IV, p. 325, lss. 10-18.

86. Aleya citada en *Kašf*, 56-2 (*al-Walī*) y nota 2.

87. La aleya completa, dirigida a Muḥammad y referida a los creyentes, dice: "Cuando vengan a ti los que creen en Nuestros signos, di: '¡Paz sobre vosotros!' Vuestro Señor Se ha prescrito la misericordia (*raḥma*), de modo que si uno de vosotros obra mal por ignorancia, pero luego se arrepiente y enmienda... Él es indulgente, misericordioso" (C. 6:54). Trad. Cortés.

88. Dios Se prescribe a Sí mismo la misericordia con los contritos en esta aleya como Se ha prescrito el auxilio a los creyentes en la anterior. Se trata pues de un auxilio y una misericordia prescritos, no generales, sino restringidos a 'creyentes' y 'contritos'.

a los creyentes— [124b] o por Su Palabra: "Si auxiliáis a Allāh, Él os auxiliará" (C. 47:7)[89], *en virtud de la cual auxilia a quienes Le auxilian.*

Y he aquí uno de los secretos (*sirr*) de Allāh —Enaltecido sea— *que se manifiesta* en el hecho de que, en ocasiones, los asociadores salgan victoriosos sobre los creyentes. Medita detenidamente sobre ello y darás con él si Dios quiere.

Así pues, no sobreviene *el auxilio* hasta que tenemos fe en Él, mas cuando la fe (*īmān*) se fortalece en quien la tiene por lo que *quiera que* sea, Él le da la victoria (*naṣr*) sobre el *de fe* más débil, según resulte la comparación.

Esto que he dicho no remitía a Su Palabra: "quienes creen (*yu'minūn*) en lo falso..." (C. 29:52), donde llama creyentes (*mu'minūn*) *a los asociadores.* En cualquier caso, *con relación a esta aleya*, se verifica respecto a su fe en lo falso[90] que no tenían fe en ello por el hecho de ser falso, sino que sólo tenían fe en ello porque creían con respecto a ello lo que cree la Gente de la Verdad (*ahl al-Ḥaqq*) con respecto al Verdadero (*al-Ḥaqq*)[91], en virtud de lo cual les atribuyó *en esta aleya la condición de* la fe (*īmān*), y dado que ésta correspondía de hecho a algo distinto de lo que ellos tenían como creencia (*i'tiqād*), el Verdadero la denominó para nosotros 'lo falso', mas no en razón de lo que ellos imaginaron.

(59) *al-Ḥamīd*, el **Alabador**, el **Alabado**, el **Loable**, porque Él es el que alaba (*ḥāmid*) por la lengua de todo el que alaba y por Sí mismo y porque Él es, *en última instancia*, el alabado (*maḥmūd*) en todo cuanto se ensalza, ya que toda alabanza se dirige finalmente a Él[92].

---

89. A esta aleya remite el principio de este comentario: "¡Creyentes! Si auxiliáis a Dios, Él os auxiliará y afirmará vuestros pasos" (C. 47:7). Trad. Cortés. Se aprecia nuevamente el doble sentido activo-pasivo del esquema *fa'īl*: el Auxiliador-Auxiliado. V. M. Chodkiewicz, *Sceau*, p. 37.

90. Es decir, en los múltiples dioses.

91. La doctrina de la Unidad trascendental del Ser requiere que, de hecho, toda fe sea en última instancia fe en Él, pues no hay en realidad otro que el Único.

92. Él es el sujeto y el objeto último de toda alabanza, el que en definitiva a Sí mismo Se alaba por Sí mismo (*bi-nafsi-Hi*) o por medio de otro, el único Alabado y el único Alabador. Aquí se manifiesta plenamente el doble carácter activo-pasivo de la forma *fa'īl*. V. *supra* nº 24.1.

(60) *al-Muḥṣī*, el **Comprendedor**, el **Contador**, el **Enumerador** que registra y comprende todas las cosas enumerables[93], tanto las letras (*ḥurūf*) como las entidades de la existencia[94], ya que la finitud (*tanāhī*) —que el *divino* cómputo (*iḥṣāʾ*) comprende— no corresponde sino a los seres existenciados (*mawŷūdāt*), de modo que esta *coseidad* (*šayʾiyya*)[95] *de las cosas enumerables* es la *coseidad* de la existencia efectiva (*šayʾiyyat al-wuŷūd*)[96] y, según Su Palabra, "Él lleva cuenta exacta de toda cosa (*šayʾ*)" (C. 72:28)[97].

(61) *al-Mubdiʾ*, el **Productor**, el **Originador**, el **Iniciador**, es el que da comienzo a la creación-Hombre (*jalq*) con la existenciación (*īŷād*) en el segundo y último grado (*rutba*) —pues no hay un tercero— [125a] que comprende todo lo que del cosmos se haya manifestado o se manifieste. El primer grado es el de la *divina* Realidad, el Verdadero (*al-Ḥaqq*), que es el Primero (*al-Awwal*), de modo que la creación-Hombre (*jalq*), en cuanto a su existencia, no puede jamás estar en el primero, pues exclusivamente le corresponde el último *grado*. Mas la *divina* Realidad está con él —*con el hombre creación*— en el último, ya que Él está con el cosmos (*ʿālam*) —*e. d. con los hombres*— "dondequiera que se encuentren" (C. 58:7)[98], y también Se ha llamado *a Sí mismo* el Último. Sábelo pues.

---

93. Lit. 'el que registra el número (*ʿadad*) de toda cosa (*šayʾ*)'. El carácter cuantitativo de este nombre no excluye el carácter cualitativo de esta 'enumeración' (*iḥṣāʾ*). Cuando dice el hadiz, "quien los enumere [e. d. 'quien repita los 99 Nombres'], entrará en el Paraíso", resulta evidente que no se refiere a una enumeración puramente mecánica.

94. Distingue el autor entre las letras, como elementos constitutivos del lenguaje y de la existencia en tanto que *Logos*, de las entidades individuales existentes (*aʿyān wuŷūdiyya*), las 'palabras' que resultan de la articulación de las letras. No sólo comprende *al-Muḥṣī* las letras, sino también todas sus posibles combinaciones concretas.

95. La condición de ser cosa u objeto. V. nota *infra*.

96. La *coseidad* de la existencia efectiva (*šayʾiyyat al-wuŷūd*) por oposición a la coseidad de la inexistencia (*šayʾiyyat al-ʿadam*) o coseidad de la existencia inmutable (*šayʾiyyat al-ṯubūt*). V. *Muʿŷam*, pp. 667-669. Por error, la edición de M. Gurāb dice aquí *šayʾa*, 'voluntad', en lugar de *šayʾiyya* (v. ms. fol. 124b).

97. En traducción de J. Cortés: "*[...] Abarca todo lo concerniente a ellos [a los enviados] y lleva cuenta exacta de todo*" (C. 72:28).

98. Varias alusiones simultáneas se entretejen en este comentario: Dios es "el Primero y el Último" (C. 57:3) (v. *Kašf.* 73/74-2 y nº 56-57 *supra*). La divina Realidad (*al-Ḥaqq*) se contrapone a la creación (*jalq*), término que así mismo designa a la criatura por excelencia, el ser humano, lo cual alude aquí a la realidad del Hombre

(62) *al-Muʿīd*, el **Re-creador**, el **Restaurador**, el **Reproductor** de la entidad del acto (*al-Muʿīd ʿayn al-fiʿl*), en tanto que Creador (*Jāliq*), Agente (*Fāʿil*), Disponedor (*Ŷāʿil*) y Ejecutor (*ʿĀmil*), pues cuando Él termina la creación de una cosa vuelve a *crear* otra creación (*jalq ājar*), ya que no hay cosa alguna en el cosmos que se repita *dos veces de manera idéntica*, pues *las cosas* sólo son similitudes (*amṯāl*)[99] contingentes *incesantemente renovadas*, son la nueva creación (*jalq ŷadīd*)[100], entidades (*aʿyān*) que cobran existencia.

(63) *al-Muḥyī*, el **Vivificador** *es el que vivifica* con la existencia a toda entidad inmutable susceptible de existenciación[101], de modo que el Verdadero (*al-Ḥaqq*) la hace existir en su existencia.

(64) *al-Mumīt*, el **Mortificador**, el **Matador** que da la muerte *a la entidad existenciada* al siguiente[102] instante, sin que se exceda el tiempo de su existencia, pues su separación (*mufāraqa*) y su tránsito (*intiqāl*) son propios del estado de existencia al cual corresponde la muerte, de modo que retorna a su condición de inmutabilidad (*ṯubūt*), siendo imposible que vuelva a existir después de aquello

---

Perfecto (*al-Insān al-kāmil*) en tanto que microcosmos. Un primer grado ontológico de la existenciación —no sujeto a la temporalidad— corresponde a la existencia de Dios, el Primero, en tanto que divina Realidad y Principio original. Un segundo grado corresponde al Hombre-creación, es decir, al cosmos en sus dos aspectos micro y macrocósmico, y al nombre divino 'el Último', Dios en tanto que Fin, copresente en este grado con el Hombre-cosmos, es decir, el siervo o los siervos, "dondequiera que se encuentren" (C. 58:7). Este tránsito inmediato entre un nombre singular (p. ej. *ʿālam*) y otro nombre, referencia o pronombre plural, o a la inversa, es un recurso alusivo frecuentemente empleado por el Šayj en sus escritos. El término 'cosmos' concuerda con un plural 'donde ellos estén' porque su singularidad, la singularidad del Hombre Perfecto —finalidad y espíritu del cosmos—, integra a la totalidad de los hombres, cuyas múltiples manifestaciones participan de una misma realidad esencial.

99. Sobre este término y otros de la misma raíz, v. Chittick, *SPK*, p. 117. Las cosas que se suceden en el incesante acontecer, aunque puedan parecer repetidas o idénticas en su aparente continuidad, son siempre en realidad imágenes semejantes (*amṯāl*) —nunca las mismas— recreadas a cada instante en una nueva creación.

100. La creación perpetuamente renovada a la cual, según la interpretación del Šayj, se refiere la aleya: "¿Es que Nos cansó la primera creación? Pues ellos dudan de una nueva creación (*jalq ŷadīd*)" (C. 50:15). Trad. Cortés. V. también C. 55:29 (v. *supra* nº 40). Sobre esta doctrina akbarí, v. Chittick, "The New Creation", *SPK*, pp. 96-112.

101. Lit. 'que tenga la propiedad de ser existenciable (*ḥukm qubūl al-īŷād*)'.

102. Lit. 'segundo'.

hasta que se extinga, y debido a su infinitud (*ʿadam al-tanāhī*) no puede extinguirse[103]. ¡Comprende pues!

[Inciso: el recitador invisible]

Estaba poniendo por escrito este capítulo cuando, al llegar a esta cuestión, he escuchado que alguien recitaba unos versos desde un rincón de la casa (*bayt*) *en que me encuentro*. Aunque he escuchado su voz, no he podido ver figura alguna, ni sé a quien dirigía sus versos[104], que así decían:

> "Transmite tu legado[105], pues pronto partirás
> a una estación (*manzil*)[106] en que hallarás provecho,
> *ganada* al ser de aquellos
> que son capaces de aceptar consejo[107].
> Al lado de la casa ya clamó
> quien de la muerte anuncia *la llamada* [125b].
> A Su *presencia* ya te ha convocado,
> ¡con llantos no respondas *ni lamentos*!
> De Él un emisario (*rasūl*) te llegó
> con el más grande don[108], en que el encuentro
> de tu Señor *está anunciado*
> y en él están los beneficios todos"[109].

---

103. A partir de aquí, omite la ed. de Gurāb el texto que, a modo de inciso, el Šayj introduce en el comentario al nombre *al-Mumīt*. El inciso se produce a consecuencia de la sincronicidad entre la redacción de este apartado y la recitación que Ibn ʿArabī relata. Por fidelidad al estilo del autor se ha traducido íntegramente.

104. De no ser por esta observación, habría pensado que el Šayj consideraba que los versos recitados por el invisible "visitante" iban dirigidos a él mismo, tal vez como anuncio de su fallecimiento ya cercano, sólo dos años después de concluir la segunda redacción de *Futūḥāt* en 1238 d.C. De hecho, estas páginas concluyen el antepenúltimo capítulo de la obra. No he tenido ocasión de comprobar si el episodio aquí relatado se recoge ya en la anterior redacción o no. En cualquier caso, estos versos —en metro *muŷtaṯṯ*— están sin duda íntimamente relacionados con el nombre *al-Mumīt* que el autor comentaba en el momento de escucharlos.

105. Es decir, lega *tu saber*. Lit. 'haz testamento', o bien, 'da consejo'.

106. Alusión a la Morada Postrera.

107. Es decir, merecida por quienes, receptivos a los comunicados, siguen las indicaciones de la revelación profética.

108. La revelación profética.

109. Cf. *Fut.* IV, p. 325, lss. 27-33; ms. ff. 125a-125b.

Y con relación a la visión de Allāh *el encuentro* está próximo, aunque con relación a nosotros pueda estar alejado, como ha dicho en la *azora llamada* "Las gradas *celestiales*". "Ellos lo ven lejos, pero Nosotros lo vemos cerca" (C. 70:6-7)[110].

(65) *al-Ḥayy*, el **Vivo**, el **Viviente** que vive por Sí mismo y realiza (*taḥqīq*) lo que a Sí mismo Se atribuye —*el atributo de la Vida*—, lo cual no puede atribuirse sino a aquel a quien Él ha condicionado a que sea viviente (*ḥayy*).

(66) *al-Qayyūm*, el **Autosubsistente**, el **Inmutable**, el **Mantenedor**, porque cuida de la subsistencia[111] de toda alma (*nafs*) con lo que le corresponda.

(67) *al-Wāŷid*[112], el **Perfecto**, el **Opulento**, el **Encontrador**, el **Autoexistente**, el **Autosuficiente**, por cuanto busca y alcanza[113], pues es infalible y nada se Le escapa, ni Le falla, así como, *por el contrario*, quien busca conocerLo no puede en realidad alcanzarLo[114].

(68-69) *al-Wāḥid al-Aḥad*, el **Uno-Único**, en virtud de Su Divinidad *absoluta* (*ulūha*), pues no hay divinidad sino Él.

(70) *al-Ṣamad*, el **Confortador**, el **Amparador**, el **Soporte *universal*** en cuya protección puede confiarse en *todas* las situaciones, por lo cual Lo hemos tomado como Valedor (*Wakīl*).

(71) *al-Qādir*, el **Libre**, el **Todopoderoso**, el **Capacitador**, es el que infunde el poder determinante (*iqtidār*) en los recipientes (*qawābil*) en los cuales quiere que se manifieste este poder, exclusivamente.

(72) *al-Muqtadir*, el **Poderoso**, el ***Omnipotente ejecutor***, el **Determinador** que determina lo que hacen nuestras manos[115], ya que la fuerza ejecutora (*iqtidār*) es Suya aunque la acción (*ʿamal*) se ma-

---

110. J. Cortés traduce: "Piensan que está lejos, pero Nosotros pensamos que está cerca".

111. Lit. 'por Su mantenimiento (*qiyām*)... de toda alma (*nafs*) con lo que haya ganado'. Podría también entenderse 'el mantenimiento de cada aliento (*nafas*)'.

112. Este nombre tiene la misma raíz léxica que *wuŷūd*, 'existencia-encuentro'.

113. Es decir, porque siempre consigue lo que procura.

114. Lit. "...el buscador (*ṭālib*) de Su conocimiento (*maʿrifa*)", ya que es Dios mismo el que encuentra (*al-Wāŷid*) y, por tanto, el único que verdaderamente puede conocerSe a Sí mismo tal cual es.

115. Es decir, nuestras obras.

nifieste por medio de nuestras manos, pues toda mano (*yad*) *que opera* en el cosmos es la mano de Allāh, dado que Suyo es en definitiva el poder operativo (*iqtidār*), de modo que Él —Enaltecido sea— es *Libre Capacitador* Todopoderoso (*Qādir*) por Sí mismo y Omnipotente *ejecutor* (*Muqtadir*) por nosotros.

(73-74) *al-Muqaddim al-Muʾajjir*, el **Aproximador** y el **Alejador**, el **Adelantador** y el **Retardador**, que adelanta a quien Él quiere para lo que Él quiere y retrasa a quien Él quiere con respecto a lo que Él quiere.

(75-76) *al-Awwal al-Ājir*, el **Primero** y el **Último**, *el Primero* por necesidad[116] —*en tanto que Ser Necesario preeterno*—, y *el Último* porque a Él retorna todo *finalmente*[117].

(77-78) *al-Ẓāhir al-Bāṭin*, el **Manifiesto** y el **Oculto**, el **Exterior** y el **Interior**, que a Sí mismo Se manifiesta y no cesa de manifestarSe, y de su creación (*jalq*) Se oculta sin nunca dejar de ocultarSe, de modo que no puede ser conocido jamás [126a].

(79) *al-Barr*, el **Bueno**, el **Bienhechor**, el **Benefactor**, el **Bondadoso**, por Su beneficencia (*iḥsān*), Sus gracias y Sus favores, con los que ha agraciado a Sus siervos.

(80) *al-Tawwāb*, el **Remisorio**, el **Que** *siempre* **vuelve**, porque Se vuelve contra Sus siervos para que se arrepientan[118] y retorna *a ellos* con la recompensa por su vuelta *a Él* (*tawba*).

(81) *al-Muntaqim*, el **Vengador**, el **Castigador**, que castiga a quien Lo desobedece para purificarlo de aquello en este mundo[119] con la aplicación de los límites *prescritos en la Ley* y con los sufrimientos que se manifiestan en el cosmos (*ʿālam*)[120], todo lo cual es *aparente*

---

116. En la filosofía neoplatónica árabe se llama a Dios *wāŷib al-wujūd*, término adoptado por Ibn ʿArabī, al cual remite aquí al referirse a la necesidad del Primero, el 'Ser Necesario', concepto que Ŷurŷānī define así: 'Aquel cuya existencia proviene de su esencia y que no tiene necesidad absolutamente de nada'. Cf. *Taʿrīfāt*, nº 1792.

117. Alusión a C. 11:123. En traducción de Cortés: "A Dios pertenece lo oculto de los cielos y de la tierra. Él es el fin de todo [...]". Con relación a estos nombres, v. *supra* nº 56-57 y nº 61.

118. En el sentido de que 'vuelvan' a su Señor.

119. De modo que quede purificado de su error con anterioridad al Juicio.

120. Así según la ed. cairota y el ms. autógrafo (f. 126a). En la ed. de Maḥmūd Gurāb se lee: "y de los sufrimientos que ha de padecer el transgresor (*ẓālim*)", donde el editor ha leído erróneamente *ẓālim* en lugar de *ʿālam*.

represalia (*intiqām*) y oculta merced (*ŷazā' jafī*) que no todos perciben, pues incluso el dolor del niño de pecho es una merced (*ŷazā'*)[121].

(82) *al-'Afū*, el **Absolvedor**, el **Indulgente**, el **Que borra** la diferencia en la excelencia (*tafāḍul*) de la dádiva (*'aṭā'*) en cuanto a escasez o abundancia[122]. Y, dado que en las diferentes clases de dones ineludiblemente hay escasez o abundancia, es preciso que la dispensa (*'afw*) *del Absolvedor* sea extensiva y las comprenda *a ambas* pues, como *sucede en el caso del nombre* el Majestuoso (*al-Ŷalīl*)[123], necesariamente incluye los opuestos (*aḍdād*).

(83) *al-Ra'ūf*, el **Benévolo**, el **Piadoso**, por la *actitud de* piadosa bondad (*ṣalāḥ*) y la creciente piedad *en respuesta a ella* que entre los siervos se manifiesta, lo cual es recíproco (*maqlūb*)[124] y constituye un aspecto de la compasión (*šafaqa*).

(84) *al-Wālī*, el **Gobernador**, el **Abogado** que gobierna por Sí mismo todo aquello que administra. Rige las entidades inmutables produciendo en ellas la existenciación; gobierna a los seres existenciados (*mawŷūdāt*) adelantando o retardando a quien Él quiere; dispone con equidad y justicia, otorga y favorece.

(85) *al-Muta'ālī*, el **Altísimo**, el **Sublime**, el **Supremo**, el **Exaltado** sobre quien quiere elevación (*'ulū*) en la tierra y pretende aquello que no le corresponde y sobre lo cual no tiene derecho alguno.

---

121. Lit. 'retribución'. Si el lactante no experimentara y expresara su necesidad de alimento, ésta pasaría inadvertida. Este ejemplo ilustra la idea de que todo dolor tiene un aspecto oculto de gracia. En el caso de los tormentos espirituales, según se desprende del texto, el sufrimiento desempeña una doble función purificadora y orientadora: por un lado, el calor del fuego posibilita la sublimación, por otro, los síntomas de una enfermedad ponen de manifiesto su existencia e indican la necesidad de la sanación. En este sentido, el dolor hace de guía en el camino a la felicidad señalando los límites. Si al acercarse un niño al fuego y quemarse no le doliera, podría sin temor consumirse en sus llamas. En la cosmovisión akbarí, necesariamente hay una gracia oculta tras toda manifestación de la majestad divina. Para ilustrar este punto, Ibn 'Arabī emplea a menudo la imagen del remedio de efecto curativo pero de apariencia desagradable (cf. *Fut.* XII: 254 y XIII: 550 y 564).

122. Parece aludir el autor a la aleya 6:160, citada en *Kašf*, 80-3. Maḥmūd Gurāb omite en su edición parte del texto que sigue.

123. El cual implica 'ascenso' y 'descenso' y tiene dos aspectos contrarios de incomparabilidad y similaridad: en tanto que nombre de Majestad se opone al nombre de Belleza *al-Ŷamīl*. V. *supra* nº 45 y *Kašf*, 80-3.

124. En la relación entre siervo y siervo, pero también entre el señor y Su siervo.

(86) *al-Muqsiṭ*, el **Equitativo** es el que da en virtud de la justa distribución (*taqsīṭ*), según Su Palabra: "y no lo hacemos descender sino con arreglo a una medida determinada (*qadr maʿlūm*)" (C. 15:21)[125] que es la equitativa distribución (*taqsīṭ*).

(87) *al-Ŷāmiʿ*, el **Reunidor**, el **Totalizador**, el **Congregador** que reúne en Su existencia (*wuŷūd*) a todo ser existente (*mawŷūd*).

(88) *al-Ganī*, el **Rico**, el **Independiente**, el **Autosuficiente**, que puede prescindir de los mundos y está satisfecho con ellos *sin necesidad de ellos*.

(89) *al-Mugnī*, el **Enriquecedor** es el que le confiere *al siervo*[126] el atributo de la suficiencia (*ginà*)[127], haciéndole saber que Su ciencia del cosmos (*ʿālam*) está subordinada a su objeto[128]. [126b] Así pues, *en este sentido el cosmos* no le da de sí mismo[129] cosa alguna, de modo que *el siervo* es independiente de su influjo y del influjo en él[130], sabiendo que no existe en él sino lo que corresponde que exista.

(90) *al-Badīʿ*, el **Innovador**, el **Inventor**, el **Incomparable**, que no cesa de introducir novedades en Su creación (*jalq*) permanentemente, pues Él crea las similitudes (*amṯāl*)[131] y las desemejanzas (*gayr*

---

125. La aleya completa, en traducción de J. Cortés, dice: "No hay nada de que no dispongamos Nosotros tesoros. Pero no lo hacemos bajar sino con arreglo a una medida determinada".

126. Téngase presente en este apartado la correspondencia entre las nociones de 'siervo' y 'cosmos': el siervo en tanto que cosmos, el cosmos en tanto que siervo.

127. Lit. 'riqueza', entendida como aquello que hace independiente.

128. Es decir, el saber que tiene Dios del universo depende del objeto de Su saber (*ʿilmu-Hu bi-l-ʿālam tābiʿ li-l-maʿlūm*), y no a la inversa, pues se trata de una total presciencia de cuanto está predestinado y, por tanto, necesariamente "sigue" a su objeto, del cual no cabe que difiera. También podría traducirse 'su ciencia', en cuyo caso el pronombre se referiría a la ciencia del siervo. El término *ʿālam* tiene la misma raíz léxica que *ʿilm*. De hecho, las grafías consonánticas de 'sabedor' (*ʿālim*) y 'cosmos' (*ʿālam*) son idénticas, en lo cual hay una alusión a la condición microcósmica del hombre adánico, a quien Dios enseñó los nombres.

129. Podría entenderse también que "*el Enriquecedor* no le da nada de Sí mismo *al siervo*" o también que "'el saber' no da nada de sí mismo a 'lo cognoscible'". La polivalente ambigüedad de las referencias pronominales, sin duda consciente por parte del autor, se mantiene de principio a fin en este comentario, dando lugar a una trama de alusiones que permite una gama de lecturas diversas.

130. El siervo —o bien, la ciencia— es independiente del influjo del cosmos y del influjo en el cosmos.

131. En la incesante renovación de la creación. V. *supra* nº 62 (*al-Muʿīd*).

al-amṯāl), dado que necesariamente hay al menos un aspecto (*waŷh*) por el cual se distingue una imagen (*maṯal*) de su semejante (*miṯl*), y Él es el Innovador de este aspecto distintivo.

(91-92) *al-Ḍārr al-Nāfi'*, el **Perjudicador** y el **Benefactor**, el **Contrariador** y el **Propiciador**, el que contraría lo que no concuerda con el propósito final (*garaḍ*) y el que favorece lo que con él concuerda.

(93) *al-Nūr*, la **Luz**, por cuanto de las entidades del cosmos se manifiesta y porque disipa la oscuridad (*ẓulma*) que la atribución de los actos (*nisbat al-afʿāl*) al cosmos (*ʿālam*)[132] entraña.

(94) *al-Hādī*, el **Guía**, por cuanto aclara e indica a los que Le conocen[133] acerca de la situación con respecto a Él.

(95) *al-Māniʿ*, el **Defensor**, el que retiene *a los posibles*, manteniéndolos en la posibilidad (*imkān*) *antes* de enviarlos *a la existencia efectiva*. Esta retención (*imsāk*) se debe únicamente a una *divina sabiduría* (*ḥikma*) que Su omnisciencia (*ʿilm*) en Su creación (*jalq*) determina.

(96) *al-Bāqī*, el **Perdurable**, el **Eterno**, el **Permanente**, puesto que —a diferencia de las entidades *manifiestas* de los seres existenciados (*aʿyān al-mawŷūdāt*) *que pueden dejar la existencia efectiva* después de haber existido— es incesante[134], de modo que a este Nombre corresponden la permanencia de la existencia (*dawām al-wuŷūd*) y la continuidad de la existenciación (*dawām al-īŷād*).

(97) *al-Wāriṯ*, el **Heredero**, por lo que *de cuanto nos había encomendado* Le restituimos, en especial *tras la muerte*, en nuestro tránsito (*intiqāl*) al Istmo (*barzaj*).

(98) *al-Rašīd*, el **Director**, el **Conductor**, el **Encaminador**, por aquello hacia lo cual orienta y encamina a Sus siervos al darles a conocer que Él —Enaltecido sea— "está en una Vía Recta" (C. 11:56) y tiene cogido por el copete a todo ser que marcha (*dābba*)[135], de

---

132. Entiéndase, por extensión, 'al hombre'. Sobre estos y otros significados del nombre *Nūr*, v. *Kašf*, 93-1 y nota 1.

133. O bien, según una lectura *ultraliteral* que la hermenéutica akbarí legitima: 'a los instruidos por Él (*ʿulamāʾ bi-Hī*)'.

134. Lit. 'No puede acoger término (*zawāl*) alguno', pues su característica específica es la continuidad (*dawām*).

135. La expresión 'coger por el copete (*nāṣiya*)' se emplea en esta misma aleya cuyo texto completo, en traducción de J. Cortés, dice: "Yo confío en Dios, mi Señor y

modo que no hay nadie que no esté en aquella Vía (*ṣirāṭ*)[136], y el fin al cual conduce la rectitud (*istiqāma*) es la misericordia (*raḥma*). No ha agraciado Allāh a Sus siervos con ninguna gracia (*niʿma*) tan grande como la gracia de tener cogido por el pelo —*es decir, de guiar*— a todo ser que camina, de suerte que no hay nadie que no marche con Él por la Vía Recta.

(99) *al-Ṣabūr*, el **Paciente**, que soporta y tolera las molestias que, según Su Palabra, Le causan "aquellos que molestan a Allāh y a Su Enviado..." (C. 33:57)[137] pues, teniendo el poder (*iqtidār*) para hacerlo, no se apresura a castigarlos, sino que difiere *Su* castigo[138] para que tenga lugar por medio de nuestras manos [127a], *pues a nosotros incumbe* evitarle aquello tomando represalia de ellos, de modo que al hacerlo nos elogie[139], pues no nos ha dado a conocer esto[140], atribuyéndose el nombre el Paciente, sino para que *nosotros mismos* eliminemos y apartemos de Él aquello.

Señor vuestro. ¡No hay ser que no dependa de Él! [lit. 'No hay animal que no tenga Él del copete'] Mi Señor está en una vía recta (*ʿalà ṣirāṭ mustaqīm*)" (C. 11:56). Así pues, "no hay ser vivo (*dābba*) que Él no tenga agarrado del copete (*nāṣiya*)". Como expresión figurada significa en el uso común 'tener bien cogido' o 'dominar' pero, en este contexto, 'coger del copete' significa, según la interpretación del Šayj, 'guiar'. El término *dābba*, normalmente 'bestia' o 'acémila', entendido aquí como 'ser vivo que marcha', denota un aspecto de horizontalidad ('reptar, arrastrarse, gatear') contrapuesto a la verticalidad del término *istiqāma*, 'estar derecho, erguido'.

136. La peculiar sintaxis de esta frase, muy propia del estilo akbarí, permite también leer: 'pues no hay nadie más que quien está en aquella Vía', lo cual puede entenderse en un doble sentido: (1) Desde una perspectiva, todos los seres son guiados, pues Él está en el Camino Recto y los lleva agarrados, (2) por otra parte, en definitiva sólo Él existe verdaderamente y, por tanto, no hay nadie más que Él en el Camino Recto.

137. Aleya citada en *Kašf*, 7-3 (*al-Muʾmin*) y 99-2 (*al-Ṣabūr*).

138. Según se da a entender en la continuación de la citada aleya.

139. Aunque en realidad es a Sí mismo a quien alaba, pues Él es el verdadero agente de la acción que se realiza a través de las manos de los siervos. Hay en este texto una alusión implícita a la aleya: "No erais vosotros quienes les mataban, era Dios Quien les mataba. Cuando tirabas, no eras tú [el Profeta] quien tiraba, era Dios Quien tiraba, para hacer experimentar a los creyentes un favor venido de Él. Dios todo lo oye, todo lo sabe (C. 8:17)". Trad. Cortés.

140. Es decir, las molestias a que alude la citada aleya.

ÍNDICE ALFABÉTICO DE CORRESPONDENCIAS

Nombres	N.º *Šarḥ* / pág.	N.º *Kašf* / pág.
al-ʿAdl	34/208	30/78
al-ʿAfū	82/229	80/166
al-Aḥad	69/227	—
al-Ājir	76/228	74/158
al-ʿAlī	40/211	37/92
al-ʿAlīm	24.1/206	20/59
al-ʿĀlim	24.2/206	—
al-ʿAllām	24.3/206	—
Allāh	1/203	1/11
al-Awwal	75/228	73/158
al-ʿAẓīm	38/210	34/85
al-ʿAzīz	10/204	9/33
al-Badīʿ	90/230	95/186
al-Bāʿiṯ	52/215	50/118
al-Bāqī	96/231	96/188
al-Bāriʾ	14/204	13/44
al-Barr	79/228	77/162
al-Baṣīr	32/208	28/74
al-Bāsiṭ	26/207	22/64
al-Bāṭin	78/228	76/160
al-Ḍārr	91/230	91/181
Ḏū l-ŷalāl wa-l-ikrām	—	83/170
al-Fattāḥ	23/205	19/55
al-Gaffār	16.1/205	15/47
al-Gāfir	16.2/205	—
al-Gafūr	16.3/205	35/88
al-Ganī	88/230	88/179

Nombres	N.º *Šarḥ* / pág.	N.º *Kašf* / pág.
al-Hādī	94/231	94/184
al-Ḥafīẓ	42/212	39/95
al-Ḥakam	33/208	29/75
al-Ḥakīm	49/214	47/113
al-Ḥalīm	37/210	33/84
al-Ḥamīd	59/223	57/132
al-Ḥaqq	54/218	52/123
al-Ḥasīb	44/212	41/98
al-Ḥayy	65/226	63/142
al-Jabīr	36/210	32/82
al-Jāfiḍ	28/207	23/69
al-Jāliq	13/204	12/42
al-Kabīr	41/211	38/94
al-Karīm	19/205	43/105
al-Laṭīf	35/209	31/80
al-Malik	5/203	4/24
Mālik al-mulk	—	82/168
al-Māniʿ	95/231	90/291
al-Matīn	57/220	55/210
al-Maŷīd	51/215	49/191
al-Māŷid	—	66/239
al-Muʾajjir	74/227	72/156
al-Mubdiʾ	61/224	59/135
al-Muḏill	30/207	26/72
al-Mugnī	89/230	89/179
al-Muhaymin	9/203	8/31
al-Muḥṣī	60/223	58/134
al-Muhyī	63/225	61/138
al-Muʿīd	62/224	60/136

Nombres	N.º *Šarḥ* / pág.	N.º *Kašf* / pág.
al-Muʿizz	29/207	25/72
al-Mu'min	8/203	7/29
al-Mumīt	64/225	62/140
al-Muntaqim	81/228	79/165
al-Muqaddim	73/227	71/156
al-Muqīt	43/212	40/97
al-Muqsiṭ	86/229	86/176
al-Muqtadir	72/227	70/155
al-Muṣawwir	15/204	14/45
al-Mutaʿālī	85/229	85/175
al-Mutakabbir	12/204	11/39
al-Muŷīb	47/213	45/109
al-Nāfiʿ	92/230	92/181
al-Nūr	93/231	93/182
al-Qābiḍ	25/206	21/61
al-Qādir	71/227	69/153
al-Qahhār	17/205	16/50
al-Qawī	56/220	54/127
al-Qayyūm	66/227	64/144
al-Quddūs	6/203	5/27
al-Rabb	4/203	—
al-Rāfiʿ	27/207	24/69
al-Raḥīm	3/203	3/22
al-Raḥmān	2/203	2/16
al-Raqīb	46/213	44/107
al-Rašīd	98/231	98/193
al-Ra'ūf	83/229	81/167
al-Razzāq	22/205	18/53
al-Ṣabūr	99/232	99/194

Nombres	N.º *Šarḥ* / pág.	N.º *Kašf* / pág.
al-Šahīd	53/216	51/121
al-Sajī	21/205	—
al-Šakūr	39/210	36/90
al-Salām	7/203	6/28
al-Ṣamad	70/227	68/150
al-Samīʿ	31/208	27/74
al-Tawwāb	80/228	78/164
al-Wadūd	50/215	48/115
al-Wahhāb	18/205	17/52
al-Wāḥid	68/227	67/148
al-Wakīl	55/219	53/125
al-Walī	58/221	56/130
al-Wālī	84/229	84/173
al-Wāriṯ	97/231	97/190
al-Wāsiʿ	48/214	46/110
al-Wāŷid	67/227	65/146
al-Ŷabbār	11/204	10/36
al-Ŷalīl	45/213	42/100
al-Ŷāmiʿ	87/230	87/177
al-Ŷawād	20/205	—
al-Ẓāhir	77/228	75/160

ÍNDICE DE ALEYAS CORÁNICAS CITADAS
EN LOS TEXTOS DE *ŠARḤ* Y *KAŠF*

Tras cada aleya se remite al lugar o lugares en que se cita o se alude a ella con indicación de los números del capítulo y la sección unidos por un guión —p.ej., 42-2 (nombre *al-Ŷalīl, taḥaqquq*)— si la mención figura en *Kašf*, o del número del apartado del "Comentario a los más bellos nombres divinos" (*Šarḥ*) en que se encuentra —p. ej., nº 3 (*al-Raḥīm*)—.

6:160	V. 80-3 (*al-ʿAfū*).
7:8-9	V. 23/24-2 (*al-Jāfiḍ al-Rāfiʿ*).
7:22	V. 36-2 (*al-Šakūr*).
7:27	V. C. 7:26.
7:43	V. *Kašf*, 97-3 (*al-Wāriṯ*).
7:59	V. 2-2 (*al-Raḥmān*).
7:128	V. 97-3 (*al-Wāriṯ*).
7:156	V. 2-2 (*al-Raḥmān*), 3-2 (*al-Raḥīm*), 46-1 (*al-Wāsiʿ*) y nº 48 (*al-Wāsiʿ*).
7:180	V. *Kašf*, "Introducción (*muqaddima*)".
7:192	V. nº 58 (*al-Walī*).
8:8	V. nota a nº 54 (*al-Ḥaqq*).
8:17	V. nota a nº 99 (*al-Ṣabūr*).
8:21	V. nº 31 (*al-Samīʿ*).
8:40	V. *Kašf*, "Conclusión (*jitām*)".
9:6	V. 94-3 (*al-Hādī*).
9:43	V. 32-3 (*al-Jabīr*).
11:7	V. 32-2 (*al-Jabīr*).
11:56	Alusión en nº 98 (*al-Rašīd*).
11:107	V. C. 85:16. V 11-2 (*al-Mutakabbir*).
11:123	V. nota a nº 75-76 (*al-Awwal wa-l-Ājir*).
14:7	V. 36-2 (*al-Šakūr*) y nº 39 (*al-Šakūr*).
15:21	V. nº 86 (*al-Muqsiṭ*).
17:2-3	V. 53-2 (*al-Wakīl*).
17:23	V. 56-3 (*al-Walī*).
17:43	Alusión en 85-2 (*al-Mutaʿālī*).
17:44	V. 61-2 (*al-Muḥyī*). Alusiones en nº 53 (*al-Šahīd*) y nº 55 (*al-Wakīl*).
17:110	V. 2-2 (*al-Raḥmān*).
18:60-82	Alusión en 2-2 (*al-Raḥmān*).
19:40	V. 97-2 (*ul-Wāriṯ*).
19:63	V. 97-3 (*al-Wāriṯ*).
20:8	V. nota en *Kašf*, "Introducción (*muqaddima*)".
20:14	V. 68-3 (*al-Ṣamad*).
20:46	V. nº 32 (*al-Baṣīr*).
20:50	V. 30-3 (*al-ʿAdl*).
20:114	V. 85-3 (*al-Mutaʿālī*).
21:47	V. 23/24-1 (*al-Jāfiḍ al-Rāfiʿ*)
21:51	V. 98-2 (*al-Rašīd*).
21:58	V. nº 41 (*al-Kabīr*).

21:62-63	V. nº 41 (*al-Kabīr*).
21:112	V. nº 33 (*al-Ḥakam*).
22:18	V. 61-2 (*al-Muḥyī*).
24:2	V. 3-3 (*al-Raḥīm*) y 81-3 (*al-Ra'ūf*).
24:41	V. 61-2 (*al-Muḥyī*).
25:45-46	V. 21-2 (*al-Qābiḍ*).
25:60	V. 2-2 (*al-Raḥmān*).
26:83-84	V. 57-3 (*al-Ḥamīd*).
27:30	V. 2-2 (*al-Raḥmān*).
28:82	V. 22-2 (*al-Bāsiṭ*).
28:83	V. 57-3 (*al-Ḥamīd*).
28:88	V. nº 48 (*al-Wāsiʿ*).
29:52	V. nº 58 (*al-Walī*).
29:62	V. 22-2 (*al-Bāsiṭ*).
30:30	V. nota a nº 33 (*al-Ḥakam*).
30:41	V. 56-3 (*al-Walī*).
30:47	V. 56-2 (*al-Walī*) y nº 58 (*al-Walī*).
31:14	V. 36-3 (*al-Šakūr*).
32:11	V. 62-3 (*al-Mumīt*).
33:4	V. 99-3 (*al-Sabūr*).
33:57	V. 7-3 (*al-Mu'min*), 99-2 (*al-Ṣabūr*) y nº 99 (*al-Ṣabūr*).
37:95-96	V. nº 35 (*al-Laṭīf*) y 7-3 (*al-Mu'min*).
38:75	V. 4-3 (*al-Malik*), 9-3 (*al-ʿAzīz*) y nº 54 (*al-Ḥaqq*).
39:3	V. 2-2 (*al-Raḥmān*) y nº 41 (*al-Kabīr*).
39:36	V. 41-2 (*al-Ḥasīb*).
39:67	V. nº 6 (*al-Quddūs*) y nº 25 (*al-Qābiḍ*).
39:68	V. 63-1 (*al-Ḥayy*).
40:35	V. 11-3 (*al-Mutakabbir*).
40:60	V. 1-3 (*Allāh*).
41:11	V. 61-2 (*al-Muḥyī*) y 97-3 (*al-Wāriṯ*).
41:41-42	V. nº 54 (*al-Ḥaqq*).
41:46	V. 12-3 (*al-Jāliq*).
42:11	V. 9-2, 9-3 (*al-ʿAzīz*), 11-2 (*al-Mutakabbir*) y 42-2 (*al-Ŷalīl*).
42:27	V. 22-2 (*al-Bāsiṭ*).
42:51	V. 53-2 (*al-Wakīl*).
45:15	V. 12-3 (*al-Jāliq*).
47:7	V. nº 58 (*al-Walī*).
47:31	V. 32-2 (*al-Jabīr*) y nº 36 (*al-Jabīr*).
48:2	V. nº 50 (*al-Wadūd*) y nº 53 (*al-Šahīd*).

48:10	V. 69-3 (*al-Qādir*).
50:15	V. nº 62 (*al-Muʿīd*).
50:16	V. 42-2 (*al-Ŷalīl*).
50:44	V. 87-2 (*al-Ŷāmiʿ*).
51:56	Alusión en nº 55 (*al-Wakīl*).
51:58	V. nº 56 (*al-Qawī*).
55:7-9	V. 23/24-1 (*al-Jāfiḍ al-Rāfiʿ*).
55:29	V. nota a nº 40 (*al-ʿAlī*) y nº 62 (*al-Muʿīd*).
57:3	V. 73/74-2 (*al-Awwal al-Ājir*); nº 56-57 (*al-Qawī al-Matīn*) y nota de nº 61 (*al-Mubdiʾ*).
57:7	V. 53-3 (*al-Wakīl*).
57:18	V. 21-2 (*al-Qābiḍ*).
57:27	V. 95-3 (*al-Badīʿ*).
58:7	V. 42-2 (*al-Ŷalīl*) y nº 61 (*al-Mubdiʾ*).
59:22	V. nº 24 (*al-ʿAllām*).
59:23	V. nota a 11-3 (*al-Mutakabbir*).
59:24	V. 11-3 (*al-Mutakabbir*), 13-2 (*al-Bāriʾ*) y 14-2 (*al-Muṣawwir*).
62:1-2	V. 50-3 (*al-Bāʿiṯ*).
65:3	V. 41-2 (*al-Ḥasīb*).
67:2	V. 32-2 (*al-Jabīr*).
67:14	V. nota de nº 36 (*al-Laṭīf*).
68:4	V. 34-2 (*al-ʿAẓīm*).
70:6-7	V. nº 66 (*al-Mumīt*).
72:26-28	V. nº 60 (*al-Muḥṣī*).
73:9	V. 52-2 (*al-Wakīl*).
73:20	V. 21-2 (*al-Qābiḍ*) y 68-3 (*al-Ṣamad*).
78:6-7	V. 48-2 (*al-Wadūd*).
83:7-10	V. 23/24-2 (*al-Jāfiḍ al-Rāfiʿ*).
83:18-21	V. 23/24-2 (*al-Jāfiḍ al-Rāfiʿ*).
85:16	V. 11-2 (*al-Mutakabbir*).
95:4-5	V. 23/24-2 (*al-Jāfiḍ al-Rāfiʿ*).
112:1-4	V. 68-1 (*al-Ṣamad*).